● 技术作文教学研究系列

U0456009

指向写作的"可能性"

技术作文教学的中山探索

张 华◎主编

广东高等教育出版社
Guangdong Higher Education Press

·广州·

图书在版编目（CIP）数据

指向写作的"可能性"：技术作文教学的中山探索/张华主编. -- 广州：广东高等教育出版社，2025.4. -- ISBN 978-7-5361-7840-3

Ⅰ.G633.342

中国国家版本馆 CIP 数据核字第 2025LA0002 号

ZHIXIANG XIEZUO DE "KENENGXING"：
JISHU ZUOWEN JIAOXUE DE ZHONGSHAN TANSUO

出版发行	广东高等教育出版社
	地址：广州市天河区林和西横路
	邮编：510500　　营销电话：（020）87551436
	网址：www.gdgjs.com.cn
印　　刷	佛山市浩文彩色印刷有限公司
开　　本	787 毫米 ×1 092 毫米　1/16
印　　张	19.75
字　　数	365 千
版　　次	2025 年 4 月第 1 版
印　　次	2025 年 4 月第 1 次印刷
定　　价	58.00 元

序

亦如所说

中山市教育教学研究室　张　华

不解决问题是语文教学的顽疾，亦如乔纳森所说："教育唯一合法的目标就是问题解决。"①

改变即问题解决，这比解释更有实践价值，亦如马克思所说："哲学家们只是用不同的方式解释世界，问题在于改变世界。"②

最朴实的改变智慧就是依据实际情况做决定，亦如毛泽东所说："按照实际情况决定工作方针，这是一切共产党员所必须牢牢记住的最基本的工作方法。我们所犯的错误，研究其发生的原因，都是由于我们离开了当时当地的实际情况，主观地决定自己的工作方针。这一点，应当引为全体同志的教训。"③

"一切从实际出发"是想做事、做成事的黄金法则，亦如习近平所说："坚持一切从实际出发，是我们想问题、作决策、办事情的出发点和落脚点。"④

改变的根本抓手是技术，技术的力量是惊人的，亦如恩格斯所说："社会一旦有技术上的需要，这种需要就会比十所大学更能把科学推向前进。"⑤

人类历史就是一部浩浩荡荡的技术迭代史，人类一刻也离不开技术，亦如学者所说："人类任何形式的实践活动都存在技术方面的问题。"⑥

技术发轫于自然学科，但技术的触角已经伸向一切领域，亦如专家所说："技术是人类在利用科学知识改造自然的实践中积累起来的生产操作方法和技能、工具、手段，……不仅有物质生产技术，而且有非物质生产的技术，如管理技术、思维技术、变现技术等等。"⑦

人文社会学科历来崇拜理论思维，也因此而轻视工程思维，其后果极其严重，亦如徐长福所说："'本应怎样'的问题是人文社会学科特有的难题，正是这个难题使得理学与工学之分没有在人文社会学科中得到贯彻。由此带来的首要的重大后果是：我们常常理所当然地将理论研究直接当作工程设计，将理论体系直接当作工程蓝图，总以为理论上成立就等于工程上可行，即使在实施中碰壁，也往往归咎于或者理论还不够成熟，或者施工不合要求，而意识不到根本原因在于我们混淆了理论思维与工程思维，用理论思维越俎代庖地去处理了本该由工程思维处理的问题。”⑧

技术并不是反人文的，技术的本质就是人文，亦如吴国盛所说：“把技术与人的存在方式放在一起就意味着，你如何理解技术就会如何理解人。反过来也一样，有什么样的人性理想，就有什么样的技术理念。”⑨

语文是人文社会学科的基础性科目，她有其独当之任，“语言文字运用”是语文教师要刻在脑门上的六个字，语文的核心要义，亦如课标所说：“语文课程是一门学习祖国语言文字运用的综合性、实践性课程。”⑩

事实上，语文是一门形式学科，因而本质上也是一门技术学科，亦如夏丏尊所说：“我们学习国文，所当注重的并不是事情、道理、东西或情感本身，应该是各种表现方式和法则。”⑪

形式是少数人才会玩的作文技术研发游戏，亦如歌德所说：“材料是每个人面前可以见到，意蕴只有在实践中须和它打交道的人才能找到，而形式对于多数人却是一个秘密。”⑫

形式的高级规则就是程式，走向程式性是技术的应有之义，亦如钱冠连所说：“人活在语言中，人不得不活在语言中，人活在程式性语言行为中。”⑬

写作学当之无愧是一门术科，亦如裴显生所说：“写作学是技术科学，它着重研究写作活动的过程和方法技巧，形成技术理论。”⑭

做文章就是一门典型的应用技术，亦如曾祥芹所说：“文章学是一门‘学’而兼‘术’的、‘知’‘行’合一的、应用性很强的科学理论和生产技术。有关文章生成和发展的内部规律和外部规律，可归入文章的‘科学’领域；有关文章生产和再生产的写作规律和阅读规律，可归入文章的‘技术’领域。”⑮

就作文而言，掌握技术才能控制而不是碰运气，亦如刘勰所说：“是以执术驭篇，似善弈之穷数；弃术任心，如博塞之邀遇。”⑯

技术是语言文字的运用秘诀，亦如贾平凹所说：“怎么写是关乎智慧、聪明、技术、技巧，而无论什么题材，最终都要落实到文字上，它的秘诀都在于技术。”⑰

作家的第一件事不是生活，不是情感，是技术，亦如沈从文所说：“一面流行观念虽已把技巧二字抛入毛坑里，事实是，有思想的作家，若预备写出一点有思想的作品，引起读者注意，推动社会产生变革，作家应当作的第一件事，还是得把技巧学会。"⑱

作文教学难题既是历史遗留问题，更是现实挑战问题，亦如张志公所说："语文教学在普通教育工作中恐怕算得上一个'老大难'，而作文教学恐怕又是语文教学工作中的一个'老大难'。换言之，作文教学是'老大难'的'老大难'。"⑲

"有作文无教学"是当下的作文课堂病灶，亦如王荣生所说："这早就不是秘密：在我国中小学的语文课里，几乎没有写作教学。"⑳

"怎么写"是一门很对立的技术活，亦如叶圣陶所说："写作是一种技术：有所积蓄，是一回事；怎样用文字表达所积蓄的，使它恰到好处，让自己有如量倾吐的快感，人家有情感心通的妙趣，又是一回事。"㉑

以教学的视域来看，作文技术化才能实现作文教学化，亦如胡怀琛所说："也有许多国文教员，很知道作文是重要；但不知道作文是技术……所以我们要把作文认做是一种技术，于教学上，才可以得到益处。"㉒

技术就是写作的关键能力，亦如叶圣陶所说："写作，和阅读比较起来，尤其偏于技术方面。凡是技术，没有不需要反复历练的。"㉓

不注重作文技术本质上是不重视作文教学成效，亦如马正平所说："从中学到大学，许多人乐意讲写作技巧、写作艺术特色，把写作技巧分析得头头是道，而往往忽视了在每一篇文章中都非用不可的最一般的写作技术（原理、规矩）的分析、讲授和训练，最后写作技巧学不到，写作技术也没有学，这是过去从中学到大学写作教学效果不好的最重要原因之一。"㉔

教学有两个最值得回归而不能逾越的经典定义，亦如美国教育学家史密斯所说："（他）把英语国家对教学（teaching）涵义的讨论作了整理，把它们归为五类：①描述式定义，即传统意义上的教学。可以表述为'教学是传授知识或技能'。②成功式定义，即将教学作为成功。可以表述为'X学习Y所教的内容的一种活动'……"㉕

作文关乎智力，但智力无关教学。亦如张春兴所说："自古代哲学心理学起，到现代科学心理学初期，多半心理学家认为智力的高低主要决定于遗传。"㉖

写作是思维的艺术，但作文教学不能被这种论调迷惑，亦如加涅所说："尽管人们对教会学生如何思维这类目标的重要性不持异议，但联想到一些与达到此目标的可行性有关的事实时，对人们的这种热情降一下温还是明智的……"㉗

企图通过发展思维或智力来拯救作文教学的败局，无疑是缘木求鱼的现代诠释，亦如专家所说："整个后天因素对个体智力差异的影响尚且很小，作为后天因素之一的学校教学，影响就更小了。企图通过教学来使学生的智力获得大的发展，那是不现实的。所以，教学不能以发展智力为主要目标。"⑧

语文教师务必保持清醒的作文教学头脑，美好的不等于能教的，亦如叶圣陶所说："至于思想之高深，境界之超妙，皆系于学养，习作课所不克任也。"⑨

空而美丽的肥皂泡式作文教学观是误人子弟的，亦如祁寿华所说："有些与思想内容有关的东西，包括对社会问题的强烈关注和责任感、是非感、敏锐和洞察力等，并不是都能教授的，至少写作课单独是不能承担这么重大的责任的。"⑩

思维成果依赖技术，其秘密全在于语言，亦如专家所说："语言既是引起思维活动的直接动因，又是思维活动赖以进行的载体。"⑪

语言是形成思想的工具，生成思想本质上依赖于言语模式，亦如王德春所说："语言是使思维过程模式化的工具。……由于言语模式能够同被模式化的客体相对比，因而，可以通过修改言语模式，而使思想更加符合现实，更加完善。"⑫

因此，生成思想就是使用语言，使用语言就是制造思想，亦如朱光潜所说："当我们表现出犹豫的时候，我们表面是在调整语言，但是实际也在同时调整思想。有时我们做出改正，但是被改正的就是伴随表达的思想。意义随着表达的不同而改变。"⑬

想象一种语言就意味着想象一种生活方式，而运用一种语言就意味着践履一种生活方式，我们如此高扬语言技术的工具价值，就其根本而言，并没有因此而旁落掉我们心心念念的人文精神，亦如洪堡特所说："民族的语言即民族的精神，民族的精神即民族的语言，二者的同一程度超过了人们的任何想象。"⑭

事实上，精神并不能凭空产生，也不能凭空依存，亦如马克思和恩格斯所说："'精神'从一开始就很倒霉，注定要受物质的'纠缠'，物质是这里表现为振动着的空气层、声音，简言之，即语言。"⑮

· 参考文献 ·

① 乔纳森，等. 学会用技术解决问题——一个建构主义者的视角：第 2 版 [M]. 任友群，等译. 北京：教育科学出版社，2007：2.

② 中共中央马克思恩格斯列宁斯大林著作编译局. 马克思恩格斯选集：第一卷［M］. 2版. 北京：人民出版社，1995：56-57.

③ 毛泽东. 毛泽东选集：第四卷［M］. 2版. 北京：人民出版社，1991：1308.

④ 习近平在中央党校（国家行政学院）中青年干部培训班开班式上发表重要讲话强调：信念坚定对党忠诚实事求是担当作为努力成为可堪大用能担重任的栋梁之才［N］. 光明日报，2021-09-02（1）.

⑤ 中共中央马克思恩格斯列宁斯大林著作编译局. 马克思恩格斯文集：第十卷［M］. 北京：人民出版社，2009：668.

⑥ 贾昊，王西凉. 社会技术论［J］. 科学技术与辩证法，1993（4）.

⑦ 杨国璋，等. 当代新学科手册［M］. 上海：上海人民出版社，1985：29.

⑧ 徐长福. 理论思维与工程思维：两种思维方式的僭越与划界［M］. 上海：上海人民出版社，2002：7.

⑨ 吴国盛. 技术的人文本质［J］. 新华文摘，2009（16）.

⑩ 中华人民共和国教育部. 普通高中语文课程标准（2017年版2020年修订）［S］. 北京：人民教育出版社，2020：1.

⑪ 杜草甬. 夏丏尊论语文教育［M］. 开封：河南教育出版社，1987：83.

⑫ 朱光潜. 西方美学史：下［M］. 北京：人民文学出版社，1964：429.

⑬ 钱冠连. 语言：人类最后的家园——人类基本生存状态的哲学与语用学研究［M］. 北京：商务印书馆，2005：337.

⑭ 裴显生，等. 写作学新稿［M］. 南京：江苏教育出版社，1987：11.

⑮ 曾祥芹. 文章学：典型的社会科学技术［J］. 社会科学家，1999，（3）.

⑯ 刘勰. 文心雕龙［M］. 韩泉欣，校注. 杭州：浙江古籍出版社，2001：231.

⑰ 贾平凹. 文学创作杂谈［J］. 群言，2017（5）.

⑱ 刘洪涛. 沈从文批评文集［M］. 珠海：珠海出版社，1998：274.

⑲ 张定远. 作文教学论集［M］. 天津：新蕾出版社，1982：序言.

⑳ 王荣生. 我国的语文课为什么几乎没有写作教学？［J］. 语文教学通讯，2007（35）.

㉑ 叶圣陶. 叶圣陶教育文集：第3卷［M］. 北京：人民教育出版社，1994：370.

㉒ 胡怀琛. 作文门径［M］. 北京：北京教育出版社，2014：138.

㉓ 杜草甬. 叶圣陶论语文教育［M］. 开封：河南教育出版社，1986：94.

㉔ 马正平. 高等写作学引论［M］. 北京：中国人民大学出版社，2002：362.

㉕ 施良方，崔允漷. 教学理论：课堂教学的原理、策略与研究［M］. 上海：华东师范大学出版社，1999：8-10.

㉖ 张春兴. 心理学思想的流变：心理学名人传［M］. 上海：上海教育出版社，2002：5.

㉗ 皮连生. 知识分类与目标导向教学：理论与实践［M］. 上海：华东师范大学出版社，1998：38.

㉘ 施良方，崔允漷. 教学理论：课堂教学的原理、策略与研究［M］. 上海：华东师范大学出版社，1999：96.

㉙ 中央教育科学研究所. 叶圣陶语文教育论集：上、下册［M］. 北京：教育科学出版社，1980：724.

㉚ 祁寿华. 西方写作理论、教学与实践［M］. 上海：上海外语教育出版社，2000.

㉛ 林崇德，等. 心理学大辞典：下［M］. 上海：上海教育出版社，2004：1185.

㉜ 王德春. 语言学概论［M］. 上海：上海外语教育出版社，1997：16.

㉝ 朱光潜，张金言. 思想就是使用语言［J］. 哲学研究，1989，（1）：27-33.

㉞ 洪堡特. 论人类语言结构的差异及其对人类精神发展的影响［M］. 姚小平，译. 北京：商务印书馆，1997：70-71.

㉟ 中共中央马克思恩格斯列宁斯大林著作编译局. 马克思恩格斯选集：第一卷［M］. 2版. 北京：人民出版社，1995：81.

目 录

序｜亦如所说 ……………………………………………… 张　华　　1

理论编

面对语文：我为什么力倡"技术"？ ………………………… 张　华　　2

作文教学的八种僭越

　　——"技术作文"认识论纲要 ………………………… 张　华　　12

指向写作的可能性

　　——科学取向的技术作文教学建构 ………………… 张　华　　22

技术作文：作文教学改革的宣言

　　——我的作文教学观 ………………………………… 张　华　　28

如何教学生把议论文写得深刻？

　　——技术作文教学观下的思维技术 ………………… 李金华　　38

句径：议论文观点句生成的有效支架

　　——技术作文教学观下的语言技术 ………………… 刘礼娜　　43

1

科学取向的议论文写作训练应强化四种意识……………郝友斌 50

范例技术:议论文写作的过程支架和策略支架……………李金华 55

"技术作文"理念下的初中记叙文微课程建构

　　——以《利用矛盾反差技术,进行细节描写》磨课与教学为例

　　…………………………………………………………郭跃辉 64

实践编

议论文立意时怎样"思辨"…………………………………郭跃辉 72

以句径丰富思维层次性和提升写作逻辑力

　　——以 2021 年全国高考模拟演练卷作文"铭记历史,迎接挑战"为例

　　…………………………………………………………梁天钧 77

议论文主体段落的"深刻技术"……………………………郭跃辉 83

挖掘作文深刻立意的技术路径………………………………李志明 88

巧用交际语境思维:宏大话题类作文立意技术

　　——以近几年高考作文为例 …………………………杨德洲 93

"阐释思维"技术在高中时评写作中的运用探究

　　——以"风月同天"与"武汉加油"的雅俗之辩作文为例 …陈 鸣 101

议论文段落论证思维技术……………………………………刘礼娜 106

巧用词语思维导向功能,深化时评写作行文思维……………梁天钧 111

写作支架:让议论文主体段落的升格有"法"可依…………黄 媚 117

巧用技术明晰文体

　　——议论文主体段落支架式教学探究 ………………刘云英 126

技术:高考作文的决胜路径…………………………………张 华 132

矛盾交织造华章

　　——用矛盾技术开采议论文的深度 …………………蔡 黎 139

引用技术：高考作文高品质语言的利器……………………… 刘卫平　144

对象转移：词语的复活技术………………………………… 张　华　152

对偶句的生成技术…………………………………………… 杨德洲　157

同异技术：一分钟点亮你的分论点………………………… 李雪垠　162

以技术破解修辞难题

　　——"拟人技术"教学叙事与实录片段 ………………… 刘卫平　167

制造语言亮点：用反转技术生成金句……………………… 郝友斌　172

《雅句生成的技术与运用》课堂教学实录………………… 张　华　182

运用矛盾技术，写出深刻句子……………………………… 张　华　194

《突破语言表达——遣词技术》教学实录及反思………… 刘卫平　207

引领编

"分析"是 AI 写作的核心技术 …………………………… 苏　捷　218

让步思维：打开思辨性说理大门的一把秘钥……………… 夏金城　223

基于言语思维发展的"抗疫"情境任务写作……………… 刘礼娜　228

统编教材"写作知识"：特点、价值与教学策略 ………… 罗　诚　234

困境与突围：时事类新材料作文如何写出"你的思考"？………… 申　玉　242

追问·校准·生成

　　——"过程写作"视域下审题立意教学实践 ………… 罗　诚　248

"写作语境"下命题材料适切入文之法探究

　　——以 2021 年全国新高考Ⅰ卷作文为例 …………… 梁天钧　255

尽精微：基于问题的微型化写作教学实践………………… 罗　诚　261

排比句式：从修辞构造到写作运用………………………… 袁海锋　269

作文教学：聚焦语言文字运用的实践性…………………… 王科锐　275

拓宽积累渠道，打造语言亮点

    ——摭谈议论文写作的词汇积累策略 …………………… 王　旋　281

前置与强化：探析比喻句写作的突围之路………………… 刘卫平　285

用"具体化表述"提升作文语言表现力

    ——以 2021 年新高考 I 卷作文题为例 ……………… 杨宇燕　290

写作素材：取之有道，用之有法………………………… 袁海锋　295

有效教学　化虚为实

    ——听张华老师《维度的力量——怎样生成饱满的思想？》一课有感

    ………………………………………………………… 蔡　黎　300

理论编

面对语文：我为什么力倡"技术"？

中山市教育教学研究室｜张　华

　　1845 年春天，马克思写了一个提纲，共 11 条，仅 1100 多字。但这个提纲却被恩格斯高赞为"包含着新世界观的天才萌芽的第一个文件"，是"历史唯物主义的起源"。它就是著名的《关于费尔巴哈的提纲》。提纲的最后一条为："哲学家们只是用不同的方式解释世界，而问题在于改变世界。"这句著名的宣言式语句，奏响了"改变世界"号角，每次念起这句话，我都为之振奋，也常常掩卷沉思。

　　我想到了我们的语文教学，想到了我们的语文教学历史，想到了那些接受语文学习的学子们，尤其想到了我们的语文教师。我们总是解释太多，而改变太少，长期以来，我们语文教师热衷于在课堂上做出各种各样的"课文解释"，我们沉迷于此的同时，唯独忘记了课堂，忘记了课堂里的学生需要的是"改变"。

　　近些年，在语文教育的改革诉求上，我将自然科学领域的"技术"引入属于人文科学的教育乃至语文学科之中，无论是理论上还是实践上，我都不遗余力倡导"技术观念"，积极推动"技术"的研究与应用，并相继提出"技术作文教学""技术阅读教学"等一系列学术概念，根本目的只有一个，就是呼吁语文教师们要走出"解释课文"的迷途，做一个能真正"改变学生"的教师。这些认识和思考在《中学作文教学研究》《语文教学通讯》《南方日报》等报刊上陆续发表，携此理念的同仁们也在《语文建设》《中学语文教学参考》《语文月刊》等杂志上撰文探讨。这几年，随着"技术"观念的建立、矫正和推行，中山市高中语文教学在实践层面走出了一条"务实有效"的改革之路。如此迫切地宣扬"技术"，在语文教育发展史上，是极其少有的，或许正因为这种"突兀"，很多同行对此心存疑虑，甚至嗤之以鼻。看来，是时候申辩一下了。

一　语文教育反思

现实是变革的最直接动因。提出这些"技术"性学术概念的背景是，当下的教育、课堂在一定程度上堕入了"虚无"的现实困境，而语文教育，因其"低效、无效甚至负效"，多年来更是遭到了社会各界的猛烈批判。

这种批判，早期发轫于1978年3月16日《人民日报》上语言学界泰斗吕叔湘先生的文章《当前语文教学中两个迫切问题》，吕老在文章中痛批："十年的时间，2700多课时，用来学习本国语文，却是大多数不过关，岂非咄咄怪事！"

随后，催生了一批引人注目的语文教学改革，其中以辽宁的魏书生为突出代表。但熟悉的人都知道，魏书生的语文教学明显地注入了"管理"元素，其教学也因依托于强势的"个人管理"风格，而取得了不一般的成效。1990年，他在《语文学习》上发表《论语文教学的科学管理》一文，集中反映了这种改革探索。但这种改革并非着眼于学科内部，而是依托于语文外部，这就注定其改革更多地闪烁着浓郁的个人色彩，而不具有普适性和推广性，因此，尽管魏书生的报告讲遍大江南北，但放眼望去，"魏书生"也仅此一人。如果细究起来，这种管理型的语文教学，实际上经不起语文学科的学理推究，因此，本质上是一种异化了的语文教育。

到了1995年，77岁高龄的张志公先生依然坦承语文教学的现实无奈："中国人学自己的语文甚至比学外语还要难，这是说不过去的事！我们这些搞语文的人是要承担责任的。"由此足见语文教学的病症并没有得到有效根治，语文教学的"无效之旅"继续在前行，不仅如此，甚至已堕入沉疴难治的境地。

1997年《北京文学》第11期就以"忧思中国语文教育"为专题，刊登了一位小学生家长、一位中学语文教师、一位大学文科教师的三篇文章：《女儿的作业》《中学语文教学手记》《文学教育的悲哀》。首次以显豁的媒体方式，对语文教育发起了集体性问责，这一举动引发了语文教育教学的社会性大讨论，语文教育大批判迅速扩散到了教育外围，一时间，"祸国殃民""误尽苍生是语文"的严厉之词，也应时而出。语文教育教学的社会性诘难，由此拉开了序幕。

就在1999年4月，由北京大学教师孔庆东等人主编的《审视中学语文教育》，由汕头大学出版社出版，该书汇编了一大批学者、编辑、文人、名流、教师的犀利文章，更是将语文教育批判推向了一个高峰，"语文，我为你流泪""中学语文坑死人"等醒目字眼，成为一把把刺痛语文教师心灵的利器。

《中国教育报》文章（潘新和《表现与存在：语文学再出发》）指出，2012年，教育部普通高中课标调研组大范围调查后，得出的其中一条结论是：学生对语文教学评价为所有学科倒数第一。这真是触目惊心的一个母语教育现实！语文学科的危机，再度成为了民族教育之痛，中国教育之痛。这一结果，促使国家开始反思和修订语文课程标准。

以上简单勾勒了中华人民共和国成立以来，语文教育的批判历程，要言之，语文教育教学可谓疾病丛生，灾难不断，语文教育教学的历史与现实状况，催逼着我们挖掘败局原因，探索可能的可行道路。

在我看来，语文教育教学的所有问题，归根结底就出在吕叔湘所说的"大多数不过关"上，我所提出的"技术语文教学"观念，可以说直接导源于这一历史发展和现实状况。

二 语文教学"科学化"发展

在语文教育改革的各种探索中，我们可以清晰地看到，"语文教学科学化"的思潮，曾一度引领着语文教育的改革方向。首先倡导语文教学"科学化思想"的是语文"三老"之一张志公先生。张老是当代著名语言学家、教育家，长期关注语文教育教学。1977年8月，张志公先生在《语文训练问题需要加紧研究》一文中鲜明提出："很需要把语文训练作为一个科学问题加以研究。"对于何为"语文教学科学化"，张志公说："无论说话、听话、识字、读书、作文，能力怎样一步一步提高，应该有一般规律可循。摸清楚这些规律，运用它，设计出训练的途径、步骤、规格和方法，就能大大减少教学上的盲目性，提高效率。这就是科学化。"（参见董菊初的著作《张志公语文教育思想概说》）

对此有人评价说："语文教学科学化"主张的提出及理论的建构，固然是历史发展的必然，是时代的需要，但是由张志公先生提出，绝不是偶然的。这是张先生睿智、学识、视野、方法、人品及强烈的历史责任感、民族自信心的体现。（参见2012年鲁东大学张丽娜硕士论文《语文教学的科学化问题》）

后起的语文教育家章熊先生也是语文教学科学化的坚定探索者，其探索是全面的，包括语文课程、语文教学目标、语文能力培养体系以及语文测试等方面。江西师范大学的余应源先生几十年来"坚持'做一个推动事业前进的语文教师'的志向"，一直"尽力求索语文教学科学高效之路"，发表了《语文教学科学化简论》《再论语文教学科学化》等一系列研究论文。

应该说，语文教学"科学化"思想，从根本上来说，就是希望借助"科学"来解决语文教育的效率问题，针对有些人对"科学化"思潮的怀疑，1999年6月7日，著名特级教师顾德希从教学的实际出发，在《中国青年报》上以《语文教学的病根》为题反击道："我国并非是'科学主义'太多，过了头，而是科学化水平太低。"

为了破解语文教育教学的困境，"科学观念、科学精神、科学方法"等科学主义如此强势进入语文学科，可以说是汉语教育史上的第一次。在我看来，这可以称得上是语文教育的"五四运动"，将"赛先生"请了进来。实际上这也是"五四精神"在语文教育上的一次历史重现和思想延伸。

很可惜，在高扬科学主义大旗的前进道路上，20世纪末的人文精神大讨论，使刚刚汹涌成势的"语文科学精神"之潮，招来了大量的批判和绞杀。直到2011年，《义务教育语文课程标准（2011年版）》这样界定"课程性质"："语文课程是一门学习语言文字运用的综合性、实践性课程。"以"课程定义"的方式，算是在很大程度上扭转了人文主义在语文教育中的过度干扰和侵蚀。

现在看来，"科学化"思想引入语文教育，虽然给语文教学带来了一抹希望的曙光，但是，"语文教学科学化"并没有在实践上留下可供借鉴的操作经验或实践方式，尽管"科学化思想"昭示了语文教学效能变革的正确方向，但是教学实践的失败（至少是不怎么成功），事实上证明了科学化思想的破产。于是我们看到，语文教学的虚无化、伪装化、泛化、异化等现象，再度积聚成语文教育的灾难，语文教学重新跌入吕叔湘痛批的"大多数不过关，岂非咄咄怪事"的困境之中。

我提出的"技术语文教学"观念，在精神内核上，呼应了语文教学的"科学化"思想。

三　语文教学观的学理探索

检视这段语文教育发展的危机史与改革史，身处21世纪的我们，理性的迷茫与实践的困惑并未有丝毫减少。我们的语文课堂虽然有了一些新的变化，但"效率低下"的根本问题依然普遍存在，不仅如此，在资讯越来越发达的互联网时代，语文学科受到的各种冲击前所未有，而语文教学的危机似乎更加令人难以应对。

新世纪前后，人们普遍认为，语文教学的败象根源于语文教学思想的长期扭曲和片面理解。其中，"人文性"语文教学思想，由于过度膨胀，长期冲击着语文教学的正统思想，致使语文教育滑向了"非语文"的境地。为了清除这些历史遗留下来的"思想"问题，一大批语文教育研究者，自觉地担当起理论批判的先锋，以逻辑和历史的武器，开启了细致的传统剖析。

这其中，纵跨中学和大学的李海林先生，撰写了《言语教学论》这本带有鲜明理论品格的语文教育批判论著，论著一开篇，李海林就亮出了自己的学术雄心："所谓言语教学，不是指一种教学方法，也不是指一种教学模式和课型，而是指一种新的语文教学观，或者说，是关于语文教学的一种新的描述、新的解说、新的理论体系。"语文教育学者潘新和对这本书评论道："《言语教学论》是近年语文教育诸多论著中一部不可多得的界碑式的力著。"上海师范大学的王荣生教授则这样评价李海林："在旷野中画出一片疆界，并且对圈来的地做了条块的规划，这需要很大的努力，也做出了历时性的贡献。"

浙江师范大学的王尚文教授则以《语感论》一书，"为语文教学打开了一扇新的窗户"（李海林语），他提出了语文教育的"语感中心说"，并严谨地从哲学、语言学、美学等不同角度，全面阐释了"语感"的内涵以及它在语文教学中的地位和意义。

王荣生基于博士论文撰写成的《语文科课程论基础》一书，则从课程的视角，通过建立"层叠蕴涵分析框架"，系统地分析了"语文课程"的系列问题，正如其导师倪文锦所指出的那样，该书"重说理""重逻辑""重建构"，是一部填补我国语文课程论空白的力作。王荣生擅长爬梳文献资料，拥有严谨的治学态度，其推理出来的语文教学观念，无疑有助于人们建立科学而合理的语文教学主张。

此外，还涌现出一大批语文教育新论著。应该说，当下的语文教师们是十分幸运的，如此艰深难辨的诸多"语文学科"问题，在学者们的论著中，得以清晰地推衍与呈现。教师们可以借助他们的脑力，快速而有效地建构起"不一样但方向基本可靠"的语文教育观、语文教学观。事实上，通读了上述一些论著的语文教师，大都能摆脱"人文性语文教育思想"的过度侵袭，回归到语文学科的本质轨道上来，让语文课堂成为真正的"语文课"，让语文教学充满"语文味"，让语文学习成为"语文"的学习。我们欣喜地看到，语文教师的教学观，开始有了艰难而富有实效的转变。

前文说过，人们普遍寄希望于通过"语文课程观""语文教学观"的转变，来提高语文教学的效率。按理说，这么多年来，语文教学效率应该得到大面积提高，因为这些年来，我们的观念在一定程度上确实有了很大的转变。但是，事实并非我们所想象的那么乐观，语文教学"效率低下"的现实，依然存在。也许正因为如此，只要我们翻翻报刊就会看到，诸如"提高语文教学效率"的论文依然扑"眼"而来，各种旨在提高语文课堂效率的课题，依然蓬勃开展。

2014年《语文建设》在第16期上刊登了吴燕的文章《提高课堂效率途径摭谈》，该文直陈当下语文"课堂教学效率并不理想"。原北京大学中文系主任温儒敏教授回顾起30多年前吕叔湘提出的问题，在核心期刊《课程·教材·教法》（2016年06期），发表了《培养读书兴趣是语文教学的"牛鼻子"——从"吕叔湘之问"说起》一文，文章虽然着力谈"读书"问题，但也异常突出地折射出当下语文教学的诸多困境。语文教学的惨痛现状，依然困扰着学者们和一线教师。

"人文主义"严重偏离了语文教学的航向，固然不足多论；"科学化"思想未能提高语文教学效率，也已被实践所证实；而依托"语文教学观"转变的课堂理想，也依然面临严峻挑战。

那么，语文教育教学究竟路在何方呢？为什么语文课堂的效率总是难以提高？语文教师在课堂上究竟做了些什么？我们的语文教学内容到底出了什么问题？

我相信，很多语文教育研究学者或一线语文教师都以不同的方式和思维在探索着这些问题。作为多年从事语文一线教学和语文专职教研的语文教育工作者，我也一直在试图破解语文教育教学的现实谜团。在长期的语文教学实践经验基础上，通过大量的听课反思活动，我发现，我们的语文教学之所以落入"低效、无效甚至负效"的境地，核心原因在于教师的"教"出了问题。大量的课例昭示着一个让人吃惊的事实：许多语文教学其实根本没有进行"教学"。教师的"教"总是被各种肢解、阐释、讲述、拓展等教学活动所架空，真正触及"语文学科本质"的教与学，则十分缺乏。我把这种"语文教学缺失"的课堂称之为语文课的"空转"，就像一架没有风叶的电风扇，也许转得还很快，但其实一丝风也没有。教师与学生在语文的"空转课堂"里，或热闹或沉闷地度过了一个又一个40分钟，而"语文教与学"却始终进入不了课堂的世界。这样的语文教学，即使观念再可靠，其结果也是个虚无。

在这样的惨痛现实背景下，我发现，光有科学可靠的语文观是不行的，还必须要有使之落地的路径；而"科学化"只是在另一个角度提供了一种教学的理论化思维，依然悬空于实践之上，我们必须将"科学化"推进一步，才能使之更好地支撑起语文教学观，使之顺利转化为我们的课堂教学。那么，什么东西是"科学化"的进一步推进呢？

我提出的"技术语文教学"或许就是这样一条路径，其现实目标就是希望将既有的"语文观"研究成果，将"科学化"的语文教学雄心，都能有效地落实到语文教学实践当中。

四 "技术"是语文教育教学发展的新抉择

在一次很偶然的阅读中，我读到了中山大学徐长福教授的一本哲学著作《理论思维与工程思维：两种思维方式的僭越与划界》，这本仅有198页的哲学力作，探讨了一个十分有趣的思维方式问题。徐长福教授所要解决的是"理论上十分高明但实践效果总是不佳"的问题，这让我瞬间联想到了折磨我多年的"语文教育教学"难题。显然，我们的语文教学在"理论思维"和"工程思维"上，也是互相僭越且混乱不堪的，这在思维的根基上导致了我们的语文教学实践不可能有彻底的突破。就实践而言，我们的语文教学严重缺乏"工程思维"。

由"工程"我想到了"工程技术"，"技术"一词长期徘徊于我的脑际，挥之不去。我不是在寻找"科学化"的推进抓手吗？"技术"正是最好的答案和选择。

科学是理论化的，技术是应用性的。我们的语文教学之所以长期缺乏学科的"教学性"，原因不在于缺乏"理论科学"，而是缺乏"应用技术"。以"技术"的视角来审视我们的课堂，会轻而易举并很无奈地发现，我们语文教师所教授的，几乎没有什么"技术含量"，学生所学习的，也几乎没有"技术含量"。于是，教师在语文课上的各种要求、强调、方法，最后变成了学生语文学习的一种常识，至于学生迫切需要实现"要求、强调、方法"的路径，则一概消失在语文课上。比如对于如何写好作文，教师给出的方法就是"语言要有文采"，这种纯要求的所谓教学内容，充其量只是一种人所共知的常识，类似的常识大面积地涌入语文课堂，自然也就严重削弱了语文的"专业性"。实际上，学生最迫切需要的是"语言如何才能做到有文采"这样的应用技术，很遗憾，这种语文本质性的学习需要，在我们的语文课堂里，从来就得不到满足。这就是为什么我们的语文教学"无效、低效甚至负效"的现实根源所在。

　　"技术"术语的介入和发现，让我突然之间找到了语文教学变革的新方向。"技术"是一个公众好感极强的词语，人类的进化史，在一定程度上，其实就是一部浩浩荡荡的技术发展史。从石器时代到陶器时代，从铁器时代到铜器时代，从畜力时代到机械时代，从电力时代到互联网时代，人类文明的每一次进步，无不是工具的胜利，无不是技术变革的结果。但是，当我把"技术"和"语文"结合在一起时，"技术的语文"或"语文的技术"就成了人们反感的一种表述。人们在固守"人文"的领土时，难以容下"技术"的侵犯，尽管这种固守可能是情绪化的非理性选择，但这就是事实。

　　但我不愿意屈从于这种情感选择，我希望有一天，人们可以平和地接受语文的"技术"，教育的"技术"，乃至人文学科的"技术"。

　　眼下，很多人都有这样的担忧：语文学习是讲究素养的，如果没有积累，一味强调技术，语文学习效果终究不会好的。

　　这种担忧根源于他们关于"素养"和"技术"的二元对立思维。在他们看来，谈素养就不能讲技术，讲技术则无素养可谈。这种非此即彼的僵化思维，显然不仅是对"素养"的误解，同时也是对"技术"的贬损。任何一门学科，"素养"的达成是学习的最高境界，亦可视为终极目标。数学学习追求的是数学素养，地理学习追求的是地理素养，同样，语文学习，也是要获得语文素养。问题是，素养是怎么达成的？如果没有达成素养的路径，素养只不过是我们的一场获得嘴唇快感的空谈而已。在我看来，技术恰恰就是达成素养的根本路径。素养是目的，技术是手段，素养和技术是目的与手段的依赖关系，而不是对立关系。当我们强调"积累"的重要性时，这里一定存在一个"如何有效积累"的问题，解决这个问题就依赖"积累技术"。不管你怎么积累，其实都内在地含有"如何操作"的技术问题，只不过是技术有好坏高下之分而已。再比如，如果你认为"阅读"很重要，那么"如何阅读"就是一个应用技术问题。事实上，从古至今，凡在阅读上有所有收益的，无不是依赖于自己一套独特的阅读技术。

　　排除了"技术与素养"的对立关系之后，语文教学真正要突破的，就是如何提高语文技术的技术含量。说实话，在"不注重效果"的教学中，语文课是比较好糊弄的一门学科，似乎怎么讲，语文课都能轻易地应付过去。但是，如果关注结果的话，要上出一节有较好效果的语文课，则很不容易，因为，这就需要语文教师要有直指语文学习的"技术"教学内容。因此，语文教师的教学突破，其中一个重要的方面，就是在科学的语文观指导下，研发出具有语文教学意义的"语文技术"，并将其转化语文教学内容，从而保证课堂教学的有效性。"教材无非是个例子",我们不必死死执着于教材,而是要借助教材研发出技术内容,让学生借助教材,掌握语文的"技术",从而真正提高语文能力。

至于为什么使用"技术"而抛弃通常所说的"方法、技巧"等词语这一问题,我在很多文章中,其实已经做过很透彻的分析。要而言之,"方法"的泛滥使得方法自身已经远离"应用场",而成为一种形而上的指导思想,各种各样的方法,更多的只是一种思想意义上的知识,对于实践操作的应用指导性则日趋没落。事实也一再表明,语文课堂中的许多方法教学,已经越来越不能转化为学生的"语文应用能力",因此,"方法"的放逐也是必然的。至于"技巧",则过于偏重于"巧",而"巧"是一种带有浓郁个人色彩的禀赋和才能,其传递性与交流性极其有限,也正是在这意义上,孟子说:"能与人规矩,不能使人巧。"德国大哲学家康德也有相同的见解:"尽管对于诗艺有许多详尽的诗法著作和优秀的文本典范,但人不能学会巧妙地做好诗。"一句话,技巧太高超了,高超得让学生高不可攀,因此,"巧"如果不上升到"术"的层面,那么所谓的技巧,终究不过是自说自话的个人经验而已。鉴于此,选用"技术"也就再恰当不过了。

综上,我从语文教育教学的历史与现实困境、语文教育教学的改革与发展、语文教学观念的探索与建构,逻辑地导出了"技术"介入语文的可行性与必然性。受传统思想文化影响,我们许多人的精神意识里依然崇"道"抑"术"。但随着生产力的发展和国际文化的交流,今天,科技思想已经越来越凸显其时代意义和社会价值,我们需要重新端正"术"的态度。

在《作文教学:走向技术的终端》[参见 2015 年第 9 期《新作文(中学作文教学研究)》]一文中,我曾指出:"实践表明,这种走向技术终端的作文教学,理论上说得清,实践上通得过,效果上也见得着。正如著名修辞学教授王希杰在《修辞学通论》中谆谆告诫的那样:'修辞学教师不应当把他们的兴趣和精力都吸引到对修辞格的无穷无尽的辨认方面去。这会使得他们忘记修辞格的生命全在于运用,使得他们最终对修辞格失去好感和兴趣。'我们的教师也不应当总是把时间和精力耗在作文知识、作文方法的介绍方面去,我们应当牢记,作文教学的核心目标就在于教会学生做文章。我们坚信,以'技术'眼光审视作文,用'技术'的力量推动作文,长期低迷无效的状态的作文教学,或许可以迎来一线希望的曙光。"

事实上,当美术、武术、算术、道术、医术、智术等词语成为常用词之后,"术"已经发挥出了巨大的作用和功能。任何一种观念的突破,都依赖于独特的概念。康德在《纯粹理性批判》中指出："思维无内容是空的，直观无概念是盲的。""技术"这一概念，让我们在直观的语文教学世界中，变得醒目。改进语文教学，切实提高语文教学的效率，我以为，"技术语文教学"是值得尝试并一定有满意结果的一个历史发展抉择。

（原文发表于《中学语文教学参考》2017 年第 10 期，题目为《技术：推动语文教学改革的新视角》，人大复印资料《高中语文教与学》2018 年第 2 期全文转载，此次出版有改动）

作文教学的八种僭越

"技术作文"认识论纲要

中山市教育教学研究室 | 张　华

无论是历史经验还是现实表征，作文教学似乎都无可争议地被公推为语文教学的首要难题。老一辈语文教育家指出"作文教学是老大难的'老大难'"（张志公语），继之者也感叹"如何提高写作教学的有效性已经成为困扰基础教育语文教学的一大难题"（倪文锦语），新一代学人则直陈其弊："这早就不是秘密：在我国中小学的语文课里，几乎没有写作教学"（王荣生语）。作文教学究竟难在何处？为什么会如此之难？其出路又究竟在哪里？照我看来，作文教学的诸多困惑，根源于我们认识上的诸多迷雾以及由此造成的诸多混乱与僭越。受篇幅所限，本文以纲要的方式，选择作文教学中最为典型的八种僭越，试做阐释。

一 "作文"对"写作"的僭越

长期以来，"写作"和"作文"两个词语交替现身于作文教学中，普遍认为这是两个完全等价的说法。将"作文"等同于"写作"，在我看来，这是当前作文教学观念的最大误区之一，这种概念上的草率认识和马虎应付，事实上已经给作文教学造成了诸多后遗症。

就词源分析来说，"写作"突出的是"写"，《说文解字》对"写"的解释是："置物也。"段玉裁作注说："俗作泻者，写之俗字。"可见，"写"的本义为"泻"，是像水一样自然而然地倾泻、流出，引申到写作上来，"写作"突出文章倾吐的自然性和真实性，主流写作理论都持这种观点，强调文章应该"情动而辞发""因情而造文""感于哀乐，缘事而发"。

而"作文"则不同，"作文"突出的是"作"，《尔雅·释言》说："作、造，为也。"反过来看，"作"就是"造、为"，即制造、做的意思，后来在语言流变过程中，"作"的含义转嫁给了后来出现的"做"字，但"作"仍有"造"的意思。也就是说，"作"和"做"的本义其实是一致的。所谓"作文"，其实就是"做文章"，其意思也就是造文章。如此一来，"作文"强调的则是人工而非自然，"做文章"未必要有感而发，更可能是无感而发式的，这就是刘勰所说的"辞人赋颂，为文而造情"，也是辛弃疾所说的"为赋新词强说愁"。

可见，"写作"和"作文"是文章创作的两条路径，我们鼓励学生"写作"，其意在于鼓励学生有感而发，抒写真情，表达自我；我们让学生"作文"，其意在于让学生在虚拟性的作文训练中，也许无感而发，目的是学会做文章。"作文"是教学需要的产物。我们常常把属于写作范畴的"真实、真情、性灵、自我"等要求，毫无差别地嫁接到"作文"上来，这就从根本上抹杀了作文的"教学"意义和价值，而且就教学而言，显然"作文"更突显"教学性"，也更具有技术指导性。我们平常高扬的"真实写作"，实质上就是"作文"对"写作"的僭越，容易导致用道德伦理来绑架作文教学，即以普遍活动的德性要求消解了作文教学这一特殊活动的学科追求。因此，在作文教学中，"写作"一词，应当仅限于"文章制造"这一描述性行为，而不应将其泛化到整个作文教学中。这是技术作文的概念认识基础。

二 "学生"对"作家"的僭越

类似于其他各种技术学习，做文章也离不开模仿和借鉴，作文教学的重要支架就是给学生提供范文或范例。范文或范例主要来自于作家，其原因就在于作家作品的数量与质量都具有绝对优势。由此，作家的创作经验，很容易就成为作文教学的技术来源，这本来无可厚非；但也正因此，作家"作品"对学生"作文"容易形成一种隐性压迫，更严重的是，还极容易在我们的作文教学中，导致"学生"对"作家"的僭越。

一般而言，作家是相对成熟的专业创作者，他们有自己独特的生活方式与工作方式，他们较一般人更喜欢写作，优秀的作家，无不从心出发，追求自由，张扬个性，最大程度释放个人的才情学识，一句话，作家的写作，背后都站着一个高大的鲜活的"自我"。而学生则不同，学生是文章写作的学习者，他们的作文，注重要求，遵守规范。作为一种技术学习，学生写文章的目的，主要不是为了表达自我和张扬个性，文章只是一个依托和载体，作文技术的掌握与运用才是学习的目的。从这个意义上来说，学生才有理由成为作文课的教学对象，而反复宣扬"自由、个性和创意"，则有消解作文教学存在的严重危机。

作家和学生是本质不同的两类写作者，我们平常动辄以"力求有个性、有创意的表达，根据个人特长和兴趣自主写作"的准作家创作状态来要求学做文章的学生，甚至将"作家的创作活动"原封不动地转移到"学生的作文活动"上来，这就严重混淆了两类创作者的界线，必然导致"学生"对"作家"的僭越。这是技术作文的对象认识基础。

三 "教学"对"自学"的僭越

学生的"学得"分两种，一种是依赖自己的学得，可称其为"自学性学得"，另一种依赖教师的学得，可称其为"教学性学得"。由于语文是一门习得性极强的学科，学生自在自为的内容极其宽广，加之作为母语学科，语文的学习门槛很低，学生"自学性学得"也变得容易，因此，"教学性学得"空间，就变得非常狭窄。语文学科的这一特征，表现在作文教学上，就是许多教师所感慨的"好作文不是教出来的"。这样一来，作文的"教学"就很容易让位给了学生的"自学"，这种"无作为"行为，实质上就是"教学"对"自学"的僭越，其结果必然导致教师"教"的自我放逐和行为虚化。

教学的根本目的在于促进学生发展，但只有存在"教"的行为，才可称之为"教学"，换言之，"教"对于"教学"而言，比"学"本身，更具有存在论上的意义，提高"学"的质量不能以消解"教"的价值和功能为代价，著名哲学家怀特海在一篇文章中深刻指出"'教'……意思是努力带来'学'"，可谓不刊之论。

反观我们的作文教学，最大的弊病就在于"教"的缺失。一个带有普遍性意义的现象是：名为"作文教学"，实则只有"作文"，没有"教学"。因此，作文教学必须重塑"教"的存在尊严，以挽救作文课的存在危机、教的地位旁落危机和教师的专业发展危机。

就作文而言，在彰显"教"意义之后，我们还必须追问：作文教学到底能"教什么"？

学生写好文章，涉及因素很多，包括思维能力、情感积淀、生活阅历、人格品德、兴趣意志、文章知识、作文技术等等。具体分析这些因素，就会如有的学者所说"有些与思想内容有关的东西，包括对社会问题的强烈关注和责任感、是非感、敏锐和洞察力等，并不是都能教授的"（祁寿华语），也就是说，写好文章的很多因素其实并不具有"可教性"，"教"其实是有边界的，这就是"语文习得性极强"的深层原因。这样一来，作文教学中，"作文技术"因为传递性和可学性极强，也就理所当然成了作文教学的核心教学内容。我们想当然地将原本依赖自学的内容，强行作为作文教学的内容，必然难以奏效，这种"强作为"的行为，实质上也是"教学"对"自学"僭越。这就是技术作文的教学论基础。

四 "思维成果"对"思维能力"的僭越

人们关于"写作与思维"的密切关系几乎达成了这样的共识，即：写作是思维的艺术，思维是写作的基础。由此自然而然会得出一个推论：要提高写作水平，关键在于提高思维能力。这个推论能够成立，隐含了这样一个前提：思维能力可以提高。可事实常常表明，当我们把"提高思维能力"作为拯救作文教学的根本出路时，我们自以为抓到了变革作文教学的牛鼻子，实际上已经不自觉地违背了人的思维发展规律，从而掉入一个"万劫不复"的思维深渊里。

大量的现代脑科学研究表明，思维是人体大脑的机能，是神经回路活动的结果，是人体自身物质结构所生成的一种意识活动。思维既然是大脑的机能，必然与大脑的结构有很大关系。人与人的思维差异性，其实也正是大脑结构差异性的显性反映。现代脑科学进一步证明，每个人的大脑表面不是平滑的，而是布满了沟回，但就像人的指纹一样，没有两个人的大脑沟回形式是一样的。大脑的顶叶部位有一些特殊的山脊状和凹槽状结构，这些山脊状和凹槽状结构是因人而异的。大脑结构的巨大差异性，导致每个人的思维能力也有巨大的差异性。换句话说，人体大脑的差异来源于遗传，作为大脑机能的思维必然也是由人的遗传素质决定的，因此，一个人的思维能力具有极强的遗传稳定性。可见，在自然状态下，人的思维能力是先天决定了的，因此，从思维的产生机制上来看，我们可以得出这样一个结论：正常状态下，人的思维能力是不可教的，也是训练不了的。

在心理学领域，与思维关系密切的另一个重要话题是"智力"。综合关于智力的各种分析和研究，我们可以获得一个比较有共识的基本结论，即：思维是智力的核心因素。这是目前关于思维与智力的关系最为普遍的学术表述。

在智力研究的相关问题中，智力的决定因素问题一直是一个热点问题。智力是受什么因素影响或决定的？心理学上大概有三派观点：环境决定论、遗传决定论和综合决定论。值得注意的是，各派观点也是历来争论不一，"遗传决定论"虽然不被主流教育看好，但其相关论证却很深入。据施良方、崔允漷主编的《教学理论：课堂教学的原理、策略与研究》一书介绍，"遗传在个体智力差异中起主要作用的证据很多"，并列说了主要的四大方面证据，基于这种分析，该书强调"整个后天因素对个体智力差异的影响尚且很小，作为后天因素之一的学校教学，影响就更小了……教学不能以发展智力为主要目标"。而我们的教学特别喜欢提诸如"发展学生的智力"这样的目标，现在看来，或许只是一厢情愿的美好教学理想。总之，如果智力受遗传素质决定，那么，思维作为智力的核心因素，毫无疑问，也是受遗传素质决定的。

可见，无论是从思维的产生机制，还是从思维与智力的关系来看，试图通过"提高思维能力"来达到某一标准的作文水平，其实是非常值得怀疑的。

我们应该进一步追问，就作文教学而言，提高学生思维能力的目的何在？无非是让学生获得丰富的思维成果。可见，"获得思维成果"才是作文教学的关键所在，因此，破解作文教学"思维能力难题"的关键就在于此：要通过超越遗传意义上的思维能力来获得思维成果。思维成果是主体呈现的一种"果"，其思维结果也受技术限制，主要由外部影响，获得较为容易，具有很大的可教性。作文教学或许可以寻求另一条路径，以求获得更丰富更优质的思维成果。根据"语言既是引起思维活动的直接动因"（引自林崇德、杨治良、黄希庭主编《心理学大辞典》），这条路径其实就是语言句径。现实中，我们全然不顾"思维成果"在作文中的重要意义，却执着于"思维能力"的提高，这也是一种僭越。这是技术作文的思维突破基础。

五 "情感认识"对"情感体验"的僭越

自《毛诗序》中"情动于中而形于言"这句文论一出，中国历代写作理论，都推崇"情感"在写作中的积极意义和重要价值。确实，"文章原是发表自己的思想情感的东西，要有思想情感，才能写的出来"（夏丏尊语）。当下语文学科的主流话语体系中，也时常可以看到与此遥相呼应的一些要求："写作要表达真情实感""要感情真挚"，要"说真话、实话、心里话，不说假话，避免为文造情"。但问题在于，当我们给学生布置作文任务时，也许面对题目，学生压根就没有什么"情感体验"，因此也就无法表达"真情实感"，最后形诸文字的，不过是学生日常所接受到的一些"情感认识"而已，抑或是以"假大空"来应付。作文教学如此强调"真情实感"，是对情感问题的肤浅认识所致，这实际上就是一种"情感认识"对"情感体验"的僭越。

"情感认识"强调对情感的认识，可以归结为一种知识的获得，具有客观性，是一种外化而非生命化的过程；"情感体验"强调情感的体验，可以归结为一种情感的激发，具有主观性，是内在的生命化过程，正如有学者指出"人的情感不可能通过服从命令而产生，它必须经过亲自经历，自己产生感受直至深刻的体验"（朱小蔓语），也就是说，情感的获得来源于体验，只有体验才能丰富情感。知识代替不了体验，有情感认识，不等于有情感体验，假大空的作文内容，根源于剥离个体生命的情感认识教学；而这一切，导源于"真正的情感体验是不可教的"；即使可教，有限的作文教学课堂，也无法呈现出丰富多彩的生活体验情境。

学是教的出发点和归宿点，从逻辑上来说，有"可学性"的内容才具有"可教性"，我们不能将教学过程中学生"感悟"式的成长，转嫁为"教学"的结果，而"我们一味坚守'真情实感'的作文教学之道，虽然在一定程度上，某些有悟性的学生确实提高了自己'主观表达'方面的作文水平，但弊端很大：淡化了具有'可教性'的作文技能的培养，弱化了切实有效的写作指导"（魏小娜语），这就是技术作文的情感认识基础。

六 "知识"对"技能"的僭越

知识有助于技能的形成，但知识与技能具有本质的区别。虽然"知识是一个不能得到确切定义的名词"（罗素语），但大体上可以参照《辞海》对"知识"的定义，即"人类认识的成果或结晶"。在教育领域，普遍流行这样一个原理性认识："通过传授知识才能培养学生能力。"但正如有学者指出"在现实中，教师们每天都在向学生传授大量的知识，而学生的能力状况却并不令人满意"（季苹语）。作文教学固然要传授写作知识，但只是简单地以"写作知识"代替"写作技能"，进而谋求作文水平的提升，这实际上就是"知识"对"技能"的僭越。

知识是一种静态的客观呈现，表现为陈述性内容，是认识上的一种发展；而技能是一种动态的主观运作，表现为程序性内容，是行为上的一种发展。前者属于"知"层面，后者属于"行"的层面。掌握知识是必要的，但掌握知识不等于拥有技能，这本是个常识，但这个常识常常被作文教学所忽略。对此，叶圣陶早就指出："写作系技能，不宜视作知识，宜于实践中练习，自悟其理法，不能空讲知识，或以为多讲知识，即有裨益于读写能力之长进，殊为不切实之想。"其实，"中学语文教学的根本目标，不是培养'谈论语言'的人，而是培养'使用语言'的人"（李海林语），所谓"使用语言"，其实就是作文技能。

既然如此，作文教学在适当的知识传授基础上，应当聚焦"技能"来设计积极有效的"操作活动"。长期以来，"技能"这一说法因过于泛滥而滑向了"不易操作"的境地，许多名为"技能"的作文教学，实际上不具有真正的指导性，因此，我们将"技能"切换为"技术"一词，以克服流行的现实之弊。这样一来，作文教学的核心内容从"知识"转移到了"技能"上来，这就为技术作文准备了最大的教学空间，这是技术作文的教学内容基础。

七 "科学"对"技术"的僭越

科学一般表现为理论形态，偏向于理论和务虚，是形而上的道，解决"是什么""为什么"的问题，其目的在于认识事物；技术一般表现为物质形态，偏向于实践与务实，是形而下的技，回答"做什么""怎么做"的问题，其目的在于改变事物。任何学科，都存在科学认识和技术应用两个问题，语文学科的作文教学，同样存在这两个方面问题。"作文教学科学化"曾经一度引领作文教学改革方面，虽然在一定程度上克服了教学的随意性与主观性，但因其浓郁的科学理论色彩，并没有在实践上留下可供借鉴的操作经验或实践方式，无法真正推动作文教学实践，究其原因，就在于这是一种"科学"对"技术"的僭越。

科学是理论化的，技术是应用性的。我们的作文教学之所以长期缺乏学科的"教学性"，原因不在于缺乏"理论科学"，而是缺乏"应用技术"。以"技术"的视角来审视我们的作文课堂，会很诧异地发现，我们语文教师所教授的，几乎没有什么"技术含量"，学生所学习的，也几乎没有"通用技术"；相反，课堂里倒是充斥着各式各样的"写作科学理论"，这些"正确的废话"，并不能有效改变学生作文现状。著名写作学理论家裴显生在其主编的《写作学新稿》中也强调："写作学是技术科学，它着重研究写作活动的过程和方法技巧，形成技术理论。"

　　"作文教学科学化"的提法，虽然提到了"教学"一词，但本质上依然是一种纯粹学科意义上的理论探索，它只是在另一个角度提供了一种教学的理论化思维，其实依然悬空于实践之上，作文教学科学化思潮推动了作文教学的科学化进程，但依然没有撼动作文教学的固有樊篱。如果不实施从"科学化"到"技术化"的落地转化，则作文教学不会有真正的变革。而"技术作文"恰恰就是这样一条变革路径，其目标就是要跳出"作文理论"的固有陷阱，回归到"作文教学"的改革立场上来，将既有的"作文教学科学化"认识，能有效地落实到作文教学实践当中，从而使作文教学走上具有落地可能的技术化之路，亦如民国学者胡怀琛所说："我们要把作文认作是一种技术，于教学上，才可以得到益处。"

　　更进一步来看，尽管人们对"技术"持有不同的理解，但有一点成为了人类的共识，即技术已经在事实上决定着人类的发展。虽然有学者将人类的诸多灾害和困难归咎于技术，但人类自从走上了技术发展之道，实际上已经没有了退路。科学哲学研究学者吴国盛教授深刻地指出："技术就是我们的生活，就是我们的存在方式。"确实，人只有在技术中才能充分体现其主体性。写作作为人类的重要生活内容之一，必然依托于技术而成为我们生命力量的确认方式。作文教学只有置于这样一种宽广认知中，"技术"才能散发出其应有的光彩。这就是技术作文的技术论基础。

八 "学科立场"对"教学立场"的僭越

　　立场决定认知视角。不同的立场，会产生不同的解释行为，不同的解释行为会导致不同的结果。学科立场主要以学科视角来认识学科自身问题，关注学科本质问题，追求学科的学理严谨性，重在解释现象；教学立场主要以教学视角来认识学科自身问题，关注学科的教学本质问题，追求学科的教学有效性，重在改变现实。

　　研究作文问题，可以从写作的学科立场出发，通过写作的本质、规律和文化以及文章的认识、原理和策略，来探讨作文教学问题；也可以从课堂的教学立场出发，通过教学的本质、规律、原则和目的来探讨作文教学问题。就当前作文教学研究来看，我们往往采用学科立场来审视作文问题，却期望获得良好的作文教学效果，这实际上就是"学科立场"对"教学立场"的僭越。

　　不知什么原因，长期以来，我们的作文教学特别容易不自觉地运用写作理论来指导写作教学，而恰恰忘记了，我们进行的是作文的"教学"活动，既然是教学活动，就要受到教学规律的制约。什么是真正的"教学"？美国教育学家史密斯把英语国家对教学含义的讨论做了整理，并把它们归为五类，其中有两个最重要的定义值得我们借鉴：其一，教学是传授知识或技能；其二，教学即成功，没有学会，则没有教。（引自施良方、崔允漷主编的《教学理论：课堂教学的原理、策略与研究》）以此来检视我们的作文教学，很多"作文课"其实是缺乏"教学性"的。作文教学要实现学生的"成功改变"，应坚守教学立场，积极关注学生的变化，让学生有实实在在的"获得感"。技术作文追求作文教学的实用性和有效性，契合了"教学"的本质要求，有效克服了"学科立场"给作文教学带来的诸多弊病。这是技术作文的实践立场基础。

在《理论思维与工程思维：两种思维方式的僭越与划界》这本书的开头，哲学研究学者徐长福教授就提出了人文社会研究里的一个伟大的盲点问题："为什么历史上许多描画人文社会蓝图的思想作品从理论上看十分高明，但应用效果总是不好——要么得不到人们的青睐，无法付诸实行，要么实行之后效果与预期大相径庭？"

作为语文教育研究者，我想依葫芦画瓢地提出一个作文教学的盲点问题，供同行思考：

为什么历史和现实中许多解释写作行为的论文论著从理论上看十分高明，但应用效果总是不好——要么得不到人们的青睐，无法付诸实行；要么实行之后效果与预期大相径庭？

如果依照徐长福教授的解释，其实非常清楚：那是因为作为工程特点极其突出的作文活动，实践上常常由工程思维僭越为理论思维，作文教学也因此常常放逐了"技术"而走向了凌空蹈虚的所谓"文道"之中。

现在看来，"技术"或许正是我们变革作文教学现实的一个锐利而独特的视角，"技术作文"有望成为"作文教学"的正道。

· 参考文献 ·

① 张定远. 作文教学论集［M］. 天津：新蕾出版社，1982.

② 倪文锦. 关于写作教学有效性的思考［J］. 课程·教材·教法，2009（3）.

③ 王荣生. 我国的语文课为什么几乎没有写作教学？［J］. 语文教学通讯，2007（35）.

④ 张华. 技术：推动语文教学改革的新视角［J］. 中学语文教学参考，

2017（10）.

⑤张华. 把作文写深刻：运用矛盾技术，写出深刻句子［J］. 语文教学通讯，2015（16）.

⑥张华. 技术作文：作文教学改革的宣言——我的作文教学观［J］. 新作文：中学作文教学研究，2014（12）.

⑦林崇德，杨治良，黄希庭. 心理学大辞典：上［M］. 上海：上海教育出版社，2003.

⑧朱小蔓. 情感教育论纲［M］. 北京：人民出版社，2007.

⑨夏丏尊. 关于国文的学习［M］//夏丏尊文集. 杭州：浙江文艺出版社，1983.

⑩鲍宗豪. 论无知：一个新的认识域［M］. 上海：上海人民出版社，1991.

⑪季苹. 教什么知识：对教学的知识论基础的认识［M］. 北京：教育科学出版社，2009.

⑫中央教育科学研究所. 叶圣陶语文教育论集［M］. 北京：教育科学出版社，1980.

⑬李海林. "语文知识"：不能再回避的理论问题——兼评《中学语文"无效教学"批判》［J］. 人民教育，2006（5）.

⑭胡怀琛. 作文门径［M］. 北京：北京教育出版社，2014.

⑮裴显生；等. 写作学新稿［M］. 南京：江苏教育出版社，1987.

⑯徐长福. 理论思维与工程思维：两种思维方式的僭越与划界［M］. 重庆：重庆出版社，2013.

⑰魏小娜. 对我国作文教学中"真情实感"的反思［J］. 课程·教材·教法，2011（11）.

（原文发表于《语文教学通讯》2018年第7-8期，此次出版有改动）

指向写作的可能性

科学取向的技术作文教学建构

中山市教育教学研究室｜张　华

在人类的精神创造活动中，毫无疑问，写作是极其重要的。无论是中国古代的"六艺"还是西方古老的"七艺"，写作都被列为一个文化学习者所必须通晓的基本技能。语文独立设科之后，作文教学作为语文学科的重要一翼，在很大程度上接续了古代重视培养写作技能的教育传统。但是，直至今日，作文教学的现实状况并不能令人满意。语文教育学者王荣生教授曾直言不讳地指出："这早就不是秘密：在我国中小学的语文课里，几乎没有写作教学。"如何推动作文教学的深层次变革进而提高其实效性？大量而持久的实践结果表明，这可能不是一个教学法意义上的改革问题，而是需要对作文教学进行一次范式意义上的革命问题。过去主要依赖于写作学理论而进行的作文教学改革进路，无论是文体驱动、体验促进抑或是兴趣培养，都是生硬而脱离实际的。它们的突出表现就是不顾"作文"特殊性和"教学"规定性这两大现实。

那么，作文教学的"范式"革命方向与出路在哪呢？在检视作文教学改革历史材料的文献爬梳背景下，在总结笔者所在区域的作文教学改革实践经验的基础上，依据科学取向的教学论思想，笔者不揣浅陋，建构出了一种富有范式革命的新作文教学观，即"技术作文教学"，目的在于拯救作文教学的实践危机。

一 写作发生的省察：内部与外部的耦合结果

法国哲学家莫兰提出了一种复杂性理论，他曾对复杂性做过这样的解说："所谓复杂的东西不能用一个关键词来概括，不能归结为一条规律，也不能化归为一个简单的思想。"写作就是一种极其复杂的东西，事实上，写作也很难用一个关键词来概括，很难归结为"一条规律"。写作研究者陈果安在其主编的《现代写作学引论》中曾指出："主体有哪些方面的因素影响着写作呢？主体的思想、感情、胸怀、视野、文化品格、道德精神、对现实生活的洞察力、创造精神、美学修养、意志等，对写作的影响是决定性的。"而这还只是对写作主体而言的。事实上，具体到一次写作活动中，其复杂性远不止于此，比如李白写《静夜思》，除了李白自己的主体因素外，那一晚床前的"明月光"，那一轮头顶的"明月"，还有我们所不知道的某些李白亲友，甚至是当晚喝酒的兴奋程度等等，都可能是决定李白这次写作活动的重要因素。

在莫兰复杂性理论的启示下，我们应该很有信心地看到，任何一次写作活动，就写作结果而言，确实具有很大的偶然性；但如果就一定的时空因素而言，写作又具有很大的必然性。也就是说，写作既是一种偶然的必然，也是一种必然的偶然。为了便于理性分析写作这种复杂性活动，我们可以将任何一次写作活动的影响因素分解为两种：内部因素和外部因素。没有外部因素，写作就会因失去触发而意外夭折；而没有内部因素，写作也会因失去技能而胎死腹中。因此，从发生学意义来看，我们可以说，任何一次写作都是内部与外部的耦合结果。这是我们理解和研究写作这件事情的共识基础，也是我们深入探讨作文教学的写作认识基础。

二 作文教学的根本目的：让学生更能作文

写作和写作教学是两种本质不同的活动。当我们把讨论目光转到关于写作的教学活动上来时，我们就很有必要区分"写作"和"作文"在教学意义上的区别。事实上，作文教学经常陷入"公说公有理，婆说婆有理"的无谓之争中，很大原因就在于我们对"写作"和"作文"出现了认识僭越。"作文"的本义就是做文章，笔者曾在《作文教学的八种僭越："技术作文"认识论纲要》中指出："'写作'和'作文'是文章创作的两条路径，我们鼓励学生'写作'，其意在于鼓励学生有感而发，抒写真情，表达自我；我们让学生'作文'，其意在于让学生在虚拟性的作文训练中，也许无感而发，目的是学会做文章。"就语文学科而言,"作文"是一种教学性写作活动,是训练学生怎么做文章的实践基地,这个基地带有极强的虚拟性和刻意性,因而才具有教学性。因此,在中小学语文的语境中,笔者之所以一直致力于倡导使用"作文教学"而批判使用"写作教学",其目的就是要揭示作文教学的课程取向,并力求让我们的课堂实践能聚焦到作文教学的根本目的上来。

那作文教学的根本目的是什么呢?语文教育家叶圣陶曾指出:"学生须能读书,须能作文,故特设语文课以训练之。最终目的为:自能读书,不待老师讲;自能作文,不待老师改。"在作文教学方面,叶老认为语文课应当让学生"自能作文"。这确实触碰到了作文教学的牛鼻子。但依据生活经验我们知道,一个人是否能做到"自能作文",并不完全取决于语文课,古今中外有很多写作者就是自学而成的,而并非语文课训练的结果。因此,在叶老的认识基础上,笔者改动一个字,将作文教学的根本目的确定为:让学生更能作文。

虽然是一字之差,但"更能"比"自能"更凸显语文课的价值,更能突显作文教学的施教方向和关键落点。我们认为,作文教学就是要在学生自学就可能达到的基础上,设法通过课堂教学进一步让学生掌握作文技术,这是作文教学的第一要务,也是语文教师的职业责任。因此,我们把这种致力于实现"让学生更能作文"目的的教学活动称之为技术作文教学。

三 技术作文教学的实践旨趣:指向写作的"可能性"

写作是一门综合性极强的智力活动。就写作来看,写作涉及的领域、元素和内容是无限的,任何一个方面,都会影响到写作成果的生成;但就作文教学而言,在教学视域下,写作的可为领域、元素和内容却是有限的。作文教学究竟可以做什么和不可以做什么,都需要一个合理的科学探索。在反复研究与实践的基础上,我们发现,"技术"在作文教学中具有决定性和根本性的实践意义。

复杂潜伏着无奈。写作的复杂性决定了作文教学的有限性。理性地看,作文教学并不是要解决写作的所有问题,而是要为写作提供一定的技术支撑。对于一个写作者来说,写作带有很大偶然性,因此,无论写作的价值有多大,作文教学都用不着也不可能去实现写作的必然性。基于这种现实背景,在偶然性写作活动中,技术作文教学的实践旨趣就是指向写作的"可能性",即为写作的"写作可能"提供技术支撑。确定并理解作文教学的"可能性",对于重新裁定作文教学的课程内容、重新确定作文教学的基本内容、提高作文教学的成效，都具有重要的认识价值。

正是在这个意义上，我们建构了技术作文教学的哲学观，即一种抵达的作文实践哲学。我们看到，目前流行的很多作文教学，或强调兴趣，或突出思维，或推崇体验，总之，都是在作文的外围发力，它们大都是不抵达的，是热衷于路上的作文教学，是为了看风景的作文教学，这样的作文教学走得远了，很容易忘记我们为什么要开展作文教学，也就是忘记了我们的作文教学是有地方要抵达的。技术作文教学因为奉行"抵达"的教学实践哲学，这就要求语文教师特别关注作文教学效果，设法让课堂发生真正的"作文学习"，其最终目的，就是指向我们所无法预知的学生写作情境，为写作提供技术支撑。亦如叶圣陶所说："练习作文是为了一辈子学习的需要，工作的需要，生活的需要，并不是为了应付升学考试，也不是为了当专业作家。"

四 技术作文教学的内容标准：技术本位的体系建构

"技术"虽然是源自自然科学的一个词语，但在写作的有关认识中，"技术"并不陌生。中国写作学会名誉会长、著名写作学理论家裴显生教授就曾指出："写作学是技术科学，它着重研究写作活动的过程和方法技巧，形成技术理论。"中国文章学研究会会长曾祥芹教授还专门撰写过题为《文章学：典型的社会科学技术》的学术论文。语文教育家叶圣陶也特别指出："写作，和阅读比较起来，尤其偏于技术方面。"因此，在作文教学中倡导"技术"的，也大有人在。民国著名学者胡怀琛在著作《作文门径》中很务实地指出："我们要把作文认作是一种技术，于教学上，才可以得到益处。"在《高等写作学引论》一书中，当代著名写作研究专家马正平指出："……写作技术也没有学，这是过去从中学到大学作文教学效果不好的最重要原因之一。"

除了写作研究上对技术有认识，认知心理学对此也有深刻的揭示。美国著名学习与教学心理学家加涅认识到，人类学习现象极其复杂，不可能用一种理论解释全部学习现象，必须对学习做分类研究，并以"学习结果"的独特视角，将人类学习的结果分为言语信息、智慧技能、认知策略、动作技能、态度五种类型。这就是加涅著名的"学习结果分类"学说。其中，智慧技能指的是人们应用符号办事的能力。显然，写作属于智慧技能。依据这个学说，在作文教学中，最主要的学习结果就是"智慧技能"，作文教学的根本任务就是通过教学活动让学生掌握智慧技能。

据此，我们从语文教学的实践话语出发，提出了"技术作文教学"的作文教学观，并炼制出技术本位的内容标准和内容体系，以便能够更直接地认识、理解、研发和运用在写作活动中所需要的作文技术，进而推动作文教学的有效实施。

目前，囿于文体的分类结果，大多数作文教学往往偏重于以文体写作的具体要求作为基本内容，而往往忽略了写作的最一般技术，以至于一方面导致作文教学内容重叠不清，另一方面又难以应付文体写作的真实需要。技术作文教学超越文体要求和具体情境，而着眼于文章写作中的基础问题，选择一般性、通用性、普适性的作文技术元素，力求在根本上夯实作文教学的基础，让学生掌握最基本的作文技术，为学生的写作活动提供最可靠的"新基建"，以应付生活中的写作需要。为此，在吸纳传统写作学理论和经验的基础上，我们确立了技术本位的作文教学体系，包括思维技术、语言技术、结构技术、材料技术、修改技术以及呈现技术等，每一种技术又细分出若干技术分支，最终形成了技术作文教学的内容标准和技术体系。

五 技术作文教学的教学要义：科学取向的教学流程

著名教育学者皮连生教授在其主编的《教育心理学》中曾提出要区分两种取向的教学论：依据哲学思辨和经验总结而形成的教学论被称为哲学和经验取向的教学论（简称哲学取向的教学论）；依据科学心理学并通过实证研究建立起来的教学论被称为科学心理学与实证研究取向的教学论（简称科学取向的教学论）。

哲学取向的教学论指导教学实践主要依托哲学与经验，是早期人类文明传承不成文的教育教学理论，但具有很大的局限性，比如许多概念未经严格定义，因缺乏可操作性而难以有效地具体指导教学实践等。相较于哲学取向的教学论，科学取向的教学论的突出优势在于：它有严谨的科学依据，概念定义严格，原理清晰，有模式可依托，有流程可参考，操作性强。

我们认为，当前作文教学之所以"低效""无效"乃至"负效"，很大程度上是因为承袭了哲学取向的教学论思想，语文教师凭经验和感觉来实施作文教学，教学过程的随意性很大。技术作文教学则确定以科学取向的教学论思想为指导，积极吸纳加涅的学习分类与学习条件理论、J. R. 德森的陈述性知识与程序性知识相互作用理论，重视作文教学的学理依据，追求让课堂发生真正的作文教学。

技术作文学的基本理念是聚焦学生写作时面临的关键挑战，通过有效教学事件解决这个挑战，概言之，就是必须贯彻"挑战＋解决方案"的教学思路。为此，综合各种研究成果，在借鉴加涅九大"教学事件"的基础上，我们确立了技术作文教学的七个基本流程，即：（1）激发动机。引起学生对学习话题的注意，激发学生的学习动机。（2）告知目标。以具体的可操作的作文技术为主要教学内容，并让学生清晰了解学习目标。（3）展示范例。让学生对范例进行充分的感性观察，积淀学习经验，在此过程中，教师要对范例进行讲解和说明，形成作文技术的理性认识。（4）指导跟学。让学生跟着范例进行操作性学习，教师予以及时的恰当的指导。（5）促进迁移。设置新的练习情境，让学生运用所学的作文技术完成学习任务。（6）检测效果。再次设置新的练习情境，让学生进行独立练习。（7）课堂小结。

（原文发表于《广东教育》2023 年第 8 期，此次出版有改动）

技术作文：作文教学改革的宣言

我的作文教学观

中山市教育教学研究室｜张　华

一 当前作文教学的弊病

　　早在 20 世纪 80 年代，老一辈语文教育家张志公就曾在《作文教学论集·序言》中说道："语文教学在普通教育工作中恐怕算得上一个'老大难'，而作文教学恐怕又是语文教学工作中的一个'老大难'。换言之，作文教学是'老大难'的'老大难'。"直到今天，这个"老大难"问题并没有因时间而降低其难度，不过，在我看来，当前作文教学的弊病，可以归结为四个字：无"技"可施。具体表现为三大病症：不可教、不会教和不由教。

　　今天的作文教学，不自觉地滑向了文学性创作领地，而文学性创作往往更依赖于作者的才情识见，正如叶圣陶所说"总是少数人的事"。这样一来，一方面是作文教学的文学性导向，一方面是文学性写作的高不可攀，于是学生的作文就过多地被认为依赖个人素质而变得"不可教"了。久而久之，"作文不可教"就变成一种心照不宣的语文教学潜规则了，虽然教师们依然偶尔还上一上作文课，但基本上也就是非常表面地谈一些人所共知的作文技巧，至于作文教学效果，他们早就在心里不抱有任何希望的。学生倘若因此而写出像样一点的文章，教师也清楚，这是学生个人良好修为的胜利果实，与己无关；至于写不出像样文章的学生，那一定是他自身出了问题，教师是无能为力的。语文教学长期以来之所以将阅读视为重头戏，在我看来，并不一定是因为阅读教学有多么重要，而是因为作文教学实在不好教，要命的是，教了也往往"颗粒无收"。可以说，"作文不可教"这一观念，是当前作文教学的最大现实描述，也是当前作文教学的最深层的弊病所在。

"作文不可教"不仅仅是作为一种固化观念潜藏于教师们的意识世界中，而且还非常真实地表现在我们的作文教学实践中。虽然我们还有许多作文教学课，还有许多教师在带领学生学习写作文，但是，只要我们认真地审视一下，这种煞有介事的"作文教学"就像是飘浮在空气中的肥皂泡，看起来五彩缤纷，实际上用手指轻轻一戳就立刻破烂不在。究其原因，在于教师们所开展的"作文教学"，基本上是空虚漂浮的泛泛之谈，什么立意要深刻，什么论证要有力，什么语言要有文采，什么结构要严谨等，这些听起来极其诱人的写作"秘诀"，到头来只不过是教师们蜻蜓点水的肤浅说辞而已。这是作文教学中"不会教"的弊病。"不会教"不是说教师们不会上课，而是说教师们没有真正可用、具有实操效果的作文"秘诀"可以教给学生。所以，往往只能以其昏昏教人昏昏了。

作文教学的弊病还在于：就作文教学的结果上来看，大量的现实告诉我们，学生作文能力的提高是"不由教"造成的。意思是说，学生作文的高下、好坏、优劣、良莠，都不是由教师教出来的，而是他们自然发展、自生自灭、自在自为的结果。换句话说，就学生的作文发展而言，教师扎实奉行了老子的"无为"教导，不同的是，教师们的无为，并没有换来学生们梦寐以求的"无不为"。其实这也不奇怪，观念中的"不可教"和行动上"不会教"，其必然结果当然就是学生作文的"不由教"了。

针对当前作文教学的现实局面，著名语文教育专家王荣生教授甚至直接以《我国的语文课为什么几乎没有写作教学？》为题，公开指出："这早就不是秘密：在我国中小学的语文课里，几乎没有写作教学。"也正是基于当前作文教学的这三大弊病，我提出了"技术作文"的作文教学观念，意在于重新审视和构筑我们的作文教学观念，寻找一种可供使用和发展的操作技术，借此构筑起作文教学的科学框架。

当然，有人会立马批评我是"技术崇拜主义者"，然后搬出堂而皇之的理由说：作文这种"独抒性灵"的精神活动，岂可以技术来左右？可是在我看来，说这种话的人，从没有认真思考过"作文究竟是什么"这一本源性问题。

二 作文就是做文章

作文是什么？我认为，最通俗最直接最精准的回答是：作文就是做文章。

从创作的角度来说，天下文章不外乎两种，一种是写出来的，一种是做出来的。写出来的文章称之为写作，做出来的文章称之为作文。分清楚写作和作文，是我们更新作文教学观念的认识论基础。

我们知道，文章包括两件事：怎么写和写什么。从"怎么写"这个角度来说，不管是写作还是作文，文章都是做出来的，古人用"为"、用"创"、用"构"、用"营"，本质上都是一回事，讲究的都是"怎么写"的问题，具体包括遣词、造句、构段、谋篇等等。就这一点而言，写作和作文并没有本质区别。虽然也有文章大家说在写的时候"如行云流水，行于其所止，止于其不可不止"，看起来好像率性而为，毫无做作之处，其实，这只是创作技术炉火纯青的表现而已，但终究脱离不了一个苦心经营的"做"字。

但是从"写什么"这个角度来看，写作和作文却有根本的区别。写作突出的是"写"，《说文解字》对"写"的解释是："置物也。"清代段玉裁在《说文解字注》中指出："俗作泻者，写之俗字。"可见，"写"的本义为"泻"，是像水一样自然而然地倾泻、流出，引申到写作上来，写作突出文章倾吐的自然性和真实性，中国古代文论基本上都持这种观点，强调文章应该"情动而辞发""因情而造文""感于哀乐，缘事而发"。特别要注意的是，这里所谓的"写"，是指情感、思想的自然生发，因此，就写作而言，文章应当是写出来的，是有感而发的，而不应该是刻意做出来的。

而作文则不同。作文突出的是"作"，《尔雅·释言》说："作、造，为也。"反过来看，"作"就是造、为的意思，即制造、做的意思，成语"日出而作"保留了这一意思。后来在语言流变过程中，"造"的含义转嫁给了后来出现的"做"字，但"作"仍有"造"的意思。也就是说，"作"和"做"的本义其实是一致的。所谓"作文"，其实就是"做文章"，其意思就是造文章，强调的是人工而非自然，作诗就是做一首诗，引申到作文上来，作文的本义就是做文章，彰显的是作者的主体意志，显然这里的做文章不是有感而发式的，而是无感而发式的，也就是说文章的情感、思想都是人工制造出来的，这就是《文心雕龙·情采》所说的"辞人赋颂，为文而造情"，也是辛弃疾所说的"为赋新词强说愁"。八股文被称作"制艺"，一个"制"字，可谓直击要害，切中肯綮。

因此，无论是"怎么写"还是"写什么"，作文其实就是做文章。

事实上，文章的感情不是机械的，不是因为你有真感情，你的文章就一定能表达出真感情；也不是因为你造出感情，你的文章就表达不出真感情。作者与读者之间总是存在落差的，清人谭献在《复堂词录序》中说出了一种阅读现象"作者之用心未必然，而读者之用心未必不然"，谢章铤在《赌棋山庄词话》中也说"虽作者未必无此意，而作者亦未必定有此意"。可见，"为文造情"看起来好像是作者的虚伪之情，但在读者眼里，可能就是"感人心者"的真情实感；反过来说，那些着意写出自己"真情实感"的文章，在读者眼里，也可能是一种虚情假意之作。

我们之所以常常纠结于"为文造情"，是因为以一种"文如其人"的道德观念来加以裁夺，这本身就不符合艺术创作的规律。

"为文造情"是中国文艺理论史上一个重要的总结，虽然是被文艺理论家刘勰以批判的形式将其推出，但这恰恰说明这种创作方法是有其实践基础和传统土壤的。在我看来，这个颠覆"文如其人"的创作总结，触摸到了做文章的真正秘密所在。

从实际生活来看，大量的文章是人为制造出来的，作文才是文章王国的主流。就写作而言，人生有很多文章是不必要写的；但就作文而言，人生有很多文章是非做不可的。因此，无论是从人生价值来看，还是从社会功效来看，可以说，做出来的文章比写出来的文章更具有影响效能，是名副其实的"经国之大业，不朽之盛事"。写作可能与你无缘，但作文一定会伴你一生。从这个意义上来说，中学作文教学肩负着更为重大的社会责任和教育意义，也因此，语文课堂更应该肩负起教会学生作文的人生使命。

当我们理解"作文是什么"的真正内涵后，就能很清楚地看到，拯救中学作文教学，就是要从写作教学转移到作文教学上来，就是要把鉴赏评价性的写作教学课堂转变为技术操作性的作文教学课堂。一言以蔽之，文章是做出来的，作文教学应当走技术作文之道。

三 作文是一门技术活

如果我们承认文章是可以做出来的，那么就应当承认作文需要"怎么做"的技术，就好像我们承认衣服是做出来的，那么就必须承认做衣服是需要技术的。

在我们的日常教学语境中，谈论作文方法时，我们用得最多的词语是"技巧"，技巧就像江湖中各派争夺的"秘笈"一样，受到人们的追捧。上网一查，你会看到铺天盖地千奇百怪的各种"作文技巧"，你满心欢喜拜读，满以为会满载而归，但看完后往往只落得一个铩羽而归的结局，为什么呢？因为那些眩人耳目的作文技巧，通通不过是隔靴搔痒的絮叨说辞而已。那些充塞网络的作文技巧、作文方法，往往只是生活中的无用"万金油"，虽然满足了我们一时求药的急迫心理，但终究没能够疗救我们病入膏肓的作文教学，无法达到我们所需要的药效。

"技巧"之所以不能产生良好的疗效，其根本原因就在于它不具有实战性和操作性，也许有些技巧确实是作者的心得体会，但一旦形诸文字，则往往没有指导作用，没有实战效果。在我们一般观念中，"技巧"应当是一用即灵的东西，可是为什么技巧不好用呢？因为技巧不具有"技术含量"。

基于此，我认为应当用"技术"代替我们早已用滥了的"技巧"，这并不仅仅是一个名词的更迭和变换，更重要的还在于技术更为凸显作文的制造本质，更具有操作的"技术含量"，更契合我们在作文教学中的实际需求。

我们知道，技术最初诞生于人类改造客观世界的物质生产领域，"技术"一词虽然源自于自然科学，但随着时代的发展和认识的深入，"技术"得以扩大延伸到人文社会领域，技术已经超越物质生产领域而成为一个无所不用的普及词汇，金炳华主编的《哲学大辞典》就将技术定义为："技术一般指人类为满足自己的物质生产、精神生产以及其他非生产活动的需要，运用自然和社会规律所创造的一切物质手段及方法的总和。"因此，将技术引入我们的作文教学，并不是哗众取宠，也不是牵强附会。

技巧又是什么？《说文解字》中"技"和"巧"是互训的，技就是巧，巧就是技，技巧的本义是技艺、才艺，后来才引申为"巧妙的技能"。术又是什么？《说文解字》的解释是"邑中道也"，指的就是道路、途径，技术指的就是"操作方面的技巧"，因此，从词源上来说，技巧不具有操作性，而操作性是"技术"一词的应有之义。

技巧偏重于"巧"，但是"巧"是一种更具有个人色彩的禀赋和才能，其传递性与交流性极其有限，也正是在这意义上，孟子说："能与人规矩，不能使人巧。"德国大哲学家康德也有相同的见解："尽管对于诗艺有许多详尽的诗法著作和优秀的文本典范，但人不能学会巧妙地做好诗。"总之，技巧太高超了，高超得让学生高不可攀，"巧"如果不上升到"术"的层面，那么所谓的作文技巧，终究不过是自说自话的个人经验而已。因此，必须让我们的作文教学，从技巧降低到技术上来，让作文技术扎根到学生的笔尖。技巧的东西容易流于表面，容易导向泛泛而谈，从根本上说，也不具有可教性，这就是为什么，我们的作文教学天天谈技巧，可是却几乎毫无效果的深层原因。

由于写作的心理机制与作文有根本性的区别，一直到现在，写作的立意和构思，往往都还带有"说不清道不明"的某种神秘感，将这种神秘感嫁接到我们的作文教学课堂中，则必然出现"语焉不详"或"劳而无功"的教学结局。其实，大量的文章不过是人类利用语言文字制造出来的精神产品而已，并不是什么天外之物或神来之礼，既然是制造，当然就需要技术，如果要制造得好，当然需要先进的技术。所以，作文说到底就是一门技术活。

因此，我提倡"技术作文"，实际上就是要从实践操作层面破解当前作文教学的困境，实现作文教学的真正解放。

那么，作文到底是一门怎样的技术活呢？

四 技术作文的基本体系

技术的力量在于操作性，操作性越强，技术的力量就越大。当前作文教学的虚弱无效，根源在于缺失具有操作性的作文技术；而作文技术的缺失，根源又在于缺失对文章的深刻认知。因此，研究和开发作文技术，首先得从对文章的认知开始。《周礼·考工记》云："青与白谓之文，赤与白谓之章。""文章"最初的含义是彩画装饰，是在实物的基础上加工而成的具有审美价值的人工产物，这一基本特性也融入了今天我们所说的文章含义之中，只不过文章是人为制造的一种精神产品而已，因此，作文实际上就是一种由一系列技术支撑起来的精神制造活动。

当前我们关于作文训练的着眼点，无论是审题立意还是选材构思，基本上死死对准了"文章"这一实体，然而，真正左右文章制造的，恰恰不是文章本身。文章的构成要素是多样化的，包括情感、思想、态度、字、词、句、段、修辞、逻辑等等，但是各构成要素对于文章而言，地位却不是平等的。考察古今中外各类文章，我们发现，句子而且是单句在文章中具有牵一发而动全身的关键性作用。著名语言学家邢福义曾在其经典论文《小句中枢说》中，详细地论证了小句（单句）在各类各级语法实体中的中枢地位："句子语气，粘附于小句；复句和句群，依赖于小句；语法系统中的词，受控于小句；短语，从属于小句。"从而打破了刘勰"因字而生句，积句而成章，积章而成篇"的构成要素平衡论。不过，在我看来，就文章而言，句子（特指单句，下同）的中枢功能不仅仅局限于各类各级语法实体中，而且还包蕴着篇章制造的情感、思想、表达和结构等内容。

那么，句子是怎样实现其在文章中的中枢功能的呢？换句话说，句子以一种什么样的技术力量左右文章的创造呢？我认为，作文的着眼点应当放在句子上而不是文章上,作文核心技术就隐藏在句子内部,而这一核心技术,我称之为"句径技术"。

在汉语表达的庞大体系中,存在各种各样的句式、句型和句类,近来,又有学者提出了"句模理论",足见关于句子的研究,越来越引起人们的重视。但是,从作文的视角来看,这些研究还不足以解释清楚句子在作文中的基础作用和重要意义,这就催生了"句径"这一概念。什么是句径?简而言之,句径就是句子路径,就内涵而言,句径是一种蕴含无限创造性和丰富生成性的句子形式框架,句径技术有显性的,也有隐性的,句径技术的功能集中表现为牵引思维、美化语言和优化结构三方面,由此而形成了技术作文基本体系中的三大作文技术。

(一)创造主题的思维技术:句径牵引思维

主题是作文对象,主要解决"写什么"的问题。所有的文章主题,可以归结为三大类,即:思想、情感和现象。思想是一种认识结果,侧重于理性判断,包括观念、评价、认识、看法、意图、观点、判断、问题、理解、原理、主旨、意旨、立意等;情感是一种感受结果,侧重于感性判断,包括情绪、情趣、感受、情思、欲望、欲念、念头、念想、喜、怒、哀、乐、爱、憎恨、悲、欢、愁、苦等;现象是一种描述结果,侧重于知性判断,包括事件、景物、意境、氛围、事物、对象、情节、形象、题材、景色、事情、结构、状态、过程、功能等。由三类主题衍生出三大文章类型,即表现思想主题的论述性文章、表现情感主题的抒情性文章、表现现象主题的叙说性文章。

对于作文而言,关键的问题是:文章主题是怎么产生的?

中国古代的文论以及今天的写作学理论,把产生主题的根源归结为"物",即外物或生活,由此而形成"物—意—文"的写作基本模式。这一认识嫁接到作文中,则往往"水土不服",因为文章是做出来的,文章主题也是可以制造出来的。

那么如何制造主题呢?这就需要进行思维活动,因为主题是思维活动的产物。核心问题是:思维如何活动才能制造出主题?当前作文教学的困境,基本上就栽在这个黑箱问题上,因为"思维活动"是看不见摸不着的,由此埋下了"作文不可教"的现实隐患。事实上,这个问题的破解,有赖于深刻认识"思维与语言"的关系问题。

流行观点认为,思维决定语言,语言是思维的工具,有什么样的思想,才会有什么样的语言,思维成果要靠语言来表达,思维是语言的服务对象,这就是"思维决定论"。这种粗糙肤浅的认识，直接导致了我们在作文主题制造上的不作为。事实上，我们在思维的时候，其实也是在运用语言进行思维，而且运用语言的方式，深刻决定着我们的思维走向，语言不仅仅是思维的工具，还是思维展开的通道，是创造思维成果的方式，正如黄希庭、杨治良、林崇德主编的《心理学大辞典》在"思维"词条中指出的那样："语言既是引起思维活动的直接动因，又是思维活动赖以进行的载体。"而英国学者伊格尔顿在《二十世纪西方文学理论》中也深刻指出："20世纪的'语言学革命'的特征即在于承认，意义不仅是某种以语言'表达'或者'反映'的东西；意义其实是被语言创造出来的。"可见，语言结构和思维结构不是同量、对等的，而是同质、同根的，有什么样的语言结构，就会相应召唤出什么样的思维活动。

那么，语言是怎么引起思维活动的呢？我研究发现，在这个过程中，句子起到了关键作用。而把控思维运行的方向和轨迹，就在于把控我们的句子路径，换句话说，句径牵引思维。因此，只要我们有足够精湛的句径技术，就可以牵引出精彩无比的思维活动，也就可以制造出丰富多彩的作文主题。具有制造主题功能的句径，我们可以称之为"思维句径"。

（二）打造表达的语言技术：句径美化语言

我们都知道，作文是一门语言的艺术，运用之妙，存乎一心；但对于作文教学来说，我们更应该强调作文也是一门语言的技术，技术过硬，才能言之有文。作文语言的表达技巧，集中表现为各种各样的修辞手法，我国是一个文章大国，也是一个修辞大国，唐松波主编的《汉语修辞格大辞典》收有156个修辞格，可以说，修辞格极大地丰富了作文的语言表达艺术。

但是，作文语言表达的教学弊病在于，修辞格纯粹成了一种可供鉴赏的语言现象，而不是学生应该掌握的表达技术，这就直接妨害了学生语言表达能力的提高。比如我们从小学就开始讲比喻，可是到了高三，学生可能还难以写出一个像样的比喻，更不要说形成比较稳定的比喻意识了。

为什么我们所津津乐道的修辞格，不能很好地成为我们作文的运用技术呢？其根源在于修辞格是产生于语言现象的一种归类和分析，是一种描述性的理论概括。作为现象分析，修辞格具有很强的理论解释力；但作为作文应用，修辞格则难以转换成可操作的实践手段。因此，从严格意义上来说，修辞格只是修辞理论而不是修辞技术。所以，要真正突破作文语言表达的障碍，必须另辟蹊径。

根据小句中枢理论，我们认为，语言表达问题不仅要着眼于句子，而且还要着眼于句子的内部特性。由此我们发现，句径技术在美化语言上，具有极为便利和强大的功能，这样的句径我们可以称之为"语言句径"。

句径技术在美化语言的应用上，主要表现为两点：一是造句技术，二是造段技术。

"造句"的习惯性说法，充分表明句子是造出来的，作文的表达首要突破就表现在造句上。句径的本质是一种形式框架，这种框架可能是有形的，也可能是无形的，但不管是哪一种，它都内在地制约了我们的句子制造，语言技术所要解决的根本问题，不是思想、情感和现象的作文对象问题，而是如何将这一对象表达出我们所需要的效果。比如"思乡"主题，你可以表达得很整饬，可以表达得很含蓄，可以表达得很生动，可以表达得很诙谐，可以表达得很简洁，也可以表达得很典雅。而每一种表达效果，我们可以应用不同的句径技术来实现。

而段落，只是一组语意关系的组合，造段的关键在于语句的展开与拼接，如何实现呢？其关键依然在于句径技术的应用。我们知道，句间关系是多样化的，而句间关系的生成，并不在于思维的自然活动，而在于句径的人工应用。比如当你安插一个"因为"时，因果关系就产生了；当你安插一个"从历史上看"时，历时关系就产生了。很多人认为造段要讲究句子衔接的逻辑关系，其实对于段落的表达和理解来说，句子衔接可能是一个伪命题，因为人的大脑具有一种完形功能，句子的拼接缝隙可以通过完形来实现逻辑推演的合理性，这其实也为句径技术的应用，提供了便利的理解基础。

（三）缔造秩序的结构技术：句径优化结构

如果说思维技术解决的是写作对象问题，语言技术解决的是句子表达问题，那么结构技术解决的就是写作对象与句子表达的组合问题。文章的本质是一种秩序化结构，作文就是用语言文字缔造秩序的过程。

人们关于文章结构的所有理解，无非是完整、清晰、严密和巧妙，而核心问题是，如何缔造出我们想要的秩序化结构？其实如果换一个角度看，篇章只不过是段落的扩大和复杂化而已，段落里有总分总，篇章里也有总分总，段落里有正反对比，篇章里也同样有正反对比。既然造段依赖的是句径技术，那么篇章所依赖的也一定是句径技术。因此，句径具有优化结构的功能，我将其称之为"结构句径"。

关于篇章结构问题，当代著名写作理论家马正平有深入的研究和独到的见解，将文章结构统归为两种：重复与对比。他在《高等写作学引论》中深刻指出："重复与对比是艺术作品中最直接的创构思维的手法。"但这只是构思思维层面上的一种探求，问题在于，作者是如何实现重复或对比的？解决这一操作性问题，答案就在句径技术上，只有依赖于可操作的句径技术，重复和对比才能真正化为笔尖下的现实。

技术是作文的第一生产力，由于篇幅所限，本文主要在观念层面上，以"三大技术"勾勒出当前作文教学的康庄大道，当然也还有其他作文技术存在，比如营造材料的积累技术等。必须指出的是，无论是主题、语言还是结构，其追求的审美效果都是多元化的，比如思想主题的审美效果，既可以表现为健康、幽默、高尚，又可以表现为深刻、新颖、卓越等等。而每一种审美效果的产生，必然依赖不同的句径技术，也可以说，不同的句径技术，必然制造出不同的审美效果。因此，开发句径技术，应该以效果为根本导向；运用句径技术，也应该以效果为导向。这是技术作文理念的实践旨归所在，而句径技术的研发，就是突破作文教学瓶颈的真正抓手。

（原文发表于《中学作文教学研究》2014年第12期，此次出版有改动）

如何教学生把议论文写得深刻？

技术作文教学观下的思维技术

中山纪念中学｜李金华

日常作文教学或考场作文评阅的过程中，总能听到身边有教师说："这些高中生的作文立意还是比较幼稚的，且大同小异，不够深刻，缺少深刻的思想。"这一情况确实值得深思：为什么很多高中生在作文中无法想得深刻、写得深刻，问题出在哪里？我们固然可以从人生阅历、阅读积累、社会环境、题目限制、应试要求等方面给出一些外部归因，但如果从作文教学的课堂实践层面进行分析、思考，又该如何破解这一难题？教师有什么有效的办法让学生的作文或表达有深度、有内涵、有思想？有没有什么作文的思维技术解决学生的这一问题？

一　深刻是认知能力的深远和价值判断的深邃

所谓深刻，体现在高中生的作文中就是一种认知能力的深远和价值判断的深邃。尽管很多同学在作文中也有着自己的认知判断与价值立场，但在语句表达上却体现不出"认知能力的深远"和"价值判断的深邃"。"深远"意味着思考深入、思路清晰、思维有系统，"深邃"意味着雄辩有逻辑、观点有思辨、想法很深奥。当然，认知能力和价值判断在作文中常常是水乳交融，无法鲜明地区别开来，常常可以用一句话进行评价：作文是否有思想。

其实，每一篇作文都是学生运用语言文字建构意义的思维活动结果，都或显或隐地体现着该学生的认知水平和价值观念，可能只是缺少理性的反思和思考的沉淀。而作文教学的目的正是指导学生开展有深度的思维学习，提升其语言文字运用的能力。但作文教学所采用的教学方式、教学内容和教学过程不同于政治课、历史课和阅读课，其要突出指导性、操作性和有效性。具体而言，就是教师要借助可视化的思维工具、认知图式和思维系统来提升学生的认知能力和价值判断能力。

比如，一档辩论类综艺节目的某一期辩论话题是"好朋友失恋后天天找我哭，我听累了可以'糊弄'TA吗？"在观看这场辩论时，笔者先让学生选择辩论立场、拟写发言提纲，并发表自己的看法或观点。很多同学基本上都能围绕论题的关键词，从不同角度、层面进行分析，给出理由、条件和原因。从论证层面上看，发言都还算有理有据。但从认知能力和价值判断上看，却明显不够深刻。或者说没有把论题的双方进行辩证统一，没能把对立双方的内容进行整合，让自己的表达更深刻。

学生发言结束后，笔者又播放了刘擎教授对这一问题的看法。刘擎教授给出了一个简要精当的分析模型和认知图式。其发言的思路大致概括为：①不糊弄。②"糊弄"的标准是什么？只有内在标准。③要帮他（她）做什么？恢复其自治性。④"我"会怎样做？客观化叙述。⑤这个过程对我们自己的意义是什么？成就了一个更好的自己。学生看完视频后立刻感受到一种深刻。这其中的差距就在于对这一问题认知能力和价值判断上。比如选择"糊弄"对方的同学，在价值判断上就不够"友善""仁爱"，尽管这只是一次辩论活动，但也要和生活中自己的价值选择相关联，要知行合一。而选择"不糊弄"对方的同学，在认知层面上明显表浅、单向，缺少思维的深度，还容易让对方抓住漏洞进行反驳。

通过这一活动，学生获得了一种分析问题和价值判断的图式：①先明确矛盾双方论证点的概念或标准；②再从"条件""背景""影响""结果"等方面进行问题分析；③给出具体的解决"方案"或技术；④最后从对象或主体层面上看都有价值和意义。再面对类似关系的话题时，很多学生就掌握了从这一分析思路与认知模型出发，给出更深刻的价值判断。作文或表达的深刻也就较之前提升了很多。这就通过作文教学给学生提供了一个认识问题、分析问题和表达想法的图式支架与思维技术。

二　深刻是思维技术和思维矩阵的言语呈现

作文的深刻不仅和个人的认知能力与价值判断相关，也和语言的呈现方式、思维能力有关。更多时候，作文中的深刻可能还是语言机制本身"制造"出来的。如何从教学的层面给学生提供可操作的思维技术与可视化的作文技术，而不是一味地强调哲思与人文等泛化式的积累？语文名师黄厚江说："通过思维的发展与提升让语言的积累和运用更有品质；通过思维的发展与提升让文本阅读与鉴赏更有深度；通过思维的发展与提升让表达与交流更有质量。"那么，又如何进行"思维的发展与提升"？怎样在课堂教学中实现"思维的发展与提升"？

很多领域的研究者所开发的思维技术，都可以参考借用，来提升学生的思维能力。如心理学家爱德华·德·波诺的"六顶思考帽"，心理学家诺瓦克提出的概念图技术，日本管理大师石川馨的鱼骨图等，这些思维工具都可以转化为作文教学中有实效的思维技术。一线教师、教研员的作文教学研究成果，也可以"拿来"，变成作文教学的思维技术，如邓彤的"魔方六面体"思维技术，张华的"否肯"思维技术，郑可菜的论述文策略支架，等等。

思维和语言并不是两个独立的事情，而是一枚硬币的两面——思维促进语言，语言发展思维。学生在作文的过程中，不管是观点的表述，还是论证的过程，都离不开思维的参与。从语言文字层面来说，如何运用语言文字正是作文的呈现形式；从思维层面来说，如何提升学生的作文思维技术，是作文教学的主要内容与目标。如何依据于语言和思维这一同构关系，开发出解决学生写作问题的作文技术，这不仅是考场作文"应试"要求，也是日常作文教学的应有之义。

1. 组合核心词语，建立思维坐标

观察当下的作文题目，包括高考作文题目，不管是单概念的还是多概念的材料作文，学生在审题的过程中所面临的问题，不再是能否抓住关键词的问题，而是能否立足于对材料关键词语的理解与把握，建立起自己的思维层次和思维结构的问题。考场作文写不深刻，要么是仅仅就以某一概念、某一关键词展开写作，要么是仅仅搬运材料的内在逻辑而展开，都缺少一定的思维深度、高度与密度。虽然这样的作文也算是完成了部分任务与要求，但距离深刻还差得远。究其原因，主要在于没有建立起以词语为核心的思维坐标。

所谓思维坐标，就是思考的结构化、系统性，也可以说是一种结构化思维的形态。如何培养学生的思维结构能力？该如何有思维品质地表达对某一话题的观点和看法呢？比如，对材料作文的核心话题——勇敢、成熟、竞争等，如何利用思维坐标写出深刻的句子？首先，可以选择相反和相近的核心词进行关系定位，形成一个有逻辑关系的语句判断——勇敢不是从不畏惧，而是心怀恐惧依然奋进向前。这样通过反义词、近义词语的关联建构，就形成了一个思维模型与句式结构：A 不是不 –A，而是存在 –A 却依然 A。如此一来，就"勇敢""恐惧""无畏""奋进"四个词语形成了一个内在逻辑关系，并表现出了思维的内涵和深度。这一句式形态让认识的思辨性、深刻性呈现了出来。以后，在作文中对某一个话题或概念进行观点表达时，就可以运用这一思维坐标，结合相关核心词语，凭借相关句径写出深刻的观点。

2．强化逻辑关系，形成思维结构

在面对多概念和多观点材料内容时，可以利用思维坐标形成更有层次结构的思维样态，让段落或篇章的表达更具张力和结构性。组合多个思维坐标，形成思维矩阵，让思维层次不断深化与升级。比如，在两类词语的关联维度中加入新的条件和要素，就可以构建出相互交叉的思维矩阵，就可以形成不同的观点区域，思维的结构性也就体现了出来。

比如，某一作文话题是"仰望星空"与"脚踏实地"，如果在其中加入某一身份内容和否定、肯定条件，就可以形成四个观点区域：

高中生学习，如果只仰望星空，一心想着宏大的目标和理想，而不脚踏实地，只会空想、妄想，最后只能是夸夸其谈、不学无术；但如果只脚踏实地，埋头苦干，从不仰望星空，不知道为什么而学，那只能是盲干、蛮干，既体会不到学习的乐趣，也找不到学习的价值；当然，如果既不脚踏实地，也不仰望星空，其个人下场只能是变成一个懒惰和无知的人；最高的境界是，既仰望星空，志存高远，又脚踏实地，一步一个脚印，只有这样才会走出一条光明灿烂、有幸福感的人生之路。

根据两端词语的结构关系，加入新的要素和条件，这样就形成了四个观点区域，就阐释出了话题之间的内在关联与思维结构。这一形态的思维结构极具观点阐释力和结构表达力。当然，在加入新的要素和条件时，要充分考虑到词语之间内在的逻辑关系，不同的句子顺序和逻辑关系能表达出含义迥异的句子。总之，四个观点区域，不管是并列还是递进，它们之间都是动态的逻辑关系，这就是改编"约哈里窗户"而形成的思维体系，对于结构化的段落或篇章写作是非常有效果的。

3．丰富维度，建构立体思维系统

议论文作文教学主要是培养学生的思辨能力和辩证能力——立体化的思维系统。因此，建构出多维度的思维坐标和思维结构，形成维度丰富、主题统一的认知图式与思维系统，是把议论文写深刻的关键技术。这就要考虑到维度的搭建问题，这会直接关系到认识与表达是否深刻。

比如，"什么是榜样，做得好、优秀的人就是榜样吗？"这样一个话题，如果加入新的维度——勇气维度，就可以获得一个与众不同的观点——"榜样的意义不是示范了一种成功的方式，而是给了整个世界一种新型的勇气"。甚至还可以加入不同的维度，写出丰富多彩的深刻的句子——"榜样的意义不是示范了一种新型的勇气，而是给了整个世界一种可能""榜样的意义不是给了整个世界提供了一种可能，而是让整个世界达成了某一共识"……

维度是多向的、多样的，既可以是时间的、空间的、心灵的，还可以是精神的、思想的、文化的、制度的。每一个维度都可以形成一个思考的角度，当这些维度之间产生关联和结构时，立体化的思维系统就形成了。在议论文写作过程中，如果能够使用两到三个维度，并写出它们的关联，其认识能力、分析能力和表达能力就走向了深刻层面。

比如，对于 2022 年高考作文题"本手""妙手""俗手"这一关系话题，如果只是罗列三个概念之间的关系，也可以形成基本的文章结构。但是如果加入历史的维度、空间的维度、文化的维度、关系的维度、范围的维度、人性的维度等，思考会更加丰富、深入。"以本手为基，方能避俗手之劣。学习上我们常说'基础不牢，地动山摇'，说的正是这个道理。历史上，因为不以本手为基，而终沦'俗手'的例子比比皆是。"还可以根据历史的积累和未来的发展，从关系维度上看，"何为创新？这是在原有基础上的拓展新意，是以创新当为妙手。而本手自然是传承，唯有对本手传统的深刻理解，方能创造有活力的创新妙手之举"。"本手"是起点，是传统；"妙手"是创造，是不断的叠加的历史智慧。维度让这个句子很深刻。

作文教学关键在于教出教学的效果，让学生有看得见的成长，如"议论文如何写深刻"这样的问题，就是作文教学迫切需要解决的问题，但如何实现有效有料的作文教学，还得群策群力，不断深挖、提炼、开发出更多的思维技术，这是一个任重而道远的任务。

（原文发表于《广东教育》2023 年第 8 期，题目为《议论文走向深刻的思维技术》，此次出版有改动）

句径：议论文观点句生成的有效支架

技术作文教学观下的语言技术

中山市第二中学｜刘礼娜

议论文是高中写作教学的重点和难点，而高中生议论文写作常常会出现对材料核心概念把握不清、语言文学化形象化、逻辑思维意识不强、用罗列事例代替论证等现象。特级教师余党绪认为："说理是议论文的核心，分析与论证是说理的核心。"① 也就是说，议论文的语言要理性化、逻辑化，要有立场有观点。由此看来，观点句的生成应该成为议论文教学的基本内容。

一 区分叙述句、疑问句与观点句

在现实的议论文写作当中，学生常常不能明晰观点句的概念，用叙述句和疑问句来替代观点句作为分论点。文题如下：

阅读下面的材料，根据要求写作。（60分）

杨振宁先生曾对弟子翟荟说，做科研要"宁拙勿巧"。翟荟教授也说，"宁拙勿巧"是一种科研态度，一方面是说做科研不要投机取巧，必须诚实；另一方面是说做学问没有捷径可走，必须一步一个脚印。

俄罗斯谚语："巧干能捕雄狮，蛮干难捉蟋蟀。"这句话道出了一个普遍的真理，即做事要讲究方法，巧干胜于蛮干。

读了上述材料，你有何看法，请写一篇文章，体现你的感悟与思考。

要求：选准角度，确定立意，自拟标题；不要套作，不得抄袭；不得泄露个人信息；不少于800字。

学生的分论点提纲里有这样一些句子:

第一组:

（1）年轻人踏实工作。

（2）陆鸿知道变通，自己创业。

（3）徐淙祥没有在田地里蛮干，逐渐成为全国种粮标兵。

这一组都是叙述句，陈述事实。什么是事实？事实就是客观的事物或事件。叙述句是客观描述、陈述，不带主观情感的判断或评价。而观点句常常包含个人看法和判断，带有主观情感和评价。这三句可以尝试加入主观判断和评价，使之变为观点句:

（1）年轻人（应该）踏实工作。

（2）陆鸿知道变通，自己创业，（这是巧干的表现）。

（3）徐淙祥没有在田地里蛮干，逐渐成为全国种粮标兵，（这是值得学习的）。

当然，分论点一般不展现具体事例，所以后两句不适合做分论点。但是，学生在议论文的写作当中，常常止于"叙述"，如果能够在陈述事实之后加上自己的主观看法，构建观点句，这样逐渐形成一种表达习惯，就能很好地体现议论文文体写作了。

第二组:

（1）为什么要实干？

（2）一味蛮干，能成功吗？

（3）怎样巧干？

第三组:

（1）实干是一种态度。

（2）巧干是一种境界。

（3）只有踏踏实实地干，才能成功。

第二组都是疑问句，表达发问和发问者思考的角度，并不能体现其主观态度和判断。第一句和第三句，分别从求因思维和求果思维角度发问。第二句是一般的推论发问。观点句一般能清晰地表达自己的立场和思考结果。可见第三组都是观点句，前两句表达判断，对"实干""巧干"的属性进行定位，但从句子的结构来看比较单一，亦可见其思维之单一，还可以更深化。第三句，是一个条件推论，至于推论是否合理，暂且不谈。

二 开发多元思维句径支架

维果斯基说："思维与语言的关系，不是一件事情，而是一个过程，是从思维到语言和语言到思维的连续往复运动。"②可见，思维需要语言来表达，同时语言的表达促进思维的发展。语篇的写作基础是句子，句子的制造一定程度上是思维活动的结果。我们把造句的思维路径叫作句径。这个概念是张华老师最先提出来的："句径就是句子路径，就内涵而言，句径是一种蕴含着无限创造性和丰富生成性的句子形式框架。"③句径把控思维运行的方向和轨迹，换句话说，句径牵引思维。如果能聚焦学生议论文观点句写作学情适时适当地为学生提供一些句径支架，将能激活学生的思维，牵引出更多丰富深刻的观点句来。正如荣维东先生所说："写作教学的核心任务，可以说就是：创设各种写作支架，帮助学生从写作的低水平状态走向高一级水平状态。"④

（一）阐述思维句径

1. 明晰概念

"在议论文写作中，第一要训练的是聚焦概念，准确理解和界定概念内涵，这是一切论证的基石。"⑤如果不能明晰材料中所指的核心概念内涵，在论证时可能出现观点句前后矛盾，违反逻辑学中的"同一律"原则。当然，概念包括内涵和外延，概念的内涵是指概念所反映的对象的本质或特点，概念的外延是指概念所反映的一个个、一类类的对象。如材料中的"拙"，是科学家的谦虚说法，不是一般意义的贬义，而是指"诚实、不投机取巧、一步一个脚印地踏踏实实地"，"宁拙勿巧"也可以叫"实干"，其中的"巧"自然是带有贬义的"投机取巧"。而材料中俄罗斯谚语的"巧干"则不是"投机取巧"之贬义，而是指"使巧劲、用巧力、巧妙行事、灵巧变通"。当然，俄罗斯谚语鼓励"巧干"，而贬低"蛮干"，此处的"蛮干"是不顾客观规律或实际情况去硬干。核心概念"实干""巧干"的外延当然是指这一类的人。

2. 阐述概念

厘清材料核心概念的内涵和外延之后，可以从阐述概念的角度来拟写观点句。如遇到材料"实干""巧干"这样的二元概念，且材料有明显的"站队"倾向，需先确定自己的"站队"，是站在科学家这边，还是站在"俄罗斯"这边？给学生搭建如下阐述思维句径：

（1）××是（乃、实为）……（植入自己所肯定的核心概念）

（2）××是谁……，是谁……（从外延的角度阐释核心概念）

（3）××不是（并非）……（更不是……），而是……（先否定反方认为的内涵，再肯定自己认为的内涵）

（4）××的人具有……特点（优势），值得我们肯定。（从外延的角度来阐释和肯定）

课堂学生呈现的观点句有：

（1）巧干乃讲究方法，懂得用创新实践来解决问题。

（2）实干是亚洲飞人苏炳添经过超乎常人的魔鬼训练，最终闯入九秒大关；是袁隆平面朝黄土背朝天，多年的田间劳作研究，最终解决了世界的温饱问题。

（3）实干不是简单的埋头苦干，更不是蛮干，而是遵循规律、脚踏实地、拥有超乎常人的耐心和毅力。

（4）巧干的人具有头脑灵活、随机应变的优点，值得我们肯定。

（二）因果思维句径

"原因思维，就是对某种自然、社会事物、事件存在的现象（结果状态）产生的先在性、环节性的原因、前提所进行的追问、探究、追溯。"⑥从"站队"的角度思考探究，自己所肯定的核心概念，如"实干"具有什么优势？为什么要"巧干"？在什么时候要"巧干"？逆向思维追问：那些科学家，他们的成功源于什么？于是，可以开发如下句径支架供学生参考：

（1）之所以……是因为……××（更重要的是因为）……（××）（植入核心词或核心词的内涵词）

（2）在……时（情况下），唯有……（××）才能……（植入核心词或核心词的内涵词）

（3）……源于（离不开）……（××）（植入核心词或核心词的内涵词）

（4）我们需要……（××），因为（××）能给我们带来……（植入核心词或核心词的内涵词）

课堂学生呈现的观点句有：

（1）徐梦桃之所以能获得自由式滑雪空中技巧赛冠军，是因为她的勤奋练习，更重要的是因为她能灵活把握练习方法，找到自由式滑雪技巧。

（2）在饥饿年代，唯有在田间踏实劳作，才能解决温饱问题。

（3）民族的兴起离不开实干，社会的进步离不开实干，国家的发展离不开实干。

（4）我们需要巧干，需要创新思维，因为这样能在我们困难时甚至走投无路时带来一丝曙光。

（三）转折思维句径

转折思维在本质上是一种对比思维，前后形成对比，从而构成一种言意冲击力。转折思维句径分为三种形式：第一种是让步转折，先从反方角度思考，再进行立论，形成"先破后立"的强烈对比。第二种是假设转折，先逆向假设，再推出与事实完全相反的结论，这样就造成一种隐性对比，让读者思考。第三种也是假设转折，不过是顺向假设，先肯定反方的合理性，再转向其不合理性，有一点像逻辑学里的"归谬法"，但思维路径更简单。具体搭建的句径支架可以是：

（1）有人或许会说……（××）（诚然）固然没错……但是……（植入核心词或核心词的内涵词）

（2）假设（如果说）没有……（××）那么……由此可见……（植入核心词或核心词的内涵词）

（3）如果选择××，尽管……，但从长远来看……（植入核心词或核心词的内涵词）

课堂学生呈现的观点句有：

（1）有人或许会说做事情必须踏踏实实一步一步来，这一点固然没错，但是在特殊情况下，不一定要按部就班，唯有变通才能更快抵达。

（2）如果杨宁没有下决心回村里当一名大学生村官，如果她没有坚持在穷乡僻壤的深山苗寨带领村民奋战十多年，那么我们就看不到如今这个瓜果飘香的美丽乡村。

（3）如果选择投机取巧，尽管当时省时省力，但从长远来看，事情终究会败露的。

（四）辩证思维句径

辩证思维是一种全面看问题的方法，既看到事物的正面，也看到事物的反面，并把事物当成对立统一体来把握。一方面，防止绝对化，让思考留有余地；另一方面，防止片面化，能有整体思维。这样在面对二元概念材料作文题时，就不仅仅是"站队"的问题，还可以从辩证思维角度来思考。比如，一个人仅仅需要"实干"吗？"巧干"重不重要呢？当然也重要。在有权衡偏向的基础上，可以有两方面的结合。可以搭建这样的句径支架：

（1）当然（其实），我们要认识到，首先应该……也应该……（××）（植入核心词或核心词的内涵词）

（2）毋庸置疑（显而易见），……不仅需要……（××），而且需要……（××）（植入核心词或核心词的内涵词）

（3）……（××）与……（××），对于……来说，二者缺一不可，……（××）是基础，……（××）是提升。（植入核心词或核心词的内涵词）

课堂学生呈现的观点句有：

（1）当然，我们要认识到：要做好一件事，首先应该踏踏实实地认真地去做，也应该注意开动脑筋，用比较好的巧妙的方法来提高做事效率。

（2）毋庸置疑，一个人的成功不仅需要一种求真务实的"拙"之处事态度，而且需要一种创新开拓的"巧"之精神境界。

（3）实干与巧干，对于一个理想追求者来说，二者缺一不可，实干是基础，巧干是提升。

刘勰在《文心雕龙·章句》中说："句司数字，待相接以为用。"句是对字词的选用。句径通过对字词的选用，生成众多语义丰富的句子，进而生成段落，组合成篇。句径支架作为一种策略支架，是思维可视化的重要写作工具。当然除了搭建句径支架，课堂还搭建问题支架、范文支架、鱼骨图等支架，从学生习作来看，学生的议论文语言逐渐变得更理性更思辨，更符合议论文文体特点，学生逻辑思维能力逐渐增强。

《普通高中语文课程标准（2017 年版 2020 年修订）》提出："注重对学生思维过程和思维方法的引导，注意发展学生的辩证思维和批判性思维，注重培养学生思维的逻辑性。"议论文写作最能体现学生的思维能力，也是培养语文学科核心素养之"思维发展与提升"的载体。因此，议论文写作教学，需要我们更新作文教学理念，有效融入支架理论，不断打造富有"技术"含量的作文课堂，真正提升学生的语言表达能力，提升学生的思维品质。

·参考文献·

① 余党绪. 说理与思辨：高考议论文写作指津［M］. 上海：上海教育出版社，2017：7.

② 维果斯基. 思维与语言［M］. 李维，译. 杭州：浙江教育出版社，1997：136.

③ 张华. 技术作文：作文教学改革的宣言——我的作文教学观［J］. 新作文：中学作文教学研究，2014（12）：9.

④ 荣维东. 写作教学的关键要素和基本环节［J］. 语文建设，2018（6）：23.

⑤ 冯渊. 高中议论文写作与逻辑思维训练［M］. 南京：江苏凤凰科学技术出版社，2020：47.

⑥ 马正平. 高等写作思维训练教程［M］. 2版. 北京：中国人民大学出版社，2010：127.

（原文发表于《广东教育》2023年第8期，此次出版有改动）

科学取向的议论文写作训练应强化四种意识

中山市第一中学｜郝友斌

作文是一种技能，而技能往往可通过分解能力点、系统训练获得，这符合训练学原理。高中议论文教学是学生形成议论文写作能力、发展思维、提高思想认识的过程。认识是由浅入深、由局部到整体的，这个过程是有序、可控的，科学取向的议论文写作训练要顺应这样的规律，在训练过程中，需要强化下面四种意识。

一　目标模块化，强化"模块化训练"意识

根据议论文文体构成要素特点，对议论文写作训练目标进行分解，设置八个目标子系统：论点的提炼与切分、论据的选择与运用、论证方法的运用、议论段落的扩展、议论篇章的构成、议论语言的锤炼、素材积累、不同类型议论文。每个子系统下设置具体的训练模块。

1. 论点的提炼与切分

论点的提炼与切分设置八个训练模块：①抓住关键词句，把握中心；②整体感知材料，提炼中心；③透过材料表象，抓住实质；④依据"是什么"的思维进行切分；⑤依据"为什么"的思维进行切分；⑥依据"如何做"的思维进行切分；⑦依据"会如何"的思维进行切分；⑧综合运用，向纵深推进。

2．论据的选择与运用

论据的选择与运用设置四个训练模块：①论据材料类型、事实材料（具体事例和概括事例、统计数据）和理论材料（科学道理、社会公理、名言名句、事物属性）；②选例要紧扣论点、选例要多角度；③选例要新颖、丰富、真实、典型；④繁例、点例、面例的运用。

3．论证方法的运用

论证方法的运用设置五个训练模块，重点训练以下五种方法：概念分析法、原因分析法、意义分析法、假设分析法、对比分析法。

4．议论段落的扩展

议论段落的扩展设置三大训练模块：①主体论证段建模；②四种段落思维模型；③主体段落的"深刻技术"。

5．议论篇章的构成

议论篇章的构成设置五个训练模块：①常规结构模式；②非常规结构模式；③拟题技术；④开头技术；⑤结尾技术。

6．议论语言的锤炼

论述性语言的锤炼设置三大训练模块：①论述性语句建模；②如何适当美化议论语言；③金句生成技术。

7．素材积累

素材积累设置三大训练模块：①做好素材的评点批注；②做好素材的赏析运用；③做好素材的二次整理。

8．不同类型议论文

不同类型议论文的写作设置七个训练模块：①阐释型；②评论型（事件现象类）；③关系型；④漫画型；⑤寓言哲理型；⑥名言警句型；⑦情境限制型（任务驱动型）。

二　分解能力点，强化"分格训练"意识

写作是综合能力，但为了便于开展训练，需要分解议论文写作能力，将写作能力的"格"逐个划分出来，基于八个目标子系统设置的训练模块一共有 38 个，有些可以直接作为写作能力的"格"，例如，论证方法的运用设置了五个训练模块，每个模块就是一个写作能力的"格"。有些训练模块还可以细分，例如，议论段落的扩展设置三大训练模块，其中"主体论证段建模"还可以再分解。确定"格"，注重可操作性。"格"的训练，重在先分项后综合、由小综合到大综合，以训练"如何"思考与表达。

训练，讲究梯度，讲究难度，讲究强度，讲究效果的科学合理。议论文训练要向体育教师学习，学习他们培养学生打篮球的教学理念和方式方法，如：以练为主，以点带面，先分解后合成，能力训练重在规范，重在"入格"，重在到位，重在过关。当然，写作的大脑活动比打球要复杂，有太多的相关元素，因此，需要反复循环、多次强化和纠正。议论文分项能力训练往往很难一气呵成，在训练过程中，我们要注重学生思想认识、思维方法、阅读积累、语言表达等方面的同步提升。

议论文的"入格"写作训练，不过是为后面的融会贯通做铺垫而已，切忌要求过高。特别是对学生现有能力的重视，以及训练模块的针对性设计，不可一概而论。教师可在培训之初就对学生议论文的撰写情况进行摸底，增强训练的针对性。

三 按部就班，强化"训练步骤"意识

训练的规律和顺序一定要根据学生的规律和特点来进行。训练的"步骤"，可区别于实际"过程"的议论文写作。教师要按照由易到难的顺序，以学生的写作实践为中心，制订具体科学的议论文教学计划，搭建训练阶梯，有条不紊地进行。

起步训练的阶梯一定要放"低"，这样大部分同学会跨得比较顺。开始进行议论文写作教学时，有些教师就让学生仿写立意深刻具有很强思辨性的范文，作文题选的是往年的高考作文题，学生第一次写议论文，要求写完，立论，论据，引证，本论，结论，面面俱到。结果是可以想象的——效率低下，或毫无效果，不仅造成学生"雾里看花"，而且对议论文写作畏首畏尾，写作兴趣泯灭殆尽。

要从"已知"向"未知"过渡，可从"材料转换"的事例论证做起。面对同一事例，记叙文是如何呈现出来的？怎样转化为议论文？让学生在这两者的比较中对议论文写作思维的概括性和语言的概括性进行初步的了解；然后，训练如何选择材料；接着，以分析事例为主进行训练。这样就构成了训练单元的"以案说法"。

训练开始时不要急于让学生写完整的文章，训练步骤要从段落开始再到篇章，并且以段落训练为主。这主要有两个方面的原因：一是段落篇幅短、字数少，训练对象集中单一，具有很强的操作性；教师的评判标准明确，只要学生的作业（片段作文）达到要求，就给予高分和满分的评价。二是段落是文章的"具体而微"，特别是主体段落，麻雀虽小，五脏俱全，有

论点，有论据。教学实践证明，主体论证段写得好，对完篇来说并不是件难事。

40分钟一节课，用5分钟学习写作能力知识点，把重点放在写作实战训练上，给学生留出25分钟的写作练习时间，最后用10分钟进行分享和归纳。强化"训练步骤"意识，就是要讲求写作教学的计划性和科学性，克服盲目性和随意性，就是要遵循写作的实践性特点和规律，以学生的动笔写作为主，辅之以门径导引、范文模仿、思维点拨、案例矫正。

四　螺旋上升，强化"训练序列化"意识

议论文的训练要分阶段、分层次，根据学生的写作能力和议论文的特点循序渐进地进行。由点及面，由点到面，以单项训练点的逐个突破代替整体教学，使学生内化于一体，最终达到整体提升。同时，序列式训练的能力点除了在训练过程中有所侧重外，不同能力点之间的衔接与配合也不是孤立的，不能忽略。认识到这些，序列化训练才能环环相扣，最终构建起完备的科学的训练体系。

以段落生成规律为基础构建思维训练的小序列，以时间为轴构建篇章训练的大序列。按照学生的学习能力和接受能力，议论文训练的大序列可以分为三个阶段。

1．初级阶段的训练

整篇训练，首先要进行文体入格训练。训练学生选用符合论点的论据，能运用最基本的例证方法，论证思路清晰，写出具有鲜明文体特征的议论文。这一阶段是为学生构筑议论文的骨架。

2．中级阶段的训练

要写出立意突出，分析透彻，论证有力的文章。这一阶段主要对学生进行审题立意能力的训练，对材料进行分析。这一阶段还要进行议论文结构的补充训练，增加过渡训练和扣题训练，使行文通顺，主题突出。

读懂材料并能准确分析材料是学生必备的能力，学生需要分析主要事件抓住"关键词"，探究出题人意图寻找"情感倾向"，善于推究"因果关系"，仔细思考"角度选择"，辩证思维"巧妙组合"。教师可通过立意训练，提高学生分析材料的能力，使学生能够快速发现自己所需的信息，提炼出恰当的主题；通过过渡训练，训练行文的连贯性，提高学生的连贯思维能力；通过扣题训练，训练如何扣住主题，如何突出立意。

3. 高级阶段的训练

写出有文采、有深度的议论文。议论文语言要求概括简练，严密准确。从语言中可以看出思维的本质，可以说，语言不仅是对修辞手法和写作技巧的熟练运用，也是思维的直接表现形式。教师需要运用多种方法强化学生在语言表达方面的训练，比如积累热点词，以特定语词唤醒思维；仿写金句，以固定结构规范思维；改写句子，以修辞技巧激活思维；修改语段，以分析方向深化思维等。

以学生为主体，注重文章生成规律，提高学生的思维品质和写作质量。无论是小的序列还是大的序列训练，都应该循序渐进，螺旋式上升，为学生构筑议论文写作的支架，使之有法可依，有据可依，有理可依，有章可循。

范例技术：议论文写作的过程支架和策略支架

中山纪念中学 ｜ 李金华

议论文写作过程中，学生常常会有这样的感受："当初老师讲得挺好，但对我的作用不大；老师教的方法挺多，但我在写的时候用不上、用不好。"如何提升学生议论文写作的思维能力与表达能力，尤其是如何开发出可模仿、可操作、可提升的写作技术，让高中生在较短时间内有明显的写作效果提升，这是议论文教学要考虑的教学效果核心问题。当然，任何一项写作技术的开发都是一个庞大的系统工程，这里面既牵涉到学生的写作兴趣、写作意志、写作动力、写作思维等写作主体方面的"暗功夫""硬功夫"，又关系到审题立意、谋篇布局、遣词造句、书写呈现等赋形技术与策略的"巧功夫""显功夫"。而从"教学行为"这一层面来看，如何让学生快速地找到提升审题能力、构思层次、结构安排与段落赋形等方面的方法与技术，则显得尤为紧迫。因此，笔者以为，通过对高考优秀范文的研究，并从这些范文中提炼出可操作的议论文写作知识、写作立意与赋形的思维技术和支架，或许能更直接、更便捷、更实用、更有针对性地提升高中生议论文写作的能力，改善当前议论文写作教学的浮泛、虚空、老套、低效的状态。

一　过程支架：角度、结构与赋形

正如叶黎明教授所说："教师必须认识到：对写作范例的语言形式作充分、精细的分析，是提高学生语言表达能力的重要途径。因此，开发嵌入写作知识的范例支架,是写作教师必备的技能之一。"①近几年全国Ⅰ卷的高考作文题目,越来越降低对语料内容理解的难度,而加强了对学生现实关怀、思维层次、思想认识等方面的考查,如:2017年向外国青年介绍"你所认识的中国",2018年与2035年青年的交流,2019年对复兴中学的演讲,2020年对鲍叔牙、齐桓公、管仲三个历史人物的理解与欣赏,2021年的体育之效、强弱之辩的理解与思辨,2022年的"本手""妙手""俗手"之间关系的理解与思辨,2023年"故事是有力量的"的理解与思辨等都是主题明确、核心突出,要求立足于现实和自我的关系来进行思考。但很多学生恰恰不会从自身的角度进行思考与构思,或者说还没有建立起个人思考的图式与结构赋形图式,导致不少作文在结构内容或文体样式上出现了偏离的现象。而教师如果能根据权威部门所发布的高考范文进行写作知识的分析与开发,提炼出有效的角度、构思与赋形的支架,"帮助学习者清晰地确定需求,使写作学习活动充分围绕既定的任务,而不至于使宝贵的认知资源浪费在寻找表达内容或表达技巧之上"②,将大大提升议论文教学的效能。

例如,2017年广东省高考语文阅卷组所给出的标杆作文《科技之光照耀九州》,让所有对这一道作文题目的分析与解读都有了可参考与可比照的标准。西谚云:"例子是最好的定义。"因此,仔细分析此篇范文再与学生谈所谓的审题与立意,针对性会更强;再对学生进行所谓的写作思维上的调整,也就有了载体、依托和凭借。笔者曾就此范文进行了如下层面的角度分析、议论文结构与赋形技术的提炼:

首先,从《科技之光 照耀九州》这一范例中提炼出议论文写作角度的设定技术。分析这篇文章的写作角度,可以发现,作者并没有写整体的中国、宏大的中国或传统的中国,而是紧紧立足于"当下的中国""今天的中国"来写"科技的中国""速度的中国"。也就是说,作者关注的是当下中国、现实的中国,并写出了自己的价值认识与判断。这个看似是写作者个人的兴趣和思考习惯的问题,但其实是一种作文命题的趋向,更是一种立意的支架。正像一线教师李正浪所说,"高考议论文有别于科举考试的'策论'和公务员考试的'申论','策论''申论'重在策略研究,而高考议论文写作重在'心灵建构'(认识透彻与体验深刻)"③。因此,真诚立意,思考当下,联系现实,实现善良和真实的统一是议论文写作角度设定的不二法门。

其次,作者在紧紧扣住写作对象的前提下,给出了一个限制属性——科技,以及由科技所带来的速度。然后再从这一限定出发,延伸到三个关键词上:高铁、共享单车和移动支付。或者从写作发生学的角度进行逆推:作者有可能是从这三个关键词入手来思考其共通之处是什么,然后进行归纳、提炼和概括，得出"速度"这一概念，再从"速度"寻绎出"科技"这一限定。最终把"当下的中国"限定为"科技的中国""速度的中国"。不管是哪一种情况，作者都是紧紧围绕"话题对象"和"限定属性"的角度而展开写作思路，赋形成文的。因此，扣住写作对象，限定对象属性，确定核心概念，这应该是构思立意的逻辑。如果按照这个逻辑思路写作，文章自然而然就会形成有机的整体。

当然，我们还可以把这篇范文划分为："当下的中国"是认识对象，"快速地发展"是对象的属性，"科技的中国"是对象的内核。三者的关系就是"速度"的动力源，正是"当下中国"的"科技"，这样就形成了一个有层次、有逻辑的结构。这一关系见图1：

写作对象：当下中国

```
          /\
         /  \
        /    \
       /      \
      /        \
     /          \
    /_____\
```

属性限定：速度   核心概念：科技

图1

再次，我们还可以从这一范例中提炼出议论文写作段落的设定与赋形技术。本文每一个段落的赋形上，作者都是紧扣住写作对象、限定属性和核心概念来写。如文章的第二段，第一句就旗帜鲜明地提出"科技之光催生了'中国速度'"，贴着核心概念和属性特点来写，然后再分别从"大处着眼"的"高铁"、"目光落在身边"的"共享单车"和"回到你手中"的"移动支付"的空间视角进行句径设定，紧接着又从时间视角的"高速""慢速""快速"三个方面进行句径设定，这样的段落阐释，层次清楚，逻辑关联性强，让论述不仅落到了作文题目上，还体现出了思维的缜密性和严谨性。

最后，我们还可以从范例中提炼出议论文写作结构的设定与赋形技术。从整体结构上，《科技之光　照耀九州》可以概括为：科技之光催生了中国速度，分别体现在高铁——大速度，共享单车——小速度，移动支付——便捷速度等方面上。高速，慢速，快速，这样一个分类概括和分点处理把"中国速度"这一对象的属性结构化了，让不同性质的速度都扣在了"科技中国"这一核心概念上。这一结构的经营体现出作者高超的写作构思能力、精细的思维分析能力和精准的言语表达能力。在结尾部分作者又一次总说：高铁如树干,共享单车如树叶,移动支付如同其中脉络为树带来无穷的活力,中国这棵大树是迅速生长的,也是绿意盎然的……科技之光,照耀九州,三者合力,成就科技中国。绾合结构,分述合流,在形象的描述中统一分述的内容,并再一次紧扣文章的核心概念"科技中国",令人击节。

当然,全国卷这一题目还可以写"当下中国"的其他核心关键词——传统古老的中国,享用美食的中国,生机勃发的中国,美丽乡村的中国,等等。但要真正能体现出所认识的中国的全部内涵,实现文章的有机统一,就必须在写作时要先确定好对象,限定属性特点,然后找到核心概念,再进行分解、分点、分类,再一一对应到相应的关键词上,形成逻辑关系。这就是一篇典范的议论文结构的形成过程,即:限定角度——分解结构——对应赋形。

二 策略支架:仿格、出格与优化

"作文其实是'思维成果'的呈现,而不是'思维能力'的展示。作文思维教学的突破点,应当在'思维成果'的生成上。"④也就是说,教师只有通过对范文进行深入的技术分析与提炼,开发出写作知识,形成教学的支架,才能让学生通过写作技术生成"思维成果",这才是以提升议论文写作教学效果为目的的作文教学。

在高三的某一次作文训练中,笔者在考前明确要求学生要运用高考范文的构思立意的支架来进行构思赋形,要写出出格且优化的作文。最后,从所写出来的考场作文看,学生作文水平的提升是比较明显和突出的。

考试题目为:

在一次"美好生活"人物畅想活动中,某班级的学生提到了这样一些人物:袁隆平、司马迁、哈姆莱特、项羽、乔布斯、六一居士、甘地、哈利波特、小悦悦、乔丹。

请选择两三个人物,结合人物的特点和意义,谈谈你对"美好生活"的认识和理解。要求选好人物,使之形成有机的关联;选好角度,明确文体,自拟标题;不要套作,不得抄袭;不少于800字。

作文题目和2017年全国Ⅰ卷的题目的要求相似:请选择两三个×××,结合×××,谈谈你对×××的认识和理解,要形成有机的关联。最后评出来的考场范文正是在高考范文写作指引下所形成的"思维成果",并有着某种"同构"——相似的角度限定,相似的论证思路,相似的分析思维,相似的层次架构,等等。这也从某种方面说明,考场范文是值得进行写作技术开发的，这样的技术指导是有效的。

首先，范文《与世界携手同行》采取了同一种结构范式，立足于"认识对象"，进行"属性限定"，然后紧扣住"核心概念"选择相应的"关键词"，形成内在的有机关联，最终完成文章的结构。把"美好生活"放在"当下中国"的位置，把"奉献的生活"放在"科技中国"处，然后把"价值意义"放在"快速发展"处。当然，"共享单车""高铁""移动支付"三个关键词可以被所选的关键词替换，统一到"价值意义"上。做如此相同的构形演示，就可以使所谓的有机关联轻而易举地实现了。这是仿格的效力，这还只是大的结构和框架，还可以进一步细化、分类、整合，把这个结构调适得更精致、更绵密、更统一。如图2所示：

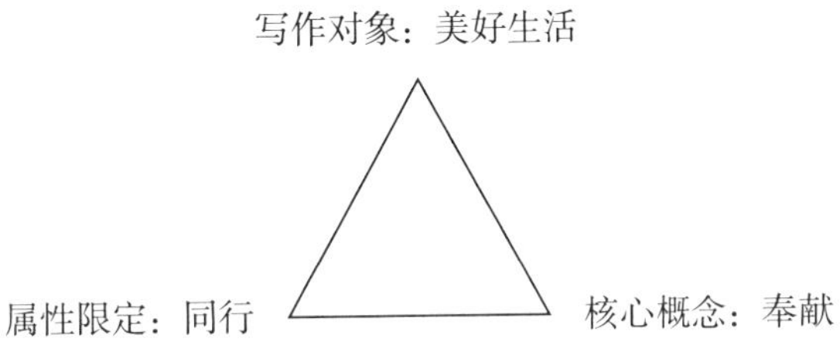

写作对象：美好生活

属性限定：同行　　　　　　　核心概念：奉献

图2

其次，"美好生活"一文，其巧妙之处不仅在立意的结构上和高考范文相似，还在于其对"美好生活"的写作角度与属性界定上，进一步优化了高考范文的思维角度，即引入自我与现实的关联，让写作对象进入个体，实现对核心概念的真切把握，升格了高考范文的写作维度。具体来说就是，"携手与世界同行"不仅仅突出了个人的"美好生活"，即个人的"美好人生""美好经历""美好历程"，还进一步强调了另一重"美好生活"，即个人所带给后人的"美好社会""美好时代""美好世界"等。这一双重含义上的整合，作者没有单纯地用"奉献"一词作为标题，而是用"携手与世界同行"，即"我"有了"美好生活"，也给"世界"带来了"美好生活"，让这两重意蕴统一在属性限定的"同行"中，起到了遣词造句技术的升格效果。试想，如果只是机械地套用高考标杆范文的思维框架，那就会出现表达的扞格抵牾，造成观点的局限和偏狭，如：只有奉献自己才是美好的生活，只有大人物的奉献才能带来美好的生活，等等。

最后，写作对象，属性限定，核心概念，分解特点并对应相应关键词，这是文章的构思赋形技术，把这一技术运用到议论文写作中并进行升格优化形成新的写作经验与图式，比如，这篇文章还可以写出其他核心关键词——

梦想，执着，目标，才能，个性，等等。对这一思路的展开与引导，这就是写作的策略支架。这一策略的关键就是，要求作者界定好属性特点、确定好核心概念，并介入自己的个人元素与思考。如"与世界携手同行"，核心概念是"携手同行"（也就是两个方面，个人的美好生活，带来世界的美好社会环境），分层为"物质""精神""日常点滴"，然后对应于袁隆平、司马迁、小悦悦。最后结尾，将物质层面、精神层面和现实层面这三个角度统一在美好生活的与世界携手同行中。如此一来，它比单纯的奉献层次更深入，更统一，也更有思辨性。

三 支架内化：分析优化与思维优化

《普通高中语文课程标准（2017年版）》明确指出，"学科核心素养是学科育人价值的集中体现，是学生通过学科学习而逐步形成的正确价值观念、必备品格和关键能力""在语文课程中，学生的思维发展与提升、审美鉴赏与创造、文化传承与理解，都是以语言的建构与运用为基础，并在学生个体语言经验发展过程中得以实现"。议论文写作无疑是语文课程标准这一表述中的重要内容，问题是该如何建构与运用，又该怎样抓住其关键能力。

笔者以为具体到议论文写作上，关键能力就是学生构思赋形的能力，即写什么和怎么写的能力。只有抓住议论文写作中的"构思赋形"这一"牛鼻子"，并开发出可操作的技术和可践行的路径，才能一步一步地摆脱议论文写作教学的空泛性与无效性。而教师可为的、应为的正是通过引领学生不断地进行考场范文或考场标杆文分析，来提升学生的分析能力、结构能力等思维表达上的优化。

因此，一线的教师不能只给学生进行材料的审题与任务的分解，更重要的是给学生提供一种写作的思路或支架，让学生再遇到类似的材料时，甚至变形的作文材料时，也能够写得出、写得好。这才是每个学生所愿意学的——看得见、用得上、能提高的写作支架与技术。

当然，这其中，分析的优化和结构的优化是"构思赋形"技术的两翼，而产生和训练方式是教师带领学生对考场范文进行思维的分析和议论文写作知识的提炼，然后让学生在写作实践中进行个性化处理和升格优化处理，再经过教师的批改，融入学生的写作经验图式中，成为学生自己在考场上写作的"半成品"。

因此，我们可以得出这样的总结：只要立足于认识对象，限定好属性的核心，紧紧扣住核心概念，然后分类、分层、分点对应所选的"关键词"、"核心词"或"语句材料"，再通过不同的句径形成不同的角度或段落，最后就能够形成完整统一的结构，写出高质量的考场议论文来。这就是议论文构思赋形的写作技术，也是提升学生议论文写作关键能力的具体路径。

·参考文献·

① 叶黎明. 支架：走向专业的写作知识教学［J］. 语文学习，2018（4）.

② 邓彤. 微型化写作教学研究［M］. 上海：上海教育出版社，2018：190.

③ 李正浪. 疗救：议论文写作应有的情怀［J］. 高中语文教与学，2018（2）.

④ 张华. 技术：推动语文教学改革的新视角［J］. 中学语文教学参考，2017（10）.

·附录范文·

科技之光 照耀九州
广东省考生

①中国，古称九州，是历史长河中古老神秘的东方国度。你们对她的印象或许仍停留在丝绸、瓷器中，但今天——科技的火炬高高举起的时代，科技之光早已遍布神州大地，在你们面前的，是一个崭新而又充满活力的中国。

②科技之光催生了"中国速度"：中国正如版图上的雄鸡，昂首阔步；着眼在大处，你会看到中国国土上遍布的高铁网，四通八达；将目光落在身边，你会看到橙黄蓝五彩缤纷的"共享单车"，绿色环保；回到你手中，不如拿起你的手机，尝试移动支付，轻松便捷。在飞速掠过的中国高铁中，你可以看到"高速"舒适；在共享单车中，你看到的是"慢速"环保；在移动支付中，你看到的是"快速"便捷。无论是哪种速度，都是中国走向繁荣昌盛的稳健步伐，而唯有让科技之光更加明亮，"中国速度"才有保证。

③科技之光带来"大速度"，是飞驰的高铁。高铁，对世界，对中国而言都是新面孔。然而在中国，你看到的是世界上最多最发达的高铁网。你们也许无法想象，早在一百多年前的中国，铁路上慢如马拉火车的场

景，而一百多年后的今天，高铁所展现的"中国速度"让世界眼前一亮。改革开放以来，你们或许只以为中国是"制造大国"，可今天我们已奋力跨向"制造强国"，更是由"中国制造"转型为"中国智造"，向世界交出了一张漂亮的名片。

④科技之光带来的"小速度"，是街道上整齐摆放的共享单车。正如你们所见，口号为"实现出行最后一公里"的共享单车公司们，正逐步实现他们的目标。橙色的摩拜、黄色的OFO、小蓝单车……一列又一列，构成了"最后一公里"中彩虹般绚烂的风景线。我们在"高速"快速发展的同时，也能在"最后一公里"慢下来，筑建"生态中国"。这些共享单车不仅方便了人们的生活，更代表了中国对减轻碳排放的承诺：中国是高速的，更是绿色的！

⑤科技之光，让我们在支付高铁和共享单车时都更轻松。只需手机即可完成移动支付，这是渗透在人们日常生活每一处的便捷，也是"中国速度"下细致的关怀。掏出手机，走上高铁，轻轻扫码，骑走单车。高铁如树干，单车如枝叶，而移动支付如同其中脉络，为树带来无穷的活力。中国这棵大树，是迅速生长的，也是绿意盎然的。

⑥正如梁启超先生在《少年中国说》中所言："日出东方，其道大光。"如今的中国，因冉冉升起的科技之光而欣欣向荣。科技之光，照耀九州，三者合力，成就科技中国。

与世界携手同行
中山纪念中学　莫旖潼

甄士隐曾道："陋室空堂，当年笏满床；衰草枯杨，曾为歌舞场。"世间上哪有赏不尽的风花雪月，歌不尽的琵琶小曲，繁华总有一日转瞬成空，方知汲汲于名利者，都不过是物质的短暂情人，唯有为世界奉献的人才能永恒，才寻得到真正的价值。

于我而言，美好生活无须名利相伴，仅须与世界携手同行。用点点微光照亮方寸角落，便称得上"美好"二字。

与世界携手同行，当如袁隆平一般在物质层面上奉献社会，享受美好生活。辽阔的土地里曾埋藏过多少具因饥饿、寒冷、疾病而离世的人的尸体，便有多少灵魂漂泊在空中寻不见归家的路，盼不见美好生活的希望。袁隆平却用勤劳的双手，用无数个面朝黄土背朝天的辛劳春秋发明了超级水稻，将科学研究成果奉献世界，为瘦骨嶙峋的饥民带去生的希望。1974年的那个夏天，袁隆平手捧令人欣喜的稻谷，与世界无数渴望粮食的贫民携手同行，一同享受属于他们的美好生活。

席慕蓉曾写道："孤芳自赏的花只是美丽，一片相互依持着而怒放的锦绣才是灿烂。"只有为世界奉献，才能赏见万紫千红皆开遍，草长莺飞柳浓时的人间美景。

携世界同行，亦可如司马迁一般在精神层面上奉献人类，传为永恒。自古以来，鱼和熊掌之争便困扰着无数国人，拷问着我们摇摆不定的内心。而以司马迁为首的士人们却高喊着"人固有一死"的宣告，在时代的洪流里不移根基，令人动容。他们著书立说，或藏之名山，或传于后人，都推动着世界前行，都拥有高于身体层面，超越时代意义的美好生活。

为世界奉献，平凡渺小如我们，亦可以追寻属于我们的美好生活。奉献不一定伟大，不一定流芳百世，但一定有意义。或许我们无法如袁隆平和司马迁一般做出世间铭记的壮举，但我们可以在小悦悦摔倒时，伸出援助之手，挽救一个鲜活的生命；可以在拥挤的公交车上，为年迈的老人让出自己的座位……

真正的美好生活，由强烈的社会责任感与使命感所装饰，它超越了庸俗的物质享受，将幸福寄托在个人价值的实现上，将美好传递给全世界。

愿你我携手，与世界同行。愿你我燃尽点点微光，去照亮世界，去照亮真正的美好世界。

（原文发表于《语文教学与研究》2019 年第 12 期，此次出版有改动）

"技术作文"理念下的初中记叙文微课程建构

以《利用矛盾反差技术，进行细节描写》磨课与教学为例

中山市教育教学研究室 | 郭跃辉

　　郑桂华教授说："我国写作课程与教学的基本现状是：多知识，少方法；多要求，缺过程。"[①]面对这种现状，广东省中山市教育教学研究室张华老师提出了"技术作文"教学理念，意在"从实践操作层面破解当前作文教学的困境，实现作文教学的真正解放"[②]。笔者将"技术作文"的理念迁移到初中记叙文写作课程建构与教学实践中，不着意构建宏大的作文教学体系与序列，而是从实际学情出发，指导教师开发"小而精"的微课程。

一　从"指导"到"教学"：微课程的理念建构

　　目前，不少教师教学生写作文的路径是：布置作文题目—学生写作—教师批改反馈—学生升格训练。教师真正进行作文教学的环节存在于学生写完作文之后的反馈阶段，与其说是"教学"，不如说是"写后指导"。这种指导的弊端在于：教师根据学生本次写作中存在的问题进行讲解和修正，学生获得的信息对下一次写作未必有效。正如王荣生教授所说："中小学语文教学几乎没有写作教学，指的是从学生思考他的写作开始，到他开始写作，到他的作文完成，这一阶段几乎没有指导。"[③]因此，笔者进行的初中记叙文微课程建构的首要理念就是：变"写后指导"为"写前教学"。

我市某初中学校的 Z 老师要上一节全市的作文教学示范课。最初的设计是：给学生提供一篇内容单薄的写人记叙文，然后请学生在某些关键处加入外貌描写、神态描写、动作描写、心理描写等内容，最后让这篇"形销骨立"的作文变得"血肉丰满"。本节课的实质是"升格训练"，即学生对不合格的作文进行加工修饰。这种"升格训练"其实也是"写后指导"，课堂并没有真正发生教学行为。笔者指出这一点后，Z 老师和同科组的其他老师开始反思自己的作文课堂，并且给 Z 老师提出了具体的改进意见，即将教学重心从学生写作后的指导反馈转移到写作前的教学策略。

二）从"概念性知识"到"程序性知识"：微课程建构的知识支撑

布卢姆在进行教育目标研究时提出了四种知识类别：事实性知识、概念性知识、程序性知识和反省认知知识。其中，概念性知识包括分类或类目的知识、原理和概念的知识、理论、模型和结构的知识等；程序性知识则是"如何做什么，研究方法和运用技能、算法、技术和方法的标准"，包括具体学科的技能和算法的知识、具体学科的技术和方法的知识、决定何时运用适当程序的标准的知识。[④] 目前的作文教学中，比重最大的就是概念性知识，包括记叙文、说明文和议论文的文体知识，例如记叙文的"六要素"、议论文的"三要素"以及说明文的说明对象、说明顺序、说明方法和说明语言等。这些静态的概念性知识只能保证学生能够写出一篇基本合格的文章，而不能确保学生写出相对优秀的文章。一篇六要素俱全的记叙文，未必是优秀的记叙文。邓彤老师提出要构建"写作核心知识"，他认为："合宜的写作教学必须教给学生管用的'写作知识'并指导学生'运用知识'来促进写作学习。"[⑤] 因此，微课程开发的知识支撑就是针对"如何做事"的程序性知识。张华老师提出的"技术作文"中的"技术"，本质上就是程序性知识。

当 Z 老师重新建构课堂时，首先梳理了有关描写的各种知识，其中最主要的就是描写的类别知识，即人物描写、环境描写、细节描写等概念性知识。这些内容是从阅读教学中提取出来的，通过"读写结合"的方式转化为写作知识。学生对这些知识已经耳熟能详了，作文课堂不需要重复教学。教师要教的是"如何进行描写"的程序性知识。在教师的教学经验与知识视野里，这些知识是较为匮乏的。Z 老师此时想到了教材。统编教材七年级上册有"写人要抓住特点"，七年级下册有"写出人物的精神"和"抓住细节"等写作板块。但教材中的程序性知识主要是"写作要求"，而不是具体的操作技术。备课再次陷入了困境。

三 从"要求"到"支架":微课程建构的技术路径

"写作要求"的指导力是有限的。在"抓住细节"的板块中,教材围绕"学会抓住细节描写"提出了三点意见:真实、典型和生动,即在进行细节描写时要注意选用真实生活中的细节,要善于抓住最能反映人物性格特征的细节,用语要生动简洁等。这些内容本质是"要求",中小学作文教学中随处可见的就是这些"指令性要求"。如何落实这些"要求"呢?教师没有相应的操作路径,学生完全依靠过去的经验通过"自悟"的方式去写作。那么,对于教师来说,当务之急就是开发带有实操性的"写作技术",在此基础上搭建更多的"写作支架",真正实现从"写后指导"向"写作教学"的转变。

(一)技术支架

张华认为:"技术的力量在于操作性,操作性越强,技术的力量就越大。当前作文教学的虚弱无效,根源在于缺失具有操作性的作文技术。"⑥对此笔者深以为然。对于细节描写来说,学生仅仅知道"要在作文中加入细节描写"是远远不够的,还要开发"怎样进行细节描写"的操作路径。当课堂教学的基本思路确定之后,Z老师又和其他老师一起研发关于描写的"操作性技术"。先从初中语文教材中筛选出了一些典型的描写片段,例如:

> ①孔乙己是站着喝酒而穿长衫的唯一的人。
> ②看罢水,我再细观脚下的石。这些如钢似铁的顽物竟被水凿得窟窟窍窍,如蜂窝杂陈,更有一些地方被旋出一个个光溜溜的大坑,而整个龙槽就是这样被水齐齐地切下去,切出一道深沟。……你看,日夜不止,这柔和的水硬将铁硬的石寸寸地剁去。

第1句是非常典型的人物描写,抓住了"站着喝酒"和"穿长衫"的矛盾,揭示了孔乙己的独特性格。第2句中的"凿""旋""剁"等词语,隐含着事物性质的矛盾。这些词语适用的对象原本是凿子、斧头等坚硬的钢铁工具,此处却用在柔软的液态水上,从而凸显了黄河水的力道和气势。之后,对课文进行分析提炼,最后提炼出了"矛盾反差技术",即在进行人物描写、景物描写时,学生要善于挖掘人物的外在形貌与内在精神、事物的性质、景物与环境等方面的"矛盾点",然后重点渲染,用最能揭示矛盾的词语进行描写。

（二）情境支架

当确定了细节描写的"写作核心知识"后，就要思考如何在课堂中落地。经过研讨，Z老师决定搭建"情境支架"，即创设真实的写作情境。具体为：一是与学生积极互动，请学生观察教师，包括教师的外貌、神态、动作以及教具等，进而推测、感知教师的性格，初步认识人物描写与人物性格之间的"一致性"与"矛盾性"之处。二是结合抗击新冠疫情的背景，教师播放了除夕夜"三军集结"的视频片段，请学生再次感知场景中的"矛盾反差"之处，例如除夕夜的团圆与奔赴抗疫前线的反差、深夜安寝与整装待发的反差、寒冷冬夜与火热心情的反差等。三是播放2020年秋季学期"开学第一课"中有关武汉市金银潭医院张定宇的采访片段，并介绍渐冻症的知识，然后请学生仔细观察张定宇走上舞台的动作、神态等，最后运用"矛盾反差技术"，完成一个片段练习。Z老师最初的问题是：

> 请同学们观看关于张定宇的两个视频片段，任选一个片段进行细节描写练习，找到具有反差性的细节，通过反差性细节来塑造一个鲜活、深刻的张定宇形象。

这个片段练习的问题虽然有一定的情境性，但"任选一个片段进行细节描写练习"的任务性不强。后经集体打磨，问题变成了：

> 2020年9月17日，中央文明办发布2—7月"中国好人榜"，张定宇被评为"敬业奉献好人"。《江城日报》开设了一个"中国好人剪影"专栏，专门介绍"中国好人"的感人细节。请你围绕张定宇院长的形象，运用"矛盾反差技术"，为该专栏提供一篇400～500字的稿件。

修改后的问题，更加凸显了作文教学的"任务情境性"，学生写作的目的性、主体性和对象性更强，"情境支架"在课堂教学中也发挥了更明显的作用。

（三）范文支架

"范文"又称"例文""样例""范例"，是指在写作教学中被用来作为示范模仿的文章、语篇或片段。范文包含写作教学的关键元素、核心知识、技法和语篇特征[⑦]。如果教师只是将范文提供给学生，让学生从文中"悟"写作手法与知识，这就不能叫写作教学。教师要善于从范文中挖掘写作元素。范文能够用来例证写作知识，确定写作目标，更重要的是能够从中开发出程序性知识。Z老师在播放"三军集结"的视频后，便提供了一个"范例段落"：

这是 2020 年的除夕夜团圆夜。这是夜里 11 点的北京、西安、上海的机场，高射灯散发出冰冷刺眼的白色灯光，照在一百多名集结的军人身上，他们像火，抵抗着周遭的冰冷。这不是一般的军队，而是海陆空三军医院的医护人员们。此时此刻，在这样一个寒冷漆黑的夜里，他们告别了父母儿女，即将踏上前往武汉的飞机，以平凡肉身之躯，去面对凶猛来袭夺人性命的病毒杀手。"全力救助患者，坚决完成任务，一个都不能少！"虽然前方凶险，但是机场上回响的是坚定嘹亮的誓言，所有人眼中流露出的是坚决前进、绝不退缩的光芒。夜深霜寒，然而他们凝心聚力的勇气与信心像火，足以驱散严寒，足以不惧黑夜。

教师请学生齐声朗读片段后，便指导学生从片段中找到"矛盾反差细节"，并分析其作用。学生发现了"高射灯散发出冰冷刺眼的白色灯光"和"所有人眼中流露出的是坚决前进、绝不退缩的光芒"、"他们像火，抵抗着周遭的冰冷"和"夜深霜寒，然而他们凝心聚力的勇气与信心像火，足以驱散严寒，足以不惧黑夜"、"除夕夜团圆"和"告别了父母儿女"等具有反差性的细节。其中有团圆与离别、天冷与心热、夜深与整装、医护与军人、危险与逆行等多种反差。当学生观看张定宇相关视频片段并完成了片段写作任务后，教师再一次提供了"范例支架"，加深学生对于"矛盾反差技术"的印象。

除了这三种主要支架，教师还不断地搭建"评价支架"，包括教师点评、学生互评、小组合评、自我评价等。在教学过程中，教师还经常使用"元认知策略"，指导学生总结运用"矛盾反差技术"的经验与心得，最终形成"反省认知知识"。

Z 老师按照集体磨课时的意见以及个人的思考，顺利完成了教学任务。但从课程设计到课堂教学的整个流程来看，还有很多问题值得进一步研讨。例如"矛盾反差技术"毕竟是教师设计出来的写作技术，学生如何从其他描写中提炼出更多的"描写技术"？能否形成一个"矛盾反差技术"运用的框架图？如何将"矛盾反差技术"扩展到叙事片段、抒情片段甚至整篇作文中？这些问题，依然要通过课程设计和课堂教学进行反复实践。

· 参考文献 ·

①③ 王荣生. 写作教学教什么［M］. 上海：华东师范大学出版社，2014：38，5.

②⑥ 张华. 技术作文：作文教学改革的宣言——我的作文教学观［J］. 新作文：中学作文教学研究，2014（12）：7，8.

④ 安德森，等. 学习、教学和评估的分类学［M］. 皮连生，译. 上海：华东师范大学出版社，2008：26.

⑤ 邓彤. 写作教学密码：邓彤老师品评写作课［M］. 上海：华东师范大学出版社，2018：183.

⑦ 荣维东. 写作教学中的范文支架及运用原则［J］. 中学语文教学参考（上旬），2019（9）：14.

（原文发表于《语文报·初中教研版》2022 年第 11 期，
此次出版有改动）

实践编

议论文立意时怎样"思辨"

中山市教育教学研究室｜郭跃辉

　　"思辨"，顾名思义，就是思考、辨析、区别、分辨、质疑、分析等。思辨，是一种具体的思维方式，更是一种审慎的思维品格。《普通高中语文课程标准（实验）》中提出："应重视发展学生的创造性思维，鼓励学生自由地表达、有个性地表达、有创意地表达，尽可能减少对写作的束缚，为学生提供广阔的写作空间。"而思辨能力的培养，恰恰是鼓励学生创新表达、个性化表达的主要途径。

　　例如孔子曾经说："无友不如己者。"如果对这个观点进行思辨，我们就会去问：这句话说的对不对？这句话符合实际情况吗？这句话适用于所有情况吗？这句话可以从哪几个角度审视？如果更进一步，我们将思考：谁"无友不如己者"？"不如"是哪方面"不如"？"无"（勿）是不是太绝对了？这句话逻辑上对不对？无形之中，一种思辨便开始了。本文将以一道新材料作文题为例，具体阐述议论文立意的"思辨技术"。

　　原题回放：

　　一个小学生把一个被自行车撞伤的老奶奶送进医院，小学生的母亲还为老奶奶垫付了医药费。老奶奶的家人却把小学生告上法庭，诬蔑小学生撞倒老人，要求小学生负事故的全部责任。法院理所当然地驳回原告，但小学生的心灵已受伤，他在日记中写道："我帮助人，别人却到法院告我，我害怕，我想哭，不知雷锋有没有被人告过，他哭过吗？"请你写一篇作文，对小学生说一番话。自定立意，自拟题目，不少于800字。

这是一道"任务驱动型新材料作文",带有具体的写作任务,即"对小学生说一番话",那就要求有特定的人称限制,即采用第一人称和第二人称来讲道理,并且要考虑到小学生特殊的对象要求。"你"在此具有不确定性,既可以指写文章的本人,也可以是虚拟化的某个人。如果本文能够从"非我"的立场、采用"我"的口吻构思,例如"我"可以是被救助的老奶奶,还可以是老奶奶的家人,甚至雷锋叔叔等,这样的文章就带有创新性了。

一 变笼统为具体

事情本身是很复杂的,用笼统的眼光来看待,一定会出现"以偏概全"的结论。我们在分析问题时,一定要采取具体分析的思路,例如去考虑具体的人、具体的事、具体的细节、具体的结果等。

例如材料中的这句话:"老奶奶的家人却把小学生告上法庭,诬蔑小学生撞倒老人,要求小学生负事故的全部责任。"此处便存在辨析的空间。我们可以进一步追问:是老奶奶把小学生告上法庭吗?或者说,是受助者本人将施助者告上法庭吗?受助者本人的表现如何呢?可不可以合理推测?如果循着这个思路对小学生说一番话,一定会得到不一般的效果:

> 亲爱的小同学,请你不要悲伤,更不要绝望。你扶起了急需救助的老奶奶,你做得对!但是你却作为被告,出现在法庭上。你心里一定很难过,这是人之常情。其实,这件事是老奶奶的家人做得不对,不应该对你的行为抱有怀疑,更不应该不信任你。但我相信,你所救助的老奶奶一定对你充满了感激,你的行为也一定得到了她的认可,在未来的岁月里,她也一定会带着对你的感恩,去关爱他人。

而有的同学缺乏这种"具体化"的思维训练,习惯在文章中空谈大道理。例如下面这段话:

> 小同学你好,你的行为没有错。你的行为是在践行伟大的社会主义核心价值观。作为新时代的"四有"新人,你是这个时代道德的中流砥柱,你用自己的行为诠释着公平正义,诠释着善良友爱,你的行为就是实现"中国梦"的一支力量!

这样的说理显得空洞,说服力不强,因为越是具体可感的道理,才越具有说服力。再来看这段话:

小朋友，你此刻的心情我也很理解，那是做了好事遭到污蔑或冤枉的心凉与委屈。我也有过那样的经历。那是我小时候，想着妈妈那么辛苦，便帮着做家务，刚擦完一个花瓶，我年幼的妹妹就打碎了花瓶。恰好妈妈回到了家，看到破碎的花瓶，不问青红皂白便把我训斥了一顿。我默默地扫了碎片，心里觉得十分委屈。但难道因为这，我以后就不帮妈妈做家务了吗？当然不是。小朋友，你也一样，难道经过这件事之后，你就再也不乐于助人了吗？我相信你肯定不会。

这段话的说服效果就很不错，用一个成语说就是"现身说法"，用自己的例子来劝说别人，往往会收到较好的劝说效果。这就说明：讲的道理越具体越好，切忌空洞的言之无物的大道理！

二 变绝对为辩证

在面对"对与错""好与坏""善与恶""正义与邪恶""进步与落后"等话题时，不能用"二元对立"的绝对化思维，而是要辩证看待，即从正面分析之后，还要从反面分析其合理性，反之亦然。

例如材料中说："老奶奶的家人却把小学生告上法庭，诬蔑小学生撞倒老人，要求小学生负事故的全部责任。"那我们就可以进一步辨析：老奶奶的家人把小学生告上法庭，他们就一定是恶人吗？一定是坏人吗？他们的行为就一定触犯了法律吗？就一定违背了道德吗？如果循着这个思路对小学生说一番话，就会令人耳目一新：

亲爱的小同学，当你因为救助老奶奶而被告上法庭时，你内心对这个社会一定充满了失望吧。其实，老奶奶的家人只是一时被情绪冲昏了头脑，毕竟是自己的亲人受伤了。即使做得再不对，他们也不是坏人，更不是十恶不赦的恶人。小朋友你想一想，在那种情况下，在没有任何证据的情况下，他们用法律维护自己的权益，其实并没有过错。可能他们的行为使你幼小的心灵受到了伤害，但在法律方面并没有问题。法治社会里，我们应该相信法律，通过法律维护公平正义，维护自己的权益，这恰恰是我们应该发扬的精神。

同时，在劝说小学生继续做好事时，很多同学也习惯进行绝对化的论证，例如较多同学这样写：

> 孩子，你一定要相信，善有善报，恶有恶报，不是不报，时候未到，要相信这个世界上还是好人多，所以你在未来的生活中一定要保持善良，相信正义一定会战胜邪恶。

这段话中包含着陈旧的因果报应思想，而"正义一定会战胜邪恶"或许只是人们的美好理想。用这样绝对化的表述，或许会误导孩子。有一位同学这样表述：

> 小朋友，你还小，涉世不深，内心更多的是对这个世界的美好的期待。但我还是想告诉你，这个世界远比你想象的复杂，你要懂得保护自己。我并不是教你诈，更不是教你圆滑处世，而是希望你将这次经历当作成长的一课，在以后的生活中还能真心帮助别人，同时也要讲究策略和方法，所谓"防人之心不可无"。"防人之心"是这个时代不可缺少的心理状态。这不是自私，不是冷漠，而是一种保护自己合法权益不受侵害的方法。

如此表述，观点既鲜明，即继续鼓励小学生继续做好事，但同时又留有余地，即在做好事时还要讲究策略和方法，要学会保护自己。这样的说服，小学生一定可以心悦诚服，同时又真正吸取了教训。无论从功利角度还是从写作角度，都会达到新颖的效果。

三　变平面为立体

在说理论证时，要学会从多个侧面、多个领域以多种理由说理，要"手有寸铁"，例如从社会学、伦理学、文学艺术、哲学、心理学等角度进行探究，而不能仅仅会讲一些通俗的生活道理。即使是生活道理，也要拓宽思路，多个角度论证。

对于本则材料来说，以下角度就会达到"立体化"的效果。

> 孩子，委屈其实是一种不成熟的心理。当然，你年龄还小，受到了委屈，会产生悲观的情绪，这也很正常。但你想一想，如果自己襟怀坦荡，无欲无求，做事情并不期望得到什么回报，即使别人错怪了你甚至起诉了你，你依然能够有平常心，"委屈"的负能量不就没有用武之地了吗？正如孔子所说："人不知而不愠，不亦君子乎？"他还说："不患人之不己知，患不知人也。"我们相信你，随着年龄的增长，你会逐步成熟，不断进步，终有一天，你会看淡"委屈"，看透"悲观"，会成为一个心平气和雍容大度的男子汉！（心理角度）

孩子，听我给你讲讲人情事理。其实，人与人之间，除了血缘关系的纽带，还有另一种纽带，那就是"仁义组带"。孔子说，"仁"就是爱人，不仅爱亲人，而且爱陌生人，而"义"就是应该，做自己应该做的事。你的行为正是对孔子仁义观的践行，你扶起了受伤的老奶奶，这既是关爱他人的表现，又是做自己应该做的事。这是值得称道的，只不过在具体的过程与细节方面出了一些不如意的状况，但这些状况否定不了你行为的价值。

孩子，你知道社会是什么吗？社会就是一群陌生人在同一个空间里共同生存。联结社会的纽带，除了血缘，就是正义。正如罗尔斯所说："正义是社会体制的第一美德。"正义不仅要求我们能够处理亲缘关系，更要求我们在处理与陌生人关系时有公共之心。实际上，人与人之间就处于这样一种潜在的关系组带中，自己需要他人的帮助，他人也离不开自己的帮助。你的行为正好诠释了正义这种公共伦理，正是现代社会所缺乏的品格。你虽然受了一点委屈，但从更广阔的视角看，却是功不可没。（社会角度）

孩子，其实你所经历的事情是"小概率事件"。所谓"小概率事件"，就是大量重复试验中出现的频率非常低的事件。我们老百姓不是经常说吗，社会上还是好人多。而你所遇见的事，重复的概率是很低的。这类事之所以引起关注，并不是因为出现的次数多，而是意义重大，容易引起争议。其实，被新闻媒体报道出来的类似的事件，看似很多，但是与生活中到处出现的好人好事相比，数量是微乎其微的。因此，你千万不要悲观，更不要对这个社会失去信心。（数理角度）

从不同的角度来说理，并不是要求学生必须掌握专业的心理学、社会学、哲学、文化学、伦理学等学科的专业知识，而是能够从这些不同的角度去思考问题，分析原因。上述四个例子，并没有用到过于高深的、专业的理论，只是从不同的侧面来阐述同一个问题。多侧面、多角度分析，就会使文章避免单一化和平面化，从而达到较强的说服效果。

总之，对于一篇评论类的文章，最核心的关键词就是"思维"。通俗一点说，就是你怎么想问题，怎么分析问题。新颖和深刻，无疑是思维水平高超的标志。我们写文章，就是要在这两个层面上努力。说白了就是，如果有新颖的立意更好，如果没有，也要将平常的道理讲得深刻。思辨能力的培养，是文章达到立意新颖、论证深刻效果的必经之路。

（原文发表于《语文建设》2016 年第 1 期，此次出版有改动）

以句径丰富思维层次性和提升写作逻辑力

以 2021 年全国高考模拟演练卷作文"铭记历史，迎接挑战"为例

中山市龙山中学 | 梁天钧

　　"径"，《说文》解释为"径，步道也"，"径"是脚行之路；《广雅》解释为"径，过也"。"径"的这些意义显示，"径"含有方向的指向与过程的引导之意。据此，"句径"是指写成某个文句的思维方向或思维过程的路径。

　　心理学研究表明：语言是思维的直接动因。句径是语言的一种显性表达。巧用句径，能激发语言的活性，促进写作思维的展开和丰富写作思维的层次性，契合"文似看山不喜平"的审美诉求，即"言之有物"；亦有利于写作思维的有序严谨，提升写作思维的逻辑力，即"言之有理"。对议论文写作而言，句径为议论文写作提供了思考支架，是提升议论文思维品质的载体，对学生"思维的发展和提升"有促进作用。

　　下面以 2021 年全国高考模拟演练卷作文为例，探析如何利用句径丰富思维层次性和提升思维逻辑力。

　　阅读下面的材料，根据要求写作。

　　1950 年，新中国刚刚成立，百废待兴。朝鲜战争的战火烧到鸭绿江边，国家安全面临严重威胁。危急关头，在极不对称、极为艰难的条件下，中国人民奋起抗美援朝，保家卫国。先后有 290 余万志愿军将士赴朝参战，197000 多名英雄儿女献出宝贵生命，涌现出杨根思、黄继光、邱

少云等 30 多万名英雄功臣。中华大地，万众一心，支援前线。历时一年的捐献武器运动，募得的捐款可购买 3700 多架战斗机。两年零 9 个月艰苦卓绝的浴血奋战，拼来了山河无恙、家国安宁，稳定了朝鲜半岛局势，维护了亚洲与世界和平。伟大的抗美援朝精神一直激励着中国人民。

校团委举行"铭记历史，迎接挑战"的主题征文活动。请结合上述材料写一篇文章，说说你的感受与思考。

要求：选好角度，确定立意，自拟标题；不要套作，不得抄袭；不得泄露个人信息；不少于 800 字。

本题呈现了抗美援朝壮阔的历史背景、为国舍身的英雄群像、举国同心的团结和抗美援朝精神的长远影响。题目以"铭记历史，迎接挑战"为核心议题，要求就校团委举行的"征文活动"结合材料写一篇文章，表达自己的感受和思考。题目既回顾了历史，重视精神传承，又启发以历史的视角与精神来思考当下问题，展示了议论文写作的典型要求。

在行文中，如何利用句径来丰富思维层次性和提升思维逻辑力呢？

一 "承接"句径凸显观点表态思维

此处的"表态"是指提出全文中心句或在文章其他位置表明作者态度。高中生的议论文写作，在以阅卷老师为特定的质量裁判者、在裁判时间非常有限的条件下，必须明确、精准、有效地给在快速阅读的阅卷老师展示自己观点态度。"承接"句径起着承前启后的作用，能衔接前文的铺垫与后文的观点，同时把表达的重心后移至后文的观点上，是凸显观点表态思维的有力抓手。

对于"铭记历史，迎接挑战"这个主题，笔者以《铭记峥嵘历史，迎接时代挑战》为标题作文，进行这样的观点表态：

我们回溯时间之河，70 年前那场波澜壮阔的抗美援朝战争，让刚刚经历了解放战争洗礼的人民军队再一次震惊了世界，在极不对称、极为艰难的条件下，打败了当时号称世界上最"强大"的美军。虽然时光流逝，但那伟大胜利淬炼的伟大精神却永远流传，为中华儿女去迎接时代的挑战注入了自强自信的精神基因。

文段在交代抗美援朝的材料分析后，用"但是"这个表转折的关联词承接前文，把语义重心后移，突出对抗美援朝伟大精神在今天应对时代挑战的价值意义，语义明确，观点表态明晰。

带有承接特点的词语是"承接"句径的标志，这些句径有"其实、在我看来、于我言之"等直接表达观点的句径，有"因此、所以、因而、既然……那么、之所以……是因为"等因果关系的"承接"句径，有"尽管……可是、虽然……但是……、然而、却、即使……也"等转折关系的"承接"句径。

"承接"句径能引导与推动表态思维的行进，这些标志性的词语以文字可视化的形式凸显表态思维，适合设置在文章的第1段末，作为文章的"起"，使阅卷老师快速把握作者观点，从而促进考生表态思维与阅卷老师阅读需求的契合，体现了文章首段重要的基调生成价值。

二 "阐释"句径深化本质分析思维

在写作中，对材料的核心对象或核心事件做本质分析是增加议论深刻度的重要方法。孙绍振教授言："如果作者在文章的开头，有起码的定义的自觉，就不至于造成相邻概念的反复错位，交叉概念叠床架屋了。"[①] 以"阐释"句径对核心对象或核心事件进行本质的分析挖掘，能有效呈现作者思维的严谨与深刻。运用以"……是……""……实乃……""……者，……也""……则……""……即……""……为……"等为标志的"阐释"句径，能引导学生在写作中对本质分析进行自觉的思考，如：

> 抗美援朝精神，乃一种为保家卫国而大无畏的爱国精神，英勇不屈、视死如归的革命英雄精神，坚信胜利、始终保持高昂士气的革命乐观主义精神……威武不屈、艰苦不移、自强不息是它重要的精神内核。在那段峥嵘岁月里，抗美援朝精神是一种民族品格的集中体现，一座巍巍挺立的精神丰碑。

文段对抗美援朝的内涵层面以"阐释"句径进行本质的定义与分析，凸显了文章核心对象的内涵。"阐释"句径的运用，有"……者，……也""……者，……"的文言判断句，也有"……是……"的现代汉语判断句，句式灵活。文段兼顾了内容和句式，文质兼美。

"明确概念是逻辑思维重要的一步"[②]，正如英国学者吉比尔说："定义对于论说，如同肯定的决议对于行动一样。""阐释"句径的运用有助于本质阐释思维的深化，使核心对象或事件明确清晰，为增加议论分析的说服力奠定基础。

基于阐释思维的特点，阐释思维适合运用在第 2 段，承接着全文中心句，作为文章的"承"，对作文主题的概念或现象进行必要的阐释，有助于学生在行文中精准立意和深刻论说。

三 "表里"句径呈现原因分析思维

原因分析思维是议论文写作的一种重要思维。核心事件的原因，关联到核心事件由现象至本质的探究，由特殊到一般的深化，由空间到时间的层进等思维推进。"表里"句径能有效呈现思维分析的深化过程，有助于原因分析思维的外现。

在分析现象时，巧用"从表面看""从浅层观之""从表象析之""浅而析之"等句径标志，可以体现原因表层分析思维；运用"次而观之""深一层看""进一步看"等递进义的句径标志能引导思维的行进，体现思考上的深化；而做根源探究分析，可用"从根源来看""从本源视之""从本质分析"等句径标志引导思维对根源的呈现。如：

> 抗美援朝的伟大胜利，从表面看，是一场现代战争的胜利，是美国在东亚霸权扩张的失败。但进而观之，这是中国人民举一国之力、合一国之心取得的胜利，是正义对强权的胜利，是不屈不挠的民族精神在面对霸权侵犯时体现出来的磅礴精神力量的展现。是什么让中国人民在极不对称、极为艰难的条件下取得这场伟大战争的胜利？从本源来看，是中国人民铮铮不屈的风骨，是众志成城的团结，是对祖国的热爱，汇聚形成的气壮山河的力量。从本质而言，美帝国是为了扩张霸权，中国人民则是保家卫国，守护正义与和平。铭记这段峥嵘历史，继承抗美援朝精神中那血与火熔炼的铮铮风骨，是迎接时代挑战的最强之盾。

文段对抗美援朝胜利的原因进行了由表及里的分析，使用了"表里"句径行进的标志词"从表面看""进而观之""从本源看""从本质而言"，使思维路径有明确路标；从事件的发端到事件的发展，从表层的现象到精神的本质，文段层进有据，深化有理，体现了明晰而丰富的思维层次性和绵密的表达逻辑力。

"表里"句径可作为文章写作的"转"，特别适合原因、背景的分析，用以拓展文章的内容。"表里"句径以层进的方式引导思维的深化，给行文带来丰富的思维层次，以构建语言模型的形式让阅读者明了行文思路的层进与深化。

四 "分层"句径优化价值探究思维

核心事件的价值探究是议论文写作的关键内容，文章需体现核心事件在多层面产生的影响，如个体、社会、国家、经济、文化、思想等。巧用"能……""利于……""可带来……""让……如何""促进……""无益于……""妨碍……"等句径标志，可引出对核心事件的多对象要素的价值意义探究。如：

> 铭记历史，需要铭记那段峥嵘历史中那一个个英雄的名字，他们中有杨根思、黄继光、邱少云……他们是最英勇的人，是对祖国爱得最深沉的人，魏巍先生深情地把他们称为"最可爱的人"。英雄在青史中流芳永恒，一直给予我们迎接任何挑战的精神力量。从国家层面，那段非凡岁月，守护了我们新生的国家，这是在国家安全底线受到严重挑战时的正义之举。这个新生国家创造的威武雄壮的战争伟业，给予了国家和人民自信之力，无论任何挑战都无惧无畏，因为这是已经"站起来"的中国。中国用威武不屈、艰难不移的姿态，在世界民族之林的经纬中标注了属于自己的坐标。

文段中，承载价值探究的"分层"句径，引导学生思考核心事件"抗美援朝胜利"产生的多层面影响，从战斗英雄的"个人"到新中国的"国家层面"，再到对迎接未来挑战的启发，对当下问题现实指向的思考，明晰地展现了思维在横纵层面拓展，深化了价值探究的内容。

"分层"句径优化价值探究思维，注意了价值指向对象的多样化和各自独立。"分层"句径的运用，推进了思维的有效行进，有利于拓展学生思维的关联性，从而提升学生写作的视域品质。

五 "破立"句径拓展让步思维

"破立"句径是让步思维的一种表现，它从对方的观点着手，先表明某种观点的存在，然后以此观点为评点对象，在评点批驳中确立己方观点。如：

> 今天，或许依然会有美国人言，美国签订停战协议只是战略调整。此言差矣！这种非战败论是缺乏勇气面对历史的真实，70 年的历史已给出了不可辩驳的答案：抗美援朝战争就是那个向来号称"战无不胜"的美国

第一次遭遇的滑铁卢。战争初期,麦克阿瑟夸下的海口"我已经向小伙子们的家人打了包票,圣诞节让他们回家过节!"成了历史的笑话,"圣诞总胜利"变为"圣诞大逃亡"。中朝人民用血与火书写了世界战争史上以弱胜强的奇迹,用血性与铁骨雕琢了一座永恒的精神丰碑,给中华儿女去迎接今日乃至未来的挑战注入强大的自信力。抗美援朝精神定必会万世赓续,斯言不谬!

文段用"或许依然会有美国人言"引出"美国签订停战协议只是战略调整"这个要"破"的观点,用让步之法设定此观点的存在,然后分析美国战败是不可辩驳的史实,突出抗美援朝是以弱胜强的奇迹,在"破"中生"立",巩固了己方"抗美援朝精神定必会万世赓续"的观点,在先扬后抑、先破后立中最终巩固自己观点。

"破立"句径营造了一种强烈的读者阅读氛围,让读者在阅读中产生浓厚的代入感,从而沿循作者的表达指引,最终获得对作者观点的认同。高中生议论文写作的问题,如王荣生教授所言:"学生写作水平不高,通常不是结构性的整体性的缺陷,而是局部性的要素缺失或错误。"[3] "破立"句径以句径作为载体拓展了思维的宽度,糅合了作者意识和读者感受,在一定程度上完善了写作中的"局部要素",从而优化思维的品质。

合理运用以上句径能在一定程度上弥补学生在语感、措辞、逻辑思维等语文经验上的不足,帮助学生实现"思维到语言"的有效转换,有助于丰富思维的层次性,提升思维的逻辑力,从而达到优化思维品质的目的,是写作落实的可行之法。

·参考文献·

① 孙绍振. 从偏重感性抒情走向理性分析［J］. 语文学习,2010:7-8.

② 施清杯. 逻辑思维和高中议论文写作十六讲［M］.上海:上海科学技术文献出版社,2016:82.

③ 王荣生. 写作教学教什么［M］.上海:华东师范大学出版社,2014:19.

议论文主体段落的"深刻技术"

中山市教育教学研究室 | 郭跃辉

对于一篇议论文来说，确立中心论点之后，如何展开论证，这是一个关键的问题。传统的议论文教学往往将论证过程总结为"是什么—为什么—怎么办"，这仅仅是确立了论证的方向与逻辑，至于如何操作，则要落实到一系列的"分析技术"层面。例如，所谓的"是什么"，具体展开即为"定义分析"，"为什么"具体展开即为"因果分析"，"怎么办"具体展开即为"措施分析"。如何进行上述三种分析，更需要一系列的思维技术。本文将围绕"因果分析"的方法，以一道新材料作文题目为例，具体阐述议论文主体段落的"深刻技术"。

原题回放：

在美国大萧条的一个冬季里，有一个又冷又饿的流浪汉敲了一家人的门，请求主人给他一顿简单的午饭。男主人看了看流浪汉，指着院子东边的一堆木柴说："正好那边有堆木柴挡路，请帮我把它移到西边的墙角去吧。"流浪汉于是非常高兴地帮主人把木柴搬运到西边。当他搬完时，女主人早已给他准备了丰盛的饭菜。主人的孙子看着那堆木柴总是这样搬来搬去，不断有前来工作换取饭菜的人把木柴从东边搬到西边，又从西边搬到东边。直到他长大了，才明白祖父的用意。

要求：①自选角度，确定立意，自拟标题，文体不限。②不要脱离材料内容及含意的范围。③不少于800字。④不得套作，不得抄袭。

（中山市高三年级2014—2015学年度第一学期期末语文考试作文题目）

符合题意的观点：给受助者以尊严，即我们在帮助别人的时候，要照顾到受助者的尊严。

一 原因分析技术

对于这篇议论文而言，论证的主体应该是：为什么我们在帮助别人的时候，要照顾到受助者的尊严？按照一般的理解，所谓的"深刻"，就是要能够揭示出事物的本质或事件、观点的深层原因。而任何一个观点，都可以从两个方面去分析，即个人与社会，而个人的层面，则可以从人性和思想两个角度展开，社会层面则可以从文化与体制两个角度展开，如图 1 所示：

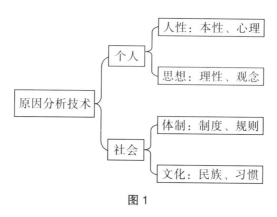

图 1

也就是说，一件事情也好，一个观点也好，如果能够从人性、思想、体制、文化等层面进行分析，那就能够把握事情或观点的本质与深层原因，这也是进行原因分析的最锐利的武器。对于"我们在帮助别人的时候，要照顾到受助者的尊严"这个观点而言，如果能够从上述四个角度进行分析，那该主体段落一定是一个发人深省、耐人寻味的段落。笔者试从"人性"的角度进行分析：

给受助者以尊严，原因在于受助者也有天然的心理认同感。（将论点与心理相结合）认同，就是渴望获得他人的认可，让他人接受自己。（解释心理）即使是流浪汉，也需要获得一种社会身份的认同，而尊严则是社会身份的主要标志。（结合材料）流浪汉正是在搬木柴的行为中找到了尊严感，从而获得了社会身份的认同。（分析）而陈光标的慈善，则没有将受助者与社会之间的认同摆在首位，高调行善，其实就是割裂了个人与社会之间的统一性，使受助者成为"另类"甚至社会的"疏离者"。（举例分析、反面分析）因此，我们在帮助他人的同时，也要照顾到其尊严。（总结）

这个主体段落其实并不难写，其具体的操作步骤是：首先将论点与原因相结合，即将四个角度中的任何一个与所要证明的中心论点结合起来；其次结合原材料具体解释该角度的内涵；接着运用举例、引用、正反等论证方法进一步阐述自己的观点；最后就是总结本段的大致内容。

二 背景分析技术

所谓背景，指的是对人物、事件起作用的历史情况或现实环境。从这个定义就可以看出，背景，既包括历时性的历史背景，也包括共时性的现实背景。一件事情、一种现象、一个观点之所以能够产生，不外乎有两种原因，一种是过去的、历史的、纵向性的原因，一种是现实的、时代的、横向性的原因。对一个观点进行历时性的分析与考查，可以使自己的观点深邃，充满历史感，从而更有说服力；对一个观点进行共时性的分析与考查，可以使自己的观点贴近时代，充满现实感，从而更有针对性。正如马正平先生在《高等写作思维训练教程》中所说："进行这两个方向的原因分析，就能发现规律，洞察本质，抓住本质和战略重点，获得深刻的认识，并且能找到解决这些问题的方法，开出科学的有效的行动决策的'处方'——战略和战术。"[①]笔者试从共时性的"现实背景"的角度进行分析：

> 近年来，（标志语）不少援助贫困家庭子女上学的爱心扶助活动，几乎无一例外是以展示受助对象的贫困为前提的：先是通过媒体大张旗鼓地把受助者的图像、资料公之于众，再集中举行一个"展"贫穷"显"爱心的现场仪式。其时，捐助方风光体面地亮相，高高兴兴给钱给物；受助者接受钱物后，面对镜头"感激涕零"。随后，报纸、电视、网络再继续跟进，广而告之。（背景描述）在张扬"我在献爱心"的同时，受助者的隐私也一览无余，毫无尊严可言，这无疑是对受助者的一种伤害甚至羞辱，也有悖慈善爱心活动的本义。（结合观点分析）

这个主体段落的句径是：首先要有标志语，例如"近年来""当今时代""当今社会"等，这就是进入现实背景分析的标志；其次要阐述相关背景，将论点与其在现实社会中的具体表现结合起来；接着进行进一步的分析，可结合材料，也可独立分析；最后进行小结。

三 价值分析技术

价值，说白了就是"有什么用"，即考查事物或一件事情对其他事物、事件的作用与影响。既然是"作用"，自然会有促进作用与阻碍作用，前者表现为正面价值，后者表现为负面价值。于是"价值分析技术"，相应的就有正面的价值分析与负面的价值分析两种类型，笔者把前者称之为"功能分析"，后者称之为"结果分析"，前者分析的是"有什么好处、作用"，后者分析的是"有什么后果、危害"。笔者分别运用上述两种技术，具体阐述原题论点：

正面价值：功能分析

给弱势群体诸如乞丐、流浪汉以帮助，这恰恰是以人为本、实现价值平等的体现。（作用分析）人与人之间，物质财富可能不平等，但精神地位与尊严感却是一样的。不论是个人行为的帮助，还是社会行为的救助，都应该牢牢把握以人为本的核心价值理念，充分照顾受助者的尊严，不让受助者因接受了一点恩惠而永远抬不起头。（进一步展开）当今高校，每年就有大量的勤工俭学岗位，让一些生活困难的学生通过参与不太繁重的劳动获得报酬，以维持基本的生活。（现实例子）这种做法的好处在于，让受助者在劳动中潜移默化地懂得通过自己双手改善生活、改变人生的道理，并以此作为人生准则，离开校园后仍能继续践行与坚守。（对例子的评价）这不也正是祖父的用意吗？（结合材料）

负面价值：结果分析

给弱势群体诸如乞丐、流浪汉以帮助，这本是一件好事，但方式不当，就会伤害到受助者，给他们心灵蒙上一层阴影。（结果分析）假如男主人公对待流浪汉的态度是"呼尔而与之"，施舍般地给予他一餐饭，那么流浪汉也不会坦然接受。（结合材料）对于一些正在成长中的孩子，如果在给予帮助或献爱心时，没有照顾到他们的自尊心，那么自尊受到伤害远比经济生活困难更让他们难以接受。（现实例子）如果慈善变成了怜悯与施舍，那么贫困生尽管得到了捐助，可心里并不温暖，甚至感觉被人瞧不起。（重复观点）这样的话，帮助或慈善的效果也要大打折扣。（结果分析）

这两个段落具体展开的步骤是：首先是直接阐述某观点产生的正面价值或负面价值，即直接将论点与功能或结果联系起来；其次结合材料具体分析功能或结果；接着运用举例、引用、正反等论证方法进一步展开；最后是对本段内容进行小结。

总之，对一个观点加以原因分析技术（人性、思想、体制、文化）、背景分析技术（历史背景与现实背景）、价值分析技术（功能与结果），可以从多角度、多层次对同一个观点进行透彻分析，而这样的主体段落自然会比较深刻，因为这些要素触及到了观点的最根本的原因与最深层的存在。如果将本文的观点简化为图表，则如图 2 所示：

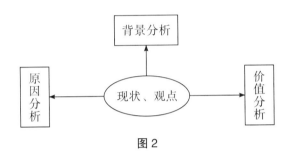

图2

· 参考文献 ·

① 马正平. 高等写作思维训练教程［M］. 北京：中国人民大学出版社，2010.

（原文发表于《语文月刊》2015 年第 11 期，此次出版有改动）

挖掘作文深刻立意的技术路径

中山市实验中学｜李志明

　　古人云："千古文章意为高。"可以说，"意"就是文章的写作意图，也是决定文章品质高低的命脉。谁抢占立意的制高点，挖掘出深刻立意，谁就会占据分数的制高点。本文以 2017 年全国 I 卷作文题为例，谈谈深刻立意的技术路径。

　　全国 I 卷作文题以新的面孔呈现，出人意料，但又耐人寻味。细读题目，笔者惊喜地发现这道作文题特色鲜明：其一，内容上，文化味浓厚，内涵丰富；其二，形式上，高度开放与难度组合，有挑战性。总之，该题充分考查了学生的思维能力。

　　我们都知道，2017 年全国 I 卷作文题由材料和任务组成，其中材料是十二个大家较为熟悉的关键词（"一带一路"、大熊猫、广场舞、中华美食、长城、共享单车、京剧、空气污染、美丽乡村、食品安全、高铁、移动支付），这些关键词是考生落笔的抓手。任务要求选两三个词来立意。从理论上来说，关键词的理解难度不大，这充分体现了高考作文低门槛的命题指向；关键词搭配组合的自由度很大，充分体现出高考作文开放性的命题理念。不过从阅卷现场来看，考生对关键词的解读非常浅显，关键词的搭配组合形式非常有限，以致作文立意缺乏创造性和深刻性。究其原因，笔者认为，考生既缺乏深刻解读关键词的能力，也缺少深联组合关键词的技术。本文提出从两大方面的技术路径抵达此类作文题的深度立意。

一 深度解读技术

古人说："鸳鸯绣出从君看，不把金针度与人。"若是把这道作文题比作绣出的鸳鸯，那么它的"金针"无疑就藏在关键词背后。虽然语微言浅，但义大理深。可惜很多考生对关键词的理解过于简单，只是凭着自己的肤浅感知去立意。从这个角度来说，此类作文题也考查了学生的文本解读能力。

从宏观上来解读，十二个关键词涵盖面非常广。涉及不同时期：古代、现代、未来；波及不同区域：城市和乡村；涉猎不同领域：政治、经济、科技、文化、科技、自然；体现不同特质：辉煌与衰败。从微观上来解读，其实题目要求挖掘这些词的演绎义，也就是读出它的思想义，而不是仅仅读出词语的自身义。下面运用几种思维路径来深度解读。

1. 原因思维

原因思维，即分析关键词产生的先在性、环节性的缘由，对其原因进行追问、探究和追溯，从中悟出新认知，给人思想启迪。任何新事物的产生、旧事物的延续都有其存在的基础，解读时就需要挖掘关键词存在的基础和缘由，从中领悟到更为丰富的思想。比如，解读"空气污染"，不少考生只想到我国环境恶化这一层含义，但这个解读是大众化的，是肤浅的，是没有生命力的。若是往深处思考，挖掘空气污染的缘由，则会另有发现：部分地区过分追求 GDP 的发展，而忽略了环境保护；我们的环保意识不强；经济发展与环境保护不同步。再比如，解读"一带一路"时，运用原因思维，思考我国为什么现在提出"一带一路"倡议，由此至少可以解读出两点：与世界经济共同发展，共享发展成果；互通有无，建构人类命运共同体。这些解读显然打破了之前单一的解读。

2. 价值思维

价值思维，即阐释关键词存在和发展的意义。我们知道，任何事存在都有它的价值，并且其价值往往是多元的，即对于不同主体会有不同的意义，价值有正面价值和负面影响，解读时只要有意识挖掘关键词存在的价值，就会得出新启迪。比如，解读"一带一路"时，可以挖掘它对中国和其他国家的积极意义，解读出：加强中国与世界的联系，促进情感的沟通，推动中国和世界经济的发展；实现互惠共赢的发展思路。解读"广场舞"时，若是考生只看到很多中国大妈跳广场舞，思维未免太幼稚，而若运用价值思维，可以分析出跳广场舞对民众的意义，可以建构幸福社会的意义，可以解读出：中国城乡民众，生活蒸蒸日上，积极锻炼身体，幸福指数较高；人际关系融洽，身心得以愉悦，充实生活，有利于和谐幸福社会的建立。这样挖掘出的思想具有一定的新颖性，避免了陷入平庸的泥潭。

3．类比思维

类比思维，即由某事物联系到性质相同、相近或相反的事物，进行类比性比较，从而得出思想启迪。解读时，类比使思维空间得以拓展，丰富了对关键词的认知系统。孤立地理解关键词，所得出的思想可能是单薄的、无力的，若是进行类比性伸展思考，思维的力度将会明显加强。比如，解读"空气污染"时，单纯地看待中国的空气污染问题，可能难以有新发现，但若是把中国目前的空气污染与西方昔日的空气污染进行类比，就会得出一种新思考：空气污染是任何社会高速发展的必然结果，对待空气污染不必过于敏感和指责，寻找解决问题的方案更为重要。这样的解读显然超越了很多考生的解读，这种思想也是很少考生能具有的。

4．点面思维

点面思维，即向深处挖掘关键词所代表的普遍性意义，由现象去探究本质，由关键词所指代的事物去探寻事理，这样，对关键词的认知更为深刻。作文题中关键词呈现给我们的是具体的事物和现象，这些事物和现象往往具有明显的代表性，背后代表着一类事物的特征，只有从中揭示出普遍性事理，才能引发读者共鸣，体现思维的震撼力。比如，解读"共享单车"时，不少考生只认识到这是时代发展的共享思维的体现，但笔者认为这个解读还不够深刻。不妨做一种新的解读：中国现代科技与传统生活方式的高度融合。这样的思考实现了由点到面的思维转换。

5．理性思维

理性思维，即运用智慧性的眼光，对事物做客观的、全面的分析和判断，避免做片面的、感性的分析和判断。当我们认知正面事物时，或许只看到其积极的一面，却忽视了其背后的危机或隐性问题；当我们认知反面事物时，或许只看到其阴暗的一面，却忘记其隐藏的机遇。换一个视角来看待事物，将别有洞天。比如，解读"空气污染"时，绝大部分考生看到的是负面问题，但若是理性思考一番，换一个角度来看待这个问题，或许能意识到中国正勇敢地面对环境问题，则可以解读出：中国承认自身环境污染的现实问题，体现出一种胸怀天下的担当精神。再如，解读"美丽乡村"时，并不一定要唱赞歌，冷静全面思考一下，其实美丽乡村背后隐含不少问题，比如简单的发展模式，可能是对乡村记忆的一种漠视。对关键词这样进行解读明显更为理性全面。

通过一定的思维路径，我们能揣摩微言大义，演绎出丰富的事理，直抵事理的本真或人文价值的核心。我们打开了多元且深刻的认知空间，也为立意提供了广阔的空间。

二 深联组合技术

其实，该高考作文题中的每个关键词都很具有代表性，可以说是中国现状和中国文化的缩影和表征，它们自身具有丰富的张力和层叠的思辨空间，又共同构成了多样而立体的中国。写作立意的关键在于如何巧妙地组合，这也是考查学生的思维力。大部分考生对此不加重视，或者说只是将关键词简单叠加组合来确定立意，没有洞悉关键词之间的内在关联和生长性，导致立意肤浅简单。笔者认为，要建构关键词之间的深层结构关系，就应该避免简单的同质叠加，而应当追求异质性、关联性，使关联词之间的结构关系形成一定的落差对比，对比越大，思维张力越大，震撼力越强，立意往往更为深刻。为此，可以采用下面三种方法，达到立意深刻的目的。

1. 同中求异

"同"与"异"，是分析不同事物的两种不同眼光。对于十二个关键词，按照不同的标准，它们有不同的组合方式。对于表面上同一性的词，可以挖掘它们之间的差异和个性。"同"是表面的，而"异"是深层的，这种表里不一构制出来的立意，才具有新意，才能超越平凡立意。比如，选择"空气污染"与"食品安全"来确定立意，很多考生想到的立意显然肤浅。若是根据同中求异的方法进行深刻解读，先找到两者的共同点，即它们都是中国社会经济发展的必然结果，再挖掘两者的不同点，即它们治理方法不尽相同，治理空气污染需要人类携手，而治理食品安全需要严格法律，于是可以立意为：虽然空气污染和食品安全都是社会发展的必然结果，但是中国正视问题，正在通过与他国合作以及加强自身监管来治理这些问题，体现了一个负责任的大国担当。这样的立意显然更为独到深刻，容易引起阅卷老师的兴趣。

2. 异中求同

内涵不一致的事物，其内在还是具有一定的相关性的，关键在于我们要学会异质整合和归纳。通过上述方法解读十二个关键词，可以读出它们不同的内涵，但是立意时若能把这些不同性质或内涵的思想、事物结合起来，可以构建一个个富有对比性的新组合，如"中华美食"和"京剧"、"大熊猫"与"移动支付"、"一带一路"与"高铁"。若是选择"一带一路"与"高铁"来确定立意，不少考生可能束手无策，因为两者看似没有关联，或者说关联不大。对于两者的解读，我认为，"一带一路"代表着中国的经济与世界共享发展的新理念,高铁是高度发展的中国走出国门的物质呈现。基于此,通过异中求同的方法,我们不妨找出两者解读的共同点,那就是它们都充分体现中国发展的担当性与共享性,折射出中国具有世界发展的战略眼光。根据这些分析,可以确定新的立意:无论是中国的发展理念还是中国的实际行动,都充分反映了中国是一个有担当、愿分享的大国。这个超越平常的立意就是借助异中求同的思维路径而形成的。

3．异中求异

有些关键词之间看似没有联系,彼此是异质的,容易被人认为割裂开来,难以建立彼此之间的联系,更难以形成有机的联系。但是,若是往深处想,两者之间可能存在一种动态的联系。可以寻找更深处的异点,探寻它们的交叉点,进行关联。很多考生认为"长城"与"一带一路"之间关系不大,一个属于历史,一个属于当下,不会选择组合这两个来立意。但是若是解读到"长城"代表着封闭,"一带一路"代表着开放,就能很巧妙地构建新的联系,确定新的立意,即中国由昔日的封闭逐步走向今天的开放,中国将会发生翻天覆地的改变。通过"异中求异"的思维路径,我们求得了更新更深的立意方向。

要想在立意上超越大部分考生,就需要在看似无路可走时再往前走一步,也需要有往深处想的意识和勇气。对于多个关键词,我们要深入解读它们背后丰富的内涵,智慧地搭建关键词之间的联系,排斥简单地叠加关键词,拒绝粗暴地堆砌关键词,摒弃简单的二元对立思维,在同中求异,在异中求同,在异中求异,防止思维的表面化、平庸化,只有这样,立意才会走向深刻。

(原文发表于《中学语文教学参考》2018年第6期,此次出版有改动)

巧用交际语境思维：宏大话题类作文立意技术

以近几年高考作文为例

中山市华侨中学 ｜ 杨德洲

一 话题引入

设置交际语境成了近年来高考作文的大趋势。如 2017 年和 2018 年全国 I 卷、2019 年全国 II 卷的作文都有相同的材料话题和作文要求，材料话题是围绕国家发展、民族未来等宏大话题，而作文要求则都设置了交际语境，要求考生按照某一身份给某一对象写作。这类作文新颖，紧贴时代，积极发挥了语文育人、高考选拔的作用，是我们在指导学生写作中不应忽视的。

现实中，许多教师在高三备考中碰到这类宏大话题，从内容上就让学生往国家层面上靠；从写作要求上则让学生注意使用第二人称"你"。其实这种做法有点粗线条，既忽视了语文育人的功能，也忽视了交际语境建构语篇的作用，对提高学生对这类作文的应对能力不起作用。因此有必要重新审视交际语境对于宏大话题类作文的建构力量。

立意是作文的基本要求，也是高考作文评卷中首要考量的因素。立意准确，是高考评分中"内容"等级占据高位的关键，同时，对"内容"等级的评判也考虑其对作文要求的完成情况。本文拟从交际语境的分析出发，探讨宏大话题类作文的立意技术，并兼顾作文要求的完成。

二 交际语境分析

国内研究交际语境写作的权威荣维东教授对交际语境写作下了这样的定义:"所谓交际语境写作,是指为达成特定交际目的,针对某个话题、面向明确或潜在的读者进行的意义建构和书面交流。"[①]交际语境有很多要素,诸如作者身份、读者对象、交际话题、交际目的、语体选择、交际效果等,最基本的是作者身份、读者对象、话题,还有交际目的。作者身份决定了谁来说,话题规定了说什么,而读者对象,对建构语篇有很重要的作用,因为它决定了作者怎样说。很多文学大家都十分重视读者的作用,托尔斯泰曾说:"我写的作品的影响力和质量,都取决于我心目中最先提出来的这个关于读者的概念。"夏丏尊在教学生写作的时候曾说:"诸君为文的时候,第一不要忘记有读者。"朱自清也曾表达过类似的意思:"写作练习是为了应用,其实就是应用于种种假想的读者,写作练习可以没有教师,可不能没有读者。"[②]交际目的也具有重大作用,"对语篇内容、素材、问题和表现手法的选择都具有重要的导向、选择、塑造作用"[③]。"作者写什么,不写什么;写什么好,不写什么好,也就是写作内容、主题、材料的选择是受写作目的制约的。作者应该优先选择读者感兴趣的话题,能够对读者产生重要影响的内容。"[④]在宏大话题类作文中,抓住交际语境的作者身份、读者对象、交际话题,就能进行准确的立意。下面结合 2017 年和 2018 年全国 I 卷、2019 年全国 II 卷的作文来一一析之,探讨该类作文的立意方法。

(一)关于作者身份的界定

在 2017 年和 2018 年全国 I 卷中,作者身份都是刚成年的现代中国青年,但又不仅是当代中国青年。作为高考考生,他应该具备接受国家挑选的最基本的条件,而过硬可靠的思想政治素质应排在第一位,即要有对社会主义中国的认同感,对社会主义成就的自豪感,对社会主义建设的使命感。2019 年全国 II 卷设置了几个可供选择的作者身份,但不管是五四运动发生时的一位青年学生,开国大典后给家人写信的人,改革开放伊始给同学写信的人,还是 2049 年写慰问信的人,他们都有一个共同的身份,都是当时历史背景下的中国青年学生,都需要有家国情怀,是爱国青年,要把个人成长与国家命运联系起来。1919 年时的青年学生有促进民族进步解放、强大国家的强烈使命感,而 1949 年之后的青年学生有对社会主义中国的认同感、自豪感,还有对建设社会主义中国的使命感。

（二）关于读者对象的设置

2017 年全国 I 卷是外国青年；2018 年全国 I 卷是针对 2035 年的新一代青年；2019 年全国 II 卷则根据需要设置了多个读者对象供选择，情境中 1919 年和 1979 年都是针对当时的中国青年，而 1949 年是对家人，2049 年是对国家功臣。在对高考题中的宏大话题以及根据高考题（尤其是 2017 年和 2018 年全国卷）而出现在各大模拟题中有关宏大话题作文的考察中，可以发现宏大话题主要是国家形象和国家建设，前者关乎我们的国际地位与国际责任，后者关乎每个人的自豪感与使命感。因此，关于宏大话题的作文，其读者不外乎两类，一类是外国人，一类是中国人。对象不同，交际目的也不同，因此也对应不同的内容选择与行文风格，而这决定了基本的立意。

（三）关于交际目的的探讨

1. 当读者对象是外国人

交际目的根据读者对象不同而不同。在宏大话题类作文中，当对象是外国人时，其交际目的是如何讲好中国故事。习近平总书记在党的十九大报告中曾说过："讲好中国故事，展现真实、立体、全面的中国，提高国家文化软实力。"国家文化软实力不仅仅是文化——文化只是一个方面，还有政治、经济、科技、精神风貌等等。而如何讲好中国故事，是"新形势下展示国家形象、让国际社会更好地认识和了解中国的重要途径和方式"[5]。作为中国青年，在向外国人讲述中国故事的时候，要以展示良好的中国形象为目的，这是赢得更多朋友、提升国际影响力的先决条件。那么在传递中国声音的过程中如何展示良好的中国形象呢？《学习日报》2018 年 5 月 28 日曾刊登了殷陆君的《新时代怎样讲好中国故事》，其中论述对思考如何对外展示良好的中国形象很有裨益。该文指出："如何让当代中国价值观念走向世界，提高国家软实力，是讲好故事的任务目标。在国际话语和对外交流中如何用公共的道讲公认的理，需要构建中国特色的话语体系。""讲好中国故事，首先需要把握古今、中外、前后三个关系，找到精神的共通点、思想的共享点、情感的共鸣点。""在国际社会需要中国履行国际责任、呼唤中国贡献东方智慧、对中国之善治给予广泛好评的今天，我们要更加重视中外交流，乘势、借力、助人，做好公共外交和国际传播。"[6]仔细分析，这几点可以概括为两点：一是要与国际有共同的价值认同，二是要有负责任的大国担当。良好的素质与文明应该是人类共同的价值认同，这包含有开放、包容、奋斗、创新、发展、坦诚、积极进取、高科技、悠久文明等。负责任的大国担当则体现在我国致力于世界的合作、发展、和平等事业。在对外国人讲述中国故事时，选取这些要素，能更好地展示良好的国际形象。现将如何展示良好的中国形象及其对应要素总结如表 1 所示。

表 1　如何向外国读者展示良好的中国形象

交际目的	实现目的的要素
展示良好的素质与文明	开放、包容、奋斗、创新、发展、坦诚、分享、积极进取、高科技、悠久文明等
展示负责任的大国形象	致力于世界的合作、发展、和平

2. 当读者对象是中国人

当读者对象是中国人时，则与上述不同，因为良好的国际形象是我们每个中国人都知道的，中国的国际担当意识也是每个中华儿女有目共睹的，如果抱着这样的目的，对实现交际意义是没有任何帮助的。那么就应该有不同的目的。仔细分析近年来的宏大主题类作文，凡是涉及中国读者的，其对象可以按年龄分为两类：一类是青年人或者同龄人，比如 2018 年全国Ⅰ卷中，是 2035 年的青年；在 2019 年全国Ⅱ卷中，有几个选项，1919 年、1979 年的对象是同龄青年，1949 年的家人可以是青年也可以是长辈，而 2049 年的对象则是对国家民族有巨大贡献的长辈。对于同龄人或青年人，其交际的最终目的应该是激发大家的自豪感和使命感。如 2018 年全国Ⅰ卷，在向 2035年刚成年的中国青年讲述世纪宝宝新世纪以来中国的重大成就以及未来的重大规划时，其目的也是要激励未来的成年人继续葆有这样的使命感。而面对长辈，特别是对国家有重大贡献的长辈，其交际目的首先应是致敬，继而要表达自己的使命感，愿意从长辈手里接过接力棒，让长辈放心。总之，不管是青年还是长辈，使命感都是必需的。

那么如何才能激发使命感呢？笔者不揣鄙陋，试作分析。第一，使命感来自自豪感，比如对祖国灿烂文化自豪，对现阶段中国取得的伟大成就自豪。第二，要有主人翁意识，即意识到国家是我们的国家，青年人建设更强大美好的中国有义不容辞的责任。此处可着眼于青年与国家的关系来谈，习近平总书记也曾寄语青年："青年兴则国家兴，青年强则国家强。""青年一代有理想、有本领、有担当，国家就有前途，民族就有希望。"第三，要有看齐意识，即意识到榜样的力量，前辈们在青年时期正在为国家为社会做什么，他们有什么样的理想，他们后来有怎样伟大的贡献，还有一些有着重大贡献的同龄人，也是青年学生学习的榜样，他们均有良好的示范和激励作用。第四，要有欠缺感，欠缺感是一种不满足感，即要意识到当前中国仍然有很多不足，很多需要完善的地方，与发达国家相比，还有很多落后的地方，这种欠缺感会激励青年去努力奋斗。第五，要看到美好的前景，虽然前进的道路不会是坦途，但是未来是美好的，特别是党中央对国家未来发展的擘画，让每个中国人看到了更美好的未来，时代在召唤每一个奋发有为的中国人。当然，光有这些也还不够，要能担负祖国交给的使命，自身素质也要过硬，比如说渊博的学识，肯钻研的精神，勇于奋斗的干劲等。如果是能写出这六点或者其中任何几点，一定可以激发对方的使命感。总结如表2所示。

表2　如何激发中国青年的使命感

交际目的	实现目的的要素
激发自豪感	灿烂的文化，伟大的成就，以及它们对你的影响
激发主人翁意识	青年与国家的关系
激发看齐意识	前辈在青年的时候对祖国的贡献，同龄人的贡献
激发欠缺感	我们当前还有哪些需要完善，有哪些不足
看到广阔前景	道路是曲折的，但前途是光明的，人民领袖已经为我们擘画好了未来
提升自身素质	责任心，学识，精神面貌，奋斗精神

三　作文立意的确定

对于交际语境下的宏大主题类作文，弄清了言说对象，也就分析出了言说目的，而这对于作文的立意有着至关重要的作用。不能说清楚言说目的就一定无法准确立意，弄清言说目的则对准确迅速立意大有帮助。具体到每一道作文题，该如何根据言说目的给出准确的立意呢？笔者认为，将言说目的与交际话题即具体的作文材料相结合，就能得出准确的立意。这是这类作文立意技术的思考路径。

宏大主题类作文归根结底是新材料作文，而对于新材料作文的写作，有一点基本能达成共识，即不能脱离材料，要对材料进行分析，而不能罔顾材料。将言说目的与具体材料联系起来，既不会脱离材料，又不会脱离基本题意。下面试根据几道高考作文题进行分析。

首先分析言说对象。2017 年全国Ⅰ卷作文的对象是外国人，2018 年全国Ⅰ卷和 2019 年全国Ⅱ卷的作文对象是中国人。

其次，根据言说对象确定目的。对于外国人，就是为了展示良好的中国形象，比如开放、发展、包容、文明悠久、负责任等；对于中国人，就是要有自豪感，激发使命感。

最后，将言说目的与具体材料联系起来，就可以得出基本立意。

2017 年全国Ⅰ卷是从"一带一路"、大熊猫、广场舞、中华美食、长城、共享单车、京剧、空气污染、美丽乡村、食品安全、高铁、移动支付中选择两到三个关键词，介绍中国，而且这两三个关键词之间还要形成有机联系。

这是一道对象为外国人的作文题，其主要目的是展示良好的中国形象。通过以上分析，我们可以看到通过良好的素质与文明，如开放、包容、奋斗、创新、发展、积极进取、高科技、文明悠久、坦诚等体现目的的要素可以达到展示良好中国形象的目的，也可以通过负责任的大国形象来实现此目的。考生只需要从中任选一个，就可得出立意。比如可有如下立意：

①我们的国家是一个发展的国家。可以选择高铁、移动支付、共享单车，这些新事物的出现离不开技术的发展，离不开经济的发展，离不开国力的发展。选择发展的中国可以破除很多外国人对中国停留在落后的印象上。

②中国是一个负责任的大国。可以挑选美丽乡村、"一带一路"，前者体现的是中国对自身的负责，不让任何一个地方掉队，后者体现的是中国对世界的负责，让自身的发展惠及世界各国人民。

③中国是一个懂得分享的国家。可以选择共享单车与"一带一路"，这两者体现的是我们的分享意识。当年就有考生选择了分享这一话题，通过共享单车和高铁来体现。

……

当然，关于展示良好的中国形象的关键词有很多，而且每个关键词都有对应。又比如 2019 年的广东一模，让考生联系赵州桥、港珠澳大桥、鹊桥、"一带一路"，通过桥的内涵发展，向联合国代表做演讲。这也是针对外国人的题目，可以从展示良好的中国形象入手，将这些桥联系起来。比如为了展示中国负责任的大国形象，可以谈中国从古到今一直致力于同周围的合作。赵州桥是为了两岸人民的合作，而"一带一路"则是为了全世界的合作。当今局势，只有全世界携起手来，精诚合作，才能共克难关。这非常符合联合国发言的语境。

2018 年全国 I 卷，是针对中国青年的，其目的就是要激发使命感。"你们与新世纪的中国一路同行、成长"，是让考生抒发对重大成就的自豪感，"你们和中国的新时代一起追梦、圆梦"，是激发考生对重大规划的使命感，而最终是要给 2035 年刚成年的青年人看，因此要让对方有自豪感、使命感。根据上述研究，可从中选择自豪感，对新世纪的中国取得的成就的自豪，以及这些成就对个体的影响。同时，还可以选择榜样的力量，他们也时时刻刻激励着后来人为国奋斗。一定要将国家与个人联系起来。如果只谈国家，会流于空洞；如果只谈个体，则格局太小，根本就不符合宏大主题对人才甄选的需要。当然了，还可以选择体现使命感要素中的"广阔前景"，以及"自身素质"。

2019 年全国 II 卷有多项选择，但对象都是中国人，都与使命感密不可分。在五四运动爆发时，同学集会上的演讲，目的很简单，就是让大家关心国家，努力让国家富强，联合起来抵御外侮。那么可以联系表 2 中的欠缺感、广阔前景、主人翁意识来立意行文。如我们的国家曾经辉煌，然而现在面临列强欺凌，需要每个中国人团结起来，抵御外侮，争取民族独立、国家富强。1949 年开国大典后给家人的信，可联系表 2 中的自豪感、广阔前景、自身素质来表达自己的使命感。如在中国共产党的领导下，饱受欺凌的中国人终于站起来了，人民当家作主，这是一百年来最自豪的事，我们青年人要努力学习，为建设社会主义新中国贡献力量。1979 年给同龄人的信，可以联系表 2 中的主人翁意识、看齐意识、前景广阔、自身素质等来立意行文。如国家实行改革开放的战略，每个中国人尤其是青年人应投入到其中来，向前辈学习，让中国富起来。2049 年给功勋的慰问信，可以联系表 2 中的看齐意识、自豪感、自身素质等来表达自己的使命感。如对这些功勋表示感谢，他们为新中国的建设与发展贡献了自己的一生，我们要向他们学习，继续为更美好的中国而努力奋斗。

当用实现目的的某一因素与话题材料联系起来时，不仅可以准确立意，还有一个功能，即将原本无关联的事物联系起来，使之形成了有机关联。比如 2017 年全国 I 卷，用某个目的因素，将材料串联起来，就好像用一根丝线将散落的珍珠串成项链一样，这些目的因素就如同这根丝线。

四 结语

作文题中设置了交际语境，我们就应该学会分析交际语境的特点，而最应该让学生学会的就是明确自己的写作身份，弄清不同的读者对象，分析隐含的不同目的，让学生明白"到什么山唱什么歌"。这并不是让学生学会投机取巧，学会溜须拍马，而是让学生学会如何表达自己的观点，对方才能接受，学会如何将观点正确地传达出去，达到应有的预测效果。在宏大主题类的作文中设置交际语境，让学生学会针对不同的读者介绍我们的国家，传递我们的理念，这也正是要求学生要有主人翁意识，将自己与国家联系起来，站在一个大我的立场去认识我们的国家，认识我们的时代，明确身上的责任。这是隐性的立德树人的理念，也是教师应该引导学生的。

· 参考文献 ·

①②③④ 荣维东. 交际语境写作［M］. 北京：语文出版社，2018：55，202，231，232.

⑤ 吴佩芬. 讲好中国故事　传播好中国声音的三大基础要件［J］. 求知，2019（3）：20-22.

⑥ 殷陆君. 新时代怎样讲好中国故事［N］. 学习时报，2018-05-28（A4）.

"阐释思维"技术在高中时评写作中的运用探究

以"风月同天"与"武汉加油"的雅俗之辩作文为例

中山市龙山中学｜陈　鸣

　　随着 2017 年版新课程标准的深入实施，"思维发展和提升"作为语文学科核心素养之一越来越受到重视，时评类作文因需要深刻的思维训练也越来越成为高中教学者、命题者的宠儿。而在这个春夏，突如其来的新冠疫情席卷全球，作为教师，应该用怎样的手段去激发学子的深度思考和赤子情怀？应该怎样将疫情时事与作文教学的思维训练结合起来？在此，笔者想以"风月同天"与"武汉加油"的雅俗之辩作文为例来说明阐释思维技术在高中时评文中的运用实践。

　　英国哲学家吉尔比曾言：定义对于论说如同决议对于行动。"合理界定和阐释概念，解决是什么的问题是写作的起点"[①]，所以对作文题目的概念或现象进行阐释，是学生在行文中能精准立意、深刻论说的保证。所谓"阐释思维"，指的是高中生在作文过程中，用哲理的、文学的、感性的语言，对作文的核心概念或现象进行解释、形象化描述的思维操作模式，阐释思维在操作的过程中有一定的思维路径，比如句式、具体对象、语境等等。掌握这种思维技术，可以让学生有一定的思维路径去思考如何搭建作文的框架，如何构思作文的语言，不至于茫然无头绪。当然，这种思维操作模式，并不是严格意义上的逻辑学上的用科学准确的语言"下定义"，阐释思维在行文过程中要宽松一些，更有余地，主要是从不同角度回答核心概念或现象意味着什么的问题，更能让阅卷老师对学生作文的观点、立场等一目了然。笔者以下面一道作文题目为例谈一谈阐释思维在时评写作中的运用与实践：

> 阅读下面的材料，根据材料写一篇不少于800字的文章。
>
> 新型冠病毒肆虐，各地捐助物资涌来，并多有鼓励、祝福之语，日本捐赠武汉物资的包装箱上写的是"山川异域，风月同天""岂曰无衣，与子同袍""青山一道同云雨，明月何曾是两乡"，有人将此与我们的宣传标语如"武汉挺住""武汉加油"相比，认为人家雅，我们俗。
>
> 对此你怎么看呢？请就此谈谈看法。要求：综合材料内容及含意，选好角度，明确文体，自拟标题；不要套作，不得抄袭。

这道题目涉及一些概念及现象，比如什么是雅，什么是俗，"山川异域，风月同天"意味着什么，"武汉加油"又意味着什么，把这些概念及现象背后的意义用阐释思维技术分析解释清楚，整篇文章的框架构思、语言建构也就呼之欲出了。

一 依据特定句式来开展阐释思维技术

首先我们可以借鉴逻辑学上下定义的基本句式：什么是什么。但是与"下定义"严格的种、属概念划分不同，我们的阐释思维可以把具体现象和概念上升为与之对应的抽象的理性概括即可。我们可以设定句式为：什么是什么的一种方式（理念，态度，精神，价值，展现，等等）。比如：仪式感是一种认认真真、精精致致过日子的生活态度；存在感是个体证明自我存在的一种感觉，是渴望引起关注的精神需求，是一种自我价值的展现。

同时，我们还可以引申另外一种限制型的句式来作为我们阐释思维的路径：什么不是什么。不过我们必须得说清楚的是，阐释"不是什么"并不是漫无边界，不能随便拈不相关的一个含义过来。"不是什么"中的"什么"得是与概念正确含义相关的反面，相近易混淆的反面，使得要阐释的概念更加清楚，使得认识更加深入，例如我们可以这样阐释"存在感"：存在感不是哗众取宠的喧闹，不是博眼球的长时间刷屏，不是故意不同的锋芒毕现。

当然，笔者还想指出的是，句式是死的，而思维是活的，我们只是提供一个基本的入门的阐释思维技术路径，当通过大量规范的练习熟练掌握了句式阐释法，你可以灵活多变地变换句式，可以达到思维上随心所欲变幻，比如"存在感不是哗众取宠的喧闹，不是博眼球的长时间刷屏，不是故意不同的锋芒毕现"就可以变换为"哗众取宠的喧闹，博眼球的长时间刷屏，故意不同的锋芒毕现，换不来真正的存在感"，这样可以让作文的语言形式更丰富更灵活。

回到上述作文题目中来，我们可以先用特定句式对其中的概念和现象进行厘清和阐释，可以这样写："雅是高雅，是文雅，是文化底蕴；俗是俗气，是粗俗，是浅白普通。如果说'山川异域，风月同天'是诗意的告白，是一种绵绵的情意，是感同身受，那么'武汉加油'就是有力的呐喊，是一种翻涌的气势，是同舟共济。"那么顺理成章得出我们的观点："何来雅俗之分呢？"

二　根据具体概念或现象的内涵来开展阐释思维技术

一个作文题目一般都承载了具体的概念和现象，如何对这些概念、现象进行阐释，笔者根据经验总结有以下方法。（1）拆字法，把具体概念逐个字拆开来阐释。例如，毛泽东在《改造我们的学习》中这样给"实事求是"下定义："这种态度，就是实事求是的态度。'实事'就是客观存在着的一切事物，'是'就是客观事物的内部联系，即规律性，'求'就是我们去研究。"（2）现象本质法，即表面是什么，实质上又是什么，从事物的外在表现来探寻事物的内在规律，是人们基本的极其普通的认识事物的途径、原则、方法。例如：存在感表面上是通过"刷"展现出来的，但实际上真正的存在感是实力强大自带的。（3）探寻意义法：存在感的意义在哪里呢？刷存在感，证明你得到认可而不被排斥和冷落，证明你有一个舞台展现自我。

再回到我们的作文题目上来，因为本篇作文更多的是涉及一种现象，一个事件，更适合的应该是现象本质法，探寻意义法。两种口号表面上看是不一样的，但我们要看到其背后的内涵，实质上都是在为疫情下的武汉打气，给予支持，那么我们就可以这样写：

从表面上看，"山川异域，风月同天"是诗意的语言，"武汉加油"是平实的文字，但是别忘了，其背后的本质是一致的，那就是为人鼓劲，传达善意和支持。（现象本质法）在这个特殊时期，无须纠结文字的表达，因为它们的意义在于都是同一种爱，都能让人在困境中得到心灵的抚慰，增强信心，获得力量（探寻意义法），而有些人简单地给两种标语贴上表面的雅俗标签，实质上流露出的是一种文化的不自信，忽略了具体语境和语体的盲目自卑。（现象本质法）

综合来讲，对事物内在的本质和意义进行阐释，这一思维路径能够提升时评作文的境界和高度,而"表面上""实质上"等标志性的语言也能把学生的深度思考更好地呈现给阅卷者。

三 结合具体语境开展阐释思维技术

写作本身就是一个在实际情境中"表达自我""交流心得"的过程,我们拿到一个作文题目,应该分析题目所涉及的前后语境,然后从具体的语境来展开阐释思维,比如从交际对象、语体特征等方面展开来阐释我们的观点,同时也是对阐释思维技术的一个框定。如 2019 年全国卷的作文题目就这样要求:请结合材料内容,面向本校(统称"复兴中学")同学写一篇演讲稿,倡议大家"热爱劳动,从我做起"。这个作文的交际对象就是"本校同学",那我们在阐释"劳动"的具体内涵的时候就必须得跟"同学"的劳动结合起来,而不能天马行空地把所有体力劳动都扯进来。只有考虑了具体的前后语境,我们对作文题目的概念或现象才能阐释得合适,阐释得精准。

回到作文题目上来,日本捐赠的物资上的赠言和我们自己人的打气口号,很明显是处在不同的交际语境的,一种是外交辞令,官方语言,一种是本土标语,老少皆宜,各有各的功能,各有各的语体特征,如果我们能区分场合和情境,就可以更好地阐释为什么"山川异域,风月同天"和"武汉加油"并没有雅俗高下之别了。从这个角度,我们可以这样组织我们的作文段落:

> "山川异域,风月同天"是日本援助中国物资上的赠言,代表官方的语言,是书面传播,最优雅最共情;"武汉加油"是一种口号,更像是自己人给自己人打气,更直白更利索(语境交际对象),而在疫情紧张的战时状况(语境交际场合),我们需要的是直接的,更能激发大众斗志的文字,"武汉加油"显然能更好地承担起这个作用。所以,在这个特殊的时期,无须纠结文字的表达,因为它们都表达着同一种爱。

著名写作学教授马正平说:"写作的过程是一个行文措辞的过程,是一个言语生成的过程,是一种语言的艺术。而语言问题的实质则是思维的过程。"[②] 如何把看不见摸不着的思维过程转化为具体可行的操作模式,让我们的作文课更加高效,是需要我们广大一线教师在实践中研究摸索的课题。笔者提出的阐释思维的展开技术,依据特定的句式来启发阐释思维的路径,根据题目的概念或现象的内涵来展开阐释思维的内容,结合前后语境框定阐释思维的范围,熟练掌握阐释思维技术,使得教师们在教学时有抓手可依,学生们在行文时有路径可遵循。当然，需要指出的是，作文题目可能都要弄明白"是什么"这个问题，要用到我们的阐释思维技术，但是一篇时评作文，并不单单依靠一种阐释思维技术，而是多种思维技术的综合，是亟待我们在教学中继续开发研究的。

·参考文献·

① 许博识. 此"概念"非彼"概念"：记概念型材料作文核心概念的界定[J]. 语文建设，2018（11）：47-49.

② 马正平. 高等写作思维训练教程[M]. 北京：中国人民大学出版社，2010：79.

（原文发表于《作文》2021年第7期，此次出版有改动）

议论文段落论证思维技术

中山市第二中学 ｜ 刘礼娜

　　美国学者唐纳德·奎得说："在整个写作中，写作和思维是同时产生的，写作的过程也就是思维的过程。"是的，从本质上来说，写作是一种思维技术活动。2017年颁布的《普通高中语文课程标准》明确提出四个方面的语文学科核心素养，其中"思维发展与提升"位居第二。高中写作思维核心素养的培养也是高中生思维核心素养的一个很重要的方面。调查证明，思维发展与提升的素养直接影响写作水平，写作思维素养高的学生写作水平明显高于写作思维素养不足的学生。可见，发展学生的写作思维能力极其重要。

　　高中生写作以议论文为主，而议论文是最能彰显写作者思维水平的一种文体。笔者在一次作文训练后，对所教学生的作文进行分析、总结，发现学生在议论文写作当中出现如下问题（此文不谈记叙文写作）：

　　第一，只是围绕材料内容来写，就事论事，思路打不开。

　　第二，客观重复材料内容，不会进行逻辑推理。

　　第三，会用自己熟知的事例论证，不过事例不恰当，超出材料含义范围。

　　我们先看本次作文题：

　　　　阅读下面的材料，根据要求写一篇不少于800字的文章。（60分）

　　某企业举办创意设计大赛，大学生小云经过反复酝酿，确定了创意主题和设计方案，并邀请小宏、小腾两位同学参与相关事务。最终，小云领衔设计的参赛作品荣获了特等奖，获得3万元高额奖金。

　　某报记者就奖金分配问题采访了他们。小云认为荣誉是三人集体合作的结果，表示要一起协商，合理分配奖金；小宏已决定把自己的那部分奖金让给小腾，帮助小腾缓解家庭的经济压力；而小腾则建议大家把奖金都拿出来，设立创新驱动基金，以便鼓励更多同学参与创新活动。

　　对于三人的不同想法，如果你是老师、企业家或家长，你倾向于哪一种？请综合材料内容及含意作文，体现你的思考与选择。

　　要求选好角度，确定立意，明确文体，自拟标题；不要套作，不得抄袭。

　　这是一道典型的任务驱动型材料作文，题目给了明确的任务指令，首先是身份的确立，学生必须从老师、企业家和家长三个身份中选一个，学生在写作时，已不再是"学生"，必须以老师、企业家或家长的口吻来行文。其次是小云、小宏和小腾三人对奖金分配方案的认同，只能选择认同其中一个方案。

　　笔者针对学生在作文中出现的问题进行研究，并通过具体的段落论证思维技术引导和升格作文训练来提高学生的思维能力。那么，学生在议论文段落论证时可用到哪些思维技术呢？

一　求因思维

　　因，就是原因；求因，就是多问一个"为什么"。求因思维，就是追本溯源，求因思维在议论文段落论证时可具体为两种思维路径。一种思维路径是：我为什么要认同这个观点？比如本次作文题，我们选定作为一名企业家，认同小腾的奖金分配方案，那具体的思维路径就是：作为一名企业家，我为什么要认同小腾设立创新驱动基金？另一种思维路径是：我认同的这个观点，有什么重要意义或价值？同样，具体思维路径可为：小腾设立创新驱动基金有什么重要意义或价值？当然，这两种思维路径从本质上是一样的，只不过表述不一样而已。对本次作文进行段落升格，不乏精彩段落，例如：

　　科学技术是第一生产力，企业的利润高低和竞争力大小都深受科技支撑的影响。只有掌握了核心科技，培养出属于自己的竞争优势，企业才有可能做大做强。阿西莫夫说过："创新是科学房屋的生命力。"是的，科技发展离不开科技创新，而科技创新始于点滴。小腾设立创新驱动基金的想法，就是鼓励更多的同学参与创新，汇集更多的点滴，让创新的科技在其中孕育，直至破茧而出。作为企业家的我，当然会支持小腾的想法。[高三（11）班　曾卓光《科技创新自点滴始》]

点评：在这一段中，作者先用大家公认的经济学名言"科学技术是第一生产力"推出科技对企业的重要性，再由阿西莫夫的名言推出创新对科技的重要性，再顺带推论出科技创新始于点滴，从而论证小腾设立创新驱动基金必是作为企业家的"我"所支持的。在这里，我们也可以看到，这个学生用到了求因思维，即作为一名企业家，我为什么要认同小腾设立创新驱动基金呢？因为创新对一个企业来说，太重要了。当然，这个学生能先推论科技的重要性再到创新的重要性，已经转了一个弯，说明这个学生的思维比较灵活。

二 类比思维

类，就是相似；类比，就是找相类似的，同类推理。类比思维其实就是找正面事例论证，类比思维在议论文段落论证时的思维路径是：古今中外，有没有相类似的事例来证明我认同的这个观点呢？以"作为一名企业家的我，认同小腾设立创新基金"这个观点为例，我们的思维路径可为：古今中外，有没有因鼓励创新而成功的名人或国家呢？或者，有没有设立创新基金的名人呢？请注意，一定是有名的人，有名的人才具有典型性和说服力。事例论证，从本质上来看，就是拉帮手，拉的帮手当然是重量级人物才好。以下是本次作文段落升格后的精彩段落：

设立创新驱动基金，既是自己对创新重视的体现，又是关注社会发展的体现。自己身为创新活动的得意者，却把得益回归社会，这是一种感恩，也是一种责任。世界排名第二的超级模特卡莉·克劳斯（Karlie Kloss）因为在生活中享受了太多高科技带来的便利，而且有一些科技产品需要她们模特去宣传，让她明白科技创新的重要，但作为女生的她却发现没有什么女生愿意去学编程。所以她用自己的收益以个人名义开设了卡莉克劳斯基金来支持、帮助学习编程的女生。小腾也一样，他是创新的受益者，但比起小云和小宏的想法，他设立创新基金的想法更多了一份责任，更多了一份小云和小宏想法所不具有的远见。[高三（12）班 梁镁莉《因创新而来，到创新中去》]

点评：作者在这一段的思路很简单，先用一个分论点（全文有设置两个分论点，在此摘录一段），再用到类比思维，小腾作为创新活动的得益者，又把得益回归社会，设立创新基金，古今中外还有哪个名人也做了这样的事呢？这个学生想到了世界排名第二的超级模特卡莉·克劳斯，因宣传科技产品受益，又设立基金支持女生学编程。名人如此，小腾的做法自然应当支持，这个学生还能把小腾的想法与小云和小宏的进行对比看出优劣，难能可贵。

三 对比思维

对，就是相向的，相反的；对比，就是找相反的，反向推理。对比思维其实就是找反面事例论证，对比思维在议论文段落论证时的思维路径是：古今中外，有没有相反的事例来证明我认同的这个观点呢？以"作为一名企业家的我，认同小腾设立创新基金"这个观点为例，我们的思维路径可为：古今中外，有没有因不鼓励创新而失败的名人或国家呢？有没有因为得不到创新基金而不能成就创新的实例呢？对比思维，其实从本质上来看，是一种逆向思维，一种让步思维，采用反例论证，如果在整篇文章中能采用正反结合，那就使得论证有一种张力。以下是本次作文段落升格后的精彩段落：

> 瓦特蒸汽机发明的百年之前，就有一名法国科学家研究出了蒸汽机。当他小心翼翼地向皇家科学院申请十英镑的科研基金时，他被嘲笑并被拒绝了。就这十英镑，一个人的梦破灭了，世界的科技便也因此后推了百年之久。可见，仅十英镑影响便如此之大，更何况这三万元的基金呢。矢志创新，为梦扬帆，离不开基金的支持。小腾设立创新驱动基金，鼓励更多的同学参与创新，说不定可以帮助一些同学打消顾虑，扬起创新之梦的风帆。作为企业家的我，要为小腾点赞。[高三（12）班 洪钰沣《矢志创新，为梦扬帆》]

点评：这个学生在这一段论证时用到对比思维，先举一个反例，因为十英镑创新基金的缺失，一个具有世界科技变革意义的发明延后了百年之久，让人震撼，让人深深地感到设立创新驱动基金是多么重要，这就是反例带给读者的张力。由反例顺势推出自己的观点：小腾的三万元创新驱动基金的力量也不可小视，而且在论证时，点题到位。

四 求果思维

果，就是结果；求果，就是多问一个"怎么办"。求果思维属于方法论范畴，是我们议题的最终指向，就是现实意义和价值。求果思维其实就是寻找解决问题的方法和途径，求果思维在议论文段落论证时的思维路径是：在现实生活当中，遇到材料中相类似的问题，或者受材料事件的启发，我们应该怎么办？以"作为一名企业家的我，认同小腾设立创新基金"这个观点为例，我们的思维路径可为：在现实生活当中，作为一名企业家，受小腾的启发，我应该怎么办？以下是本次作文段落升格后的精彩段落：

> 制订计划，推动创新，这是国家的工作。但作为公民的我们，也可以为国家的科技创新贡献出自己的一份力。我们不仅可以自己投入创新的浪潮之中，还可以像小腾一样，用别的方式鼓励身边的人也一起加入。作为企业家的我，可以将员工的工资与创新贡献挂钩，也可以设立鼓励机制，甚至可以设立公司创新驱动基金，学习小腾的做法，汇集我司员工的点滴力量，让科技创新在这些点滴之中得到孕育。[高三（11）班　曾卓光《科技创新自点滴始》]

点评：这位学生能从国家到一个公民，再到一个企业家的角度来写，能提出具体可行的鼓励创新的方法和措施，这一段位于文章的倒数第二段，可以说经过修改后在文章中起到一个很好的主题升华作用。

笔者所教学生的综合素质处于中山市中下层水平，其语言表达能力有限，不过经过段落论证思维技术引导和段落升格训练，大部分学生能有意识地将这种多角度思维论证应用到接下来的考场作文当中，还有两个同学的高分作文被年级的老师拿来当范文印发给全级的学生学习，这实在让笔者感到欣慰。上海著名语文特级教师毛荣富曾说："认识的肤浅和思想的苍白正是这一代中学生写作的通病，不加强理性思维的训练，就会降低整整一代人的认知水平。"由此看来，作为一线教师，提高学生的思维能力任重而道远。

·参考文献·

① 郭家海. 高中写作思维核心素养现状调查与改进建议［J］. 中学语文教学，2018（1）：41-45.

② 马正平. 高等写作思维训练教程［M］. 2 版. 北京：中国人民大学出版社，2010.

③ 马正平. 高等写作学引论［M］. 2 版. 北京：中国人民大学出版社，2011.

（原文发表于《语文教学与研究》2019 年第 12 期，此次出版有改动）

巧用词语思维导向功能，深化时评写作行文思维

中山市龙山中学｜梁天钧

词语是表达词义的基本单位，是学生作文的基础点，从更深层次而言，词语更是学生作文思维的触发点。十九世纪德国诗人斯蒂芬·格奥尔格在一首诗中，敏锐地写下了两句经典之语"词语破碎处，无物可存在"，一语道出了词语在文章表达中的巨大作用。著名作家梁衡亦言："文章是由字词组成的，所以，要想把文章写好，最基本是把字词学好，字词是写作的基础。"① 这其中的基础，不但有表意的基础，更有思维拓展与深化的基础，正如王荣生教授所言："我们讲语言，其实讲的就是思维，这里的思维就是写作思维。"②

一 时评类材料作文写作的思维痛点

时评，《现代汉语词典》解释为"指评论时事的文章、言论"。时评，其实是一种就事论观点、表态度的文章。时评缘事而发，寓理于事。时评类材料作文源自时评，一般以具体社会生活事件为对象，虽没有新闻时评的强时效性，但时评类材料作文既能承载时代、社会、生活中较鲜活的内容，也能考查考生关注生活、洞察社会、议事论理的能力，同时能有效预防宿构或套作，故而，成为高中考试作文中常见的考查形式。

但从平时的作文训练或考试作文的反馈来看，考生的时评类材料作文写作，多未能如人意。对时评类材料作文的写作教学进行总结，此类作文写

作水平偏低的考生，主要表现为思维表达能力的欠缺；或下笔艰涩，思路阻塞；或意识流及何处，笔触即写及何处，文路混乱不成系统。

学生的时评类材料作文写作受多样因素的影响，如学生的品德人格、情感意志、审美志趣、生活积淀、思维表达、写作能力等。其中，文章思想的深刻度，受学生思想的深刻度影响，难以在短时间内提升，或较难落实到写作提升训练中。学者祁寿华言，"有些与思想内容有关的东西，包括对社会问题的强烈关注与责任感、是非感、敏锐和洞察力等，并不是都能教授的"。这些难以习得的因素成为时评类材料作文写作的思维痛点，影响着写作思维的推进和提升。

作文，是思维的展示，而思维的表达需通过词语的组合来完成。由词而成句，由句而成段，由段而成篇。文思敏捷者，乃辞藻运用之得心应手者。拥有丰富的词语意味着拥有丰富思维的基础。

二 拓展深化时评行文思维

对学生存在的思维狭隘或混乱等写作痛点，若从词语对思维的引导方面来探寻思维的拓展，从而形成有思维指向性的写作思维方式，亦不失为促进学生打破思维障碍与克服写作畏难心理的可行之法。就时评类材料作文而言，教师可从以下方面来巧用词语思维导向功能，提升学生的写作水平。

（一）词语引导拟题思维

文章标题乃文眼所在，亦为作者观点所在。所以，时评类材料作文题目的拟写，需要学生掌握有思维指向、有态度表达的写作思维。文质兼备的题目，既能清晰明了地表明作者的观点与评价态度，又能给阅卷者眼前一亮之感。如何从词语角度准确表明作者的评价态度？这可从观点态度表达的三个基本维度思考。

从肯定角度，巧用具有肯定表意的引导词，能清晰地表达肯定观点，如《金钱诚可贵，诚信价更高》《最是书香能致远》《为"新时代属于每一个人"点赞》《有情怀，方宁静》《绝知读书要躬行》等。肯定态度的明确与相关词语密不可分，题目中表肯定作用的引导词"……诚可贵，……价更高""最是……能……""为……点赞""有……，方……""绝知……要……"等清晰明确，一目了然。从否定角度，文章题目如《电子阅读难走心》《大学生身陷传销戳痛了谁的心》《追求速成，吾未见其明也》《莫为懒惰找借口》等，题目融入了"……难走心""……戳痛了谁的心""……，吾未见其明也""莫为……找借口"等表否定的引导词，亦词明义达，态度明确。若从客观分析角度观之，如《推广无人监考，须因实情而为》《学校少置放垃圾桶，应实事求是》等，也言之有物，观点鲜明。

词语具有承载词义的功能，句意的表达需依托词义去完成。以词语为基础，围绕表达观点态度的三个基本维度思考，能有效地激发学生的拟题思维。

现据一则材料拟写多个标题，示例如下：

> 阅读下面的材料，分别从肯定、否定、客观分析三个角度拟写题目。
> 现在，有一些学校置放的垃圾桶比较少，甚至有些班级都不置放垃圾桶，常有学生抱怨，觉得丢垃圾不方便。其实不仅仅是学校，一些城市的街道置放的垃圾桶也比较少。欧洲、美国等国家的城市街道置放的垃圾桶也很少。

对以上现象，你怎么看？

拟题示例：

①方便诚可贵，环保价更高（肯定）

②少置放垃圾桶能环保清洁（肯定）

③为少置放垃圾桶点赞（肯定）

④有环保意识，方能整洁健康（肯定）

⑤少置放垃圾桶可推而广之（肯定）

⑥少置放垃圾桶难走心（否定）

⑦少置放垃圾桶，吾未见其明也（否定）

⑧推广少置放垃圾桶，须循序渐进（客观分析）

以词语引导拟题思维，为学生的文题写作提供了写作抓手与思考方向。充分利用词语在表达上与作者评价态度的契合，有利于清晰地展现学生思考的有效度。正如梁衡所言："你要在题目中提炼出一种思想，在理上做文章。"③以词语引导为基础，实现思维的明确指向，可让题目言之有理，表之有态。

（二）词语引导深化正文思维

时评类材料作文的正文，如何实现词语引导思维的拓展深化？此需基于时评写作的主要内容来思考。时评类材料作文因事而评，内容广泛，但其一般也包含较稳定且共有的内容，这些共通的内容主要为阐释事件的性质内涵，探究事件产生的背景、原因，分析事件的价值意义，探讨对待事件的措施与方法等。这几大主体内容构成了时评类材料作文的重要着墨点。

在时评类材料作文写作的正文部分，写作困难的考生常表现出思维的不足，个中原因很大程度上是学生思维的狭隘片面。思维狭窄自然文路不宽，视野狭隘。思维狭窄的一个重要原因是词语的贫乏，词语的贫乏对思维深化的刺激度不足，由此导致思维的滞慢、艰涩。所以，从词语角度着眼，能激发思维，以平湖投石的效应荡开思维的一片涟漪，来促进行文思维的流畅展开。

1. 下定义阐释本质属性

在分析核心事件的本质属性时，用判断句下定义的形式是落实写作的有效路径之一。因为明确概念是逻辑思维重要的一步[④]，英国学者吉比尔说："定义对于论说，如同肯定的决议对于行动一样。"巧用"……是……""……其实是……""……实际上是……"等能激发引导学生分析核心事件本质属性的关键词，能导向对本质分析的思考。

如2015年全国Ⅰ卷作文"女大学生小陈向警方举报自己父亲在高速路上开车时接电话"，对此事件的本质思考可以拟写："小陈举报自己的父亲，不是一时的意气用事，而是为维护交通规则，为家人生命的安全负责，合理合法的理性之举。"

2016年全国Ⅰ卷的漫画作文"从100分到98分，从58分到61分"，可以拟写："巴掌与吻，其实是唯分数论下求全责备的教育之痛，是教育中浮躁心态的反映。"

2017年全国Ⅰ卷作文"向外国青年介绍你所认识的中国"，可以拟写："当今的中国是一个现代与传统谐和，发展与环保协调，城市发展与乡村建设并举的开放国度。"

正如孙绍振教授所言："如果作者在文章的开头，有起码的定义的自觉，就不至于造成相邻概念的反复错位。"下定义能对时评类材料的核心事件进行本质的推断，能有效反映作者思维的自觉与严谨。

2. 借递进分析背景原因

分析核心事件的背景或原因，牵涉对核心事件由表及里的挖掘，由宏观到微观的深入，由横向到纵向的关联等。因此，选择激发思维活点的词语，需要体现思维分析的逻辑事理过程。

在分析表象时，"从浅层看""从表面观之""从现象析之""浅而言之"等词语组合，可以导向对核心事件原因分析的思维；进行思维的拓展与深化，则需要体现逻辑思考上的递进特点，"从深层看""进一步看""次而观之"等递进式词语能引导思维的深入；进行本质分析，则可以使用"从本源视之""从根源来看""从本质看"等词语引导思维向更深层次推进。

如作文材料"父母为女婴取名王者荣耀",对原因的分析可做如此的行文推进:"这对父母为女婴取名王者荣耀,从表面观之,此名字合规合法,除了引发众人议论外,似乎无可厚非。而从深层观之,孩子之名在一定程度上反映父母的审美志趣与文化品位,一个来自网游的名字,在第一印象上反映了女婴父母对网游的迷恋;从本质来看,女婴父母为女婴取名'王者荣耀',反映了该父母哗众取宠、对传统而严肃的取名定字文化缺乏尊重的心态。"

以词语的变化引导思维的变化,使文章体现思维层次的丰富性,让阅读者清楚明了地把握行文思路的拓展深化。

3．明指向探讨价值意义

在探讨核心事件的价值意义与影响时,时评内容所呈现的是核心事件所带出的多层次多指向的影响,如经济、文化、国家、个人、思想、制度等。从主体着眼是核心事件与"方能……""有利于……""无益于……""可带来……""使……怎样""促进……""阻碍……"等词语搭配,由此引出对核心事件价值意义的探讨。

如 2018 年深圳一模作文"育儿理念冲突背后的深层文化因素",探讨其价值意义时,可言:"适合孩子成长的家庭教育,既要给孩子关怀爱护,亦需给孩子在自我独立下的锻炼。这样方能让孩子在爱的陪伴下独立勇敢地前行,有利于孩子建立感恩与自立相融的情感观念,促进孩子自我调控、自我应对能力的形成,可带来孩子与家人、孩子与朋友良好相处的氛围。"文段中指向探讨价值意义的词语,其共同特点是导向产生某种积极或消极的影响,从而引导写作方向的行进,有利于拓宽学生的写作思维,提高写作的有效度。

4．多维度探究处理策略

核心事件的处理策略,涉及核心事件关联的多维要点,如个人、集体、社会、国家、思想观念、制度文化、行为策略等。所以,处理策略的引导词需关注社会关系或社会因素的各层面。如"个人应……""社会可以……""国家亦需……""思想观念必须……"等。如 2018 年全国 I 卷"写给 2035 年 18 岁的一代人"表处理应对策略的文字可言:"2035 年基本实现社会主义现代化,这是一项光辉伟大的事业。如何成就这伟大的事业?个人应发挥聪明才智,国家才能有集思广益的基础,聚细流以成百川;社会可以为千千万万的建设者创造展示才华、实现价值的平台;国家亦需在国内外构建一个和平、和谐、奋发的环境。把握天时,发挥地利,聚合人和,方能助力基本实现社会主义现代化这一伟大建设的进行。"

以词语引导实现拟题的可视化，体现文章主体段落行文思维轨迹的清晰外现，为学生的时评类材料作文写作提供了写作的抓手。

学生写作，特别是限时写作，相对紧张的心理状态会影响思维流畅度，造成思维的滞慢甚至阻塞。此时，特别需要思维上的激发点。孔庆东说："写文章的目的是为了交流。"而考场写作就是考生和阅卷老师交流的桥梁。以词语为明晰的思维标志，让阅卷老师透过文字，迅速地触及考生的思维与思想，可实现考生与阅卷老师以作文为纽带的有效交流。

具有思维指向作用的词语，能展现思维层次的丰富性，体现文章严密的逻辑力量。巧用词语，发挥词语在表达思维上的先导作用，激发写作思维的形成，对拓宽学生写作的广度和深度，具有重要作用。关键词语犹如《桃花源记》中的"山之小口"，通过之则"豁然开朗""土地平旷"，对提升学生写作的速度与内容的充实度大有裨益。

· 参考文献 ·

①③ 杨春. 作文应该这样写：北大中文系教授、当代文坛名家给中学生谈作文［M］. 北京：国际文化出版公司，2016：128，141.

② 王荣生. 写作教学教什么［M］. 上海：华东师范大学出版社，2014：15.

④ 施清杯. 逻辑思维和高中议论文写作十六讲［M］. 上海：上海科学技术术文献出版社，2016：82.

（原文发表于《语文教学之友》2019 年第 7 期，此次出版有改动）

写作支架：让议论文主体段落的升格有"法"可依

中山市桂山中学｜黄　媚

刘勰《文心雕龙·神思》曰"驭文之首术，谋篇之大端"，强调了审题立意的重要性；《文心雕龙·附会》曰"使众理虽繁，而无倒置之乖；群言虽多，而无棼丝之乱"，强调了说理结构的重要性。高考议论文训练中，我们也往往多重视审题立意的指导和篇章结构的训练，虽说这两方面着实重要，代表的是文章的思想境界和逻辑层次，但是，议论文中的主体段落，却是承载着思想和结构最基础的存在。主体段落的升格，也意味着学生思维能力的提升，这符合语文核心素养视域下"思维发展与提升"的要求。

一　主体段落升格指导的缺乏

目前，关于议论文主体论证段落的写作指导，存在两种问题。其一，几乎没有指导；其二，有指导，但多基础构建层次的指导，少升格提升层次的指导。笔者总结了目前流行的主体段落的指导方法：

①论点＋论据＋论证。

②论点＋论据＋说理。

③提出论点＋概括示例＋事例点题＋分析事例。

④观点句＋材料句＋分析句＋结论句。

统一观之，以上四种指导方法，尤其是第①种属于最常见的议论文三要素式的教学，依然停留在段落构建的层面，学生可以"照葫芦画瓢"模仿出一个完整的主体段落。至于材料句如何升格、分析句如何升格、如何加强各种功能句之间的内在逻辑关系，以及如何紧扣论点说理的目标却是以上指导方法无法有效解决的。

二 搭建主体段落升格支架的原则

孙绍振教授说："在作文教学中，有许多深邃的观念，但是绝大多数落空了，原因很复杂，其中最主要的一条是：缺乏可操作的方法使之落实。"那么，针对升格指导缺乏的问题，什么才是"可操作的方法"呢？笔者认为，是写作支架。何谓"支架"？简单来说，就是教师提供给学生的暂时性支持。教师搭建支架，让议论文主体段落的升格有"法"可依，避免目前高中作文课堂上"一榔头法"和"模式化"的做法，辅助学生将思维过程可视化、清晰化，突破现有阶段水平，跨过"最近发展区"，达到下一个发展阶段的水平。

笔者选择"④观点句＋材料句＋分析句＋结论句"这一基础模型，对其中的"材料句"和"分析句"进行升格。搭建升格的支架，需要遵循以下两个原则：

第一，"一条线"原则。材料句和分析句要紧紧围绕论点句，保证论点、材料、分析在"一条线"上，不可为了升格而违背了服务论点的基本原则。锦上添花的前提是方向正确，否则便徒劳无功。比如，在《知识就是财富》的片段训练中，一位学生写道：

> 知识就是财富。（论点句）艾柯卡是美国汽车业超级巨星，他那誉满汽车行业的推销术为福特公司创造了上百亿美元。（材料句）正是因为他利用了知识，增强了他的推销能力，让他面对客人的问题时，可以沉稳、冷静地面对。只有他在生活中不断地汲取知识，才使他的口才如此厉害。（分析句）所以，知识就是财富。（结论句）

本段的问题有：材料句并不能直接说明论点，分析句中"知识增强了推销能力"等也没有直接的因果关系，更没有体现出"知识就是财富"的论点。因此，这个文段并没有保证论点、材料、分析在"一条线"上，而是关联不大的自说自话。

第二，"学情前置"原则。教师在搭建支架之前要先调查研究，建立学情档案。学生在材料句和分析句上产生的最大问题是单一或浅表，因此，搭建支架要切实解决学生的"老大难"问题。比如2019年高考全国Ⅰ卷作文：

然而，现实生活中，也有的同学轻视劳动，以学习为借口搪塞，把劳动交给人工智能，怕吃亏，诸多理由实则纯属是劳动觉悟不够，劳动意识匮乏。单纯地只爱学习，却丧失了基本的劳动自理能力，有了思想，却无法付诸实践，不过是纸上谈兵。倘若没有了劳动，理想便变成了空想。我们复兴中学的人，绝不是一群空有理想而不愿劳动的人，如何把劳动付诸实践，应是我们每个人不得不去思考的问题。

——《让热爱劳动之风吹遍校园》

此考生虽然有驳斥劳动"三不"的错误认识，但是反驳浅尝辄止，理由单一，分析缺乏广度和深度，没有说服力。

三 搭建"材料句"升格的支架

材料句是主体段落的血肉。材料丰富，展现学生庞大的知识储备；材料深刻，彰显学生思维的深度。目前学生存在的主要问题有：一段有且仅有一个事例；一个事例大篇幅展开，有关无关、关系远近的内容全部呈现在文段中；虽有多个事例却缺乏合理布局；事例不新颖、没有社会现实的观照；等等。针对以上问题，笔者设计了三种"材料句"的支架。

（一）论点句 + 组合材料句 + 分析句 + 结论句

在主体段落中，学生至少要列举不少于两个论据，可以是道理论据、事实论据等，形成组合材料句。但要注意，论据所占的篇幅最好控制在一个段落的30%~50%，且论据要压缩，不宜大段展开，只需保留和论点有关的核心事实，比如什么人，做了什么事，有什么影响，以及论点的内在逻辑是什么。

比如2019年高考全国Ⅰ卷"热爱劳动，从我做起"优秀作文的主体段落采用了组合材料句的支架：

雕刻高能炸药，将误差控制在0.2毫米之内，"炸药整形师"徐立平在高强度、高要求的劳动中挥汗如雨，却仍然心如止水，默默贡献自己的力量，助推火箭升天，实现国家九天揽月之梦；古风美食第一人李子柒，身着一袭长裙，于诗意的田园间行走，干活麻利，动作娴熟，于"日出而作，日落而息"的劳动中，烹饪出"玲珑醉熟蟹""月殿桂花糕""冰糖雪梨汤"，圆世人一个桃源梦；守岛三十二年的王继才、王仕花，每天升国旗，降国旗，巡逻，种菜，写守岛日记，一日也不曾懈怠，于劳动中捍卫国家领土的完整。同学们，我们有何理由质疑劳动的价值意义？在劳动中奉献，在劳动中报效祖国之恩，不正是最好的嘉奖吗？

——《问渠那得清如许？为从劳动二字来——热爱劳动，从我做起》

在这篇作文的主体段落中，材料句的支架以"事实论据 1+ 事实论据 2+……"的组合形式呈现。考生连举徐立平、李子柒、王继才和王仕花的排例，每个事例都抓住其中最符合论点的核心事实，将字数控制在百字以内，并且观照社会热点，让整个段落既有了广度，也有了温度。排例组合成后便具备了单例不具备的内容的丰富性、气势的连贯性。

因此，教师搭建组合材料句的支架，可帮助学生解决论据单一的问题，尽可能使升格做到多面、丰富。

（二）论点句＋联想社会现象类材料句＋分析句＋结论句

任务驱动型作文在 2015 年正式登上全国卷的舞台，和新材料作文各占一壁江山，但共同点是无一例外地观照社会现实，具有典型的时代性特征。因此，运用社会现象类论据，可以让论据"活"起来。教师在搭建社会现象类材料句的支架时，要提醒学生：其一，可联想同质社会现象，也可联想反面社会现象；其二，切忌为了联系社会现象，强行深刻而溢出论点范围。

比如，2016 年高考全国 Ⅰ 卷"巴掌之痛"优秀作文的主体段落就采用了联想社会现象类材料句的支架：

与此相似，在中国，拥有升学压力的中小学学校，很多时候也会因成绩这一叶而障目。比如在评价教师上较为片面，常只看教师所带班某学期某学段末尾的考试成绩来评判一个教师……教师似树，成绩如叶，学校勿因一叶而障目。再有，商人逐利本无可厚非，但若眼中只有所要得的利益的这张成绩单，会因这如一叶的成绩单而障目……再如，过分注重 GDP 数值的成绩单……这些都是因为太看重利益成绩单而导致的容易一叶障目的结果。成绩、利益如叶，切勿因一叶而障目。

——《成绩如叶，勿一叶障目》

在本段落中，考生的支架路径是联想到了社会中学校对教师评价"唯成绩论"，商人唯利是图，国家过于看重 GDP 等现象。考生联想的是同质社会现象，并运用支架提示词"与此相似""同样的""再有""再如"，从学校、商人、国家三个角度递进式地分析了"唯成绩论，一叶障目"的后果，发人警醒，有广度，更有深度。

因此，教师搭建社会现象类材料句的支架，可帮助学生解决论据浅表、拘于一隅的问题，尽可能让升格做到深刻、宽广。

（三）论点句＋正反对比材料句＋分析句＋结论句

思辨性是高考作文的特点之一，思辨即思考辨析。证明一个观点，可以正面直接举例，但如果能从反面入手，举例说明反面的结果是有危害性的，那么论点会更严谨。

比如 2019 年高考全国 I 卷"热爱劳动，从我做起"优秀作文的主体段落就采用了正反对比举例的支架：

因为勤劳，我们也才有了闻名于世的国家名片。上面印着苍茫山脊上的万里长城，恢宏壮丽的兵马俑，庄重神圣的莫高窟，横跨世界屋脊的西藏铁路，深入海底的钻井平台，静默不言的跨海大桥，呼啸而过的中国高铁。当然，仔细看去，上面还写着一排无形的大字——勤劳的中国人。反观当下，作为新时代的我们却存在着回家葛优躺、洗衣靠父母、吃饭等人送、扫地不积极、学习变懒散等不正之风。英国有句谚语："懒惰没有牙齿，但却可以吞噬人的智慧。"我想，长此以往，我们失去的不仅是生活的自理能力，更是求知的动力。所以，人类无论发展到何时何地，我们都需要劳动来幸福自己。

——《人生在勤，不索何获》

这个文段运用了两种支架，首先是组合材料句支架，其次是正反对比材料句支架。考生先从列举长城、兵马俑、莫高窟等排例，正向说明中国人的勤劳带来的积极影响。接着，从反面举例，运用支架提示词"反观当下""却"阐述懒散等不正之风的消极影响。正反对比举例，考虑到了材料的全面性，大大增强了材料对论点的说服力。

因此，教师搭建正反对比举例句的支架，可帮助学生从单向举例升格到双向举例，也让论点更具有可信性、严谨性。

四　搭建"分析句"升格的支架

分析句也叫论证句，是主体段落的核心。分析句若泛泛而谈、单一浅表，段落便难以精细准确、多维深刻。教师搭建"分析句"升格的支架，前提是学生接受过最基本的分析论证方法的训练，如因果分析法、假设分析法、正反对比分析法、引证法、例证法、比喻分析法、类比分析法等。笔者根据搭建支架的两个原则，设计了以下三种"分析句"的支架。

（一）论点句 + 材料句 + 组合分析句 + 结论句

组合分析句，可选择不少于两种的分析方法，也可以选择一种论证方法排比使用，它属于横向搭建支架的范畴。分析句最好占据一个段落的50% ~ 70%，不可以例代议，也不宜为了凑字数用同一角度、同一说理方式反复论证。

2019年高考上海卷的作文材料是"五味调和，共存相生"，广东省东莞中学松山湖学校朱华华老师的下水作文《物各有性，共存相生》的主体段落就很好地运用了多种论证方法组合的支架：

因为依赖于共生，中兴败倒在一枚小小的芯片上；也因为深谙物必有性之道，华为以5G的品牌在美国的霸权欺压下依然坚挺不倒。各美其美，才可能美美与共，若只是一味地拜倒在他者的美裙下，自身的美则可能在匍匐的脊梁下丧失殆尽。

这段堪称多种论证方法组合发力的典范。朱老师先用因果分析法论证，前后两个因果分析句又包含正反对比分析，"中兴"是反例，而"华为"是正例，最后运用假设分析法，强调了"各美其美，美美与共"的观点。

由此可见，运用组合分析句的支架，可帮助学生实现由单一论证到多维论证的升格，让论证多些灵活性、多变性。

（二）论点句 + 材料句 + 追问式分析句 + 结论句

追问式分析，指分析要由浅入深、追根究底，更多的是追求论证的深度，属于纵向搭建的支架。我们以因果分析法为例说明，一个事件就如一座冰山，海平面以上的冰山是眼见之现象，海平面是事件发生的直接原因，海平面以下的巨大冰山才是隐藏的根本原因。因此，探究一个事件，要打破砂锅问到底，层层追问，才能无限接近事件的本源。

比如2018年10月28日"重庆万州公交车坠江"事件，笔者就搭建了追问式分析的思维支架：

师（提出问题）：请同学们分析坠江事件牵涉的主要主体，以及对应的坠江原因。

学生经过自主思考和小组讨论，最终分享了以下的思维支架（见表1）。

表1

	主体	原因
重庆万州公交车坠江	女乘客	出手打司机
	其他乘客	事不关己，高高挂起，做了看客
	司机	本能还击，没有职业冷静感
	交通部门	没有司机隔离保护装置
	立法部门	没有明确的立法规定司乘界限

师（追问1）：那么，五个原因中直接原因是？

学生很快就明确：女乘客出手打司机。

师（追问2）：女乘客为什么不顾全车人的性命出手殴打司机呢？

生：因为她没有素质，自私自利，不讲公德。

师（追问3）：那女乘客在公交车上，重点提醒大家，是在公交车上，表现出的没有素质，不讲文明，背后的原因又是什么呢？

生：我觉得是因为她不觉得在公交车上遵守公交车规则是件必要的事情，不知道理性要高于情绪，不知道除了自己的利益还有其他人的利益，并且个人利益要服从公共利益。说到底，深层次的原因还是缺乏规则意识，漠视公共利益，自我权益凌驾于公共权益之上。

师（追问4）：我看有的学生不太明白，哪个同学可以把内在的逻辑再明确一些呢？

生（补充）：我认为，这位女乘客漠视规则和公共利益的心理，可能在生活中的其他小事中已经有所体现，比如随意插队、中国式过马路、图书馆公放音乐等，但可能都没有受到直接的或者当即的惩罚。也或者因为闹情绪得到了一些甜头，就变本加厉地秉着"会哭的孩子有奶吃"的心理得到一些利己损人的优惠，比如退货的时候耍无赖结果真的退货成功了，等等。惯性心理产生了惯性行为，惯性行为又强化了惯性心理，高铁男乘客霸座事件与这个事件的实质原因是一样的。

师（总结）：以上同学都说得非常好，大家通过一层层的追问思考，自主找到了根源——漠视规则的心理因素，并且还有同质社会现象的联想，学以致用！

到此，笔者通过层层追问四个问题，建立起纵向分析的支架，帮助学生一步步找到了女乘客出手打司机的根本原因，也是坠江事件发生的根本原因，相信学生的纵深思维得到了一定提升。紧接着，笔者布置让学生完成一个主体段落的时评任务，将追问式分析支架的思维成果可视化。学生的练习呈现如下：

> 重庆万州公交车坠江事件自发生那一刻起就牵动着每一个国人的心。坠江的不仅仅是车上的15条生命，伴随着的还有我们忽略已久的规则意识。女乘客为何不顾所有乘客的安危对司机大打出手？或许有的人会说她自私，没有素质。可是说到底，根源都在于没有规则意识，没有公共权益意识！正因为如此，才敢把自我利益、自我情绪凌驾于所有人的生命之上。规则，不应该是被束之高阁，而应该内化于心，时刻践行。生命之殇，难掩悲痛，希望高铁霸座的博士男们少一些，希望拦截高铁的罗海丽们少一些，也希望因遵守规则，维护公共权益的美好多一些。

由此可见，运用追问式分析的支架，可帮助学生的论证实现由浅表到深刻的升格，让论证多些深刻性。

（三）论点句 + 材料句 + 辩证式分析句 + 结论句

高中阶段是学生抽象思维和逻辑思维能力发展的关键时期，教师要培养能全面、客观、公正看问题的学生。很多事物并不是简单的非黑即白，非正即邪，非正即反，往往带有两面性。只唱赞歌会缺乏忧思，只质疑批判会陷入消极深渊。教师搭建辩证式分析句的支架，是落实语文学科核心素养"思维发展与提升"的具体措施，也是高考"立德树人"的落地要求。

2019年高考上海卷朱华华老师下水作文中的主体段落运用了辩证式分析句的支架：

> ……人类只有一个地球，各国共处一个世界，唯有在追求本国利益的同时兼顾他国的合理关切，在谋求本国发展的同时促进各国的共同发展，遵循和合之道，倡导携手共存，方能在命运共同体中与时俱进，相辅以成。当然，相容不等于依附，共生不等于消泯自我。坚守个性，夯实基础，是共存相生的前提。……
>
> ——《物各有性，共存相生》

朱华华老师先论述"和合"的重要性，之后也看到"个性"对"共存相生"的影响，论证了"个性"和"和合"的辩证关系。

辩证式分析句的支架，非常适合关系型作文，如"物质与精神""理论和实践""仰望星空与脚踏实地""博观与约取"等。关系的两面并非绝对正反、势不两立，它们就像鸟之双翼、船之双桨，缺一不可。但是一定要注意，事物的两面不宜平均用力，要分清主次、详略得当。

因此，教师搭建辩证式分析句的支架，可以让论证从一元思维升格到二元思维，更具有全面性，更经得起推敲。

五　小结

升格高考作文主体段落的"材料句"和"分析句"，要借助写作支架的力量，实现作文丰富、深刻的目标，让作文向 50+ 的等级迈进。当然，一类支架内部、两类支架之间可以合作使用，如联想社会现象类材料可以和正反对比材料合作，组合材料句可以和辩证式分析句合作等。文无定法，但教学有法，在教师合理的支架指导和训练下，考生写出一个让考官眼前一亮的段落甚至篇章，也是可期的事情。

（原文发表于《新作文·中学作文教学研究》2020 年第 6 期，
此次出版有改动）

巧用技术明晰文体

议论文主体段落支架式教学探究

中山市东升高级中学 | 刘云英

学生议论文写作文体不明的问题,实则是主体段落议论表达方式明显不够的问题。增加议论表达方式的篇幅,可破解文体不明的困局。具体方法可从两方面入手:第一,借助经典段落,归纳常见主体段落框架;第二,借助思维支架、句式支架、范例支架解决好事与理的关系问题。

一 主体段落框架

主体段落框架,是议论文的灵魂,是阅卷老师判断文体是否鲜明的重要依据。但对不少学生来说,尤其是初学议论文的学生,却在主体段落的安排上,存在诸多相同的问题,诸如:分论点不明确,纯粹材料堆砌;毫无重点地铺叙事例,叙议比例严重失调。事实上,教师在阅读教学中,也不断尝试跟学生解释叙议比例的问题,但纯粹的陈述性知识,并不符合学生的最近发展区域。基于这种现状,可尝试引入了支架式教学的相关理论。"支架教学中的'支架'根据学生的最近发展区域确定,通过支架让学生智力水平从一个阶段进入到另一个更高的阶段。"在具体的教学实践中,支架式教学的具体应用形式有"范例支架、问题支架、建议支架、工具支架、图表支架"。

根据支架式教学理论,关于主体段落的框架问题,可给学生提供一些经典的主体段落范例支架,让学生在范例支架中揣摩该主体段落的构成。

①观本质者，出奇制胜，艰难亦英雄。②绝处逢生，透视本质败势转，叱咤风云，拳王台上当称英雄。③我国拳手武僧一龙，面对屡屡落败，没有被对方表面的英雄光环和嚣张气焰所吓倒，不甘沉沦，细心挖掘失败本质，看到了对方强大力量下盲打的本质弱点，于是训练自己的抗击打能力。④决赛上，他将身体裸露在外，不加任何防御，使对手在连击十三拳之后无名指骨折，三拳辉煌地结束了比赛。⑤从此声名鹊起，逆袭世界拳王。⑥倘若武僧一龙不能从实质上分析问题，寻找原因，便很难有他的逆袭之路，也便无"中华第一武僧"在世了。

——2018年全国Ⅱ卷满分作文《浮尘不拂，真珠难露》

该语段共235个字，由六句话构成，分别是，论点句①，阐释句②，事例概括句③④⑤，以及事例分析句⑥。据此，我们可以归纳出一般议论文主体段的段落构成路径，即"观点句＋阐释句＋事例概括句＋分析句"。当然也可根据具体的情境，对各部分加以局部调整，比如上述语段，我们可以把阐释句②去掉，在分析句后，再回扣观点，构成总分总的结构形式，即"观点句＋事例概括句＋分析句＋观点回扣句"的段落构成样式。

二 段落内部各部分

如果说主体段落的框架是骨，那么框架中每一部分的构成则是血和肉，只有"骨"没有"血"的主体段落，充其量是只"纸老虎"。要让学生写出的议论文文本成为一只真正的"老虎"，绝对不能忽视对"血"和"肉"的培育。

1. 观点句

主体段落观点句在议论文文本中具有举足轻重的地位，单独的一个观点句是一段话的总结概括，各个主体段落的观点句总和，又一定是要为文章标题的主题服务的。但在具体的写作当中，学生各主体段落的设置，却存在着"论点设置不正确"的重大问题。

"论点设置不正确"的问题具体体现在两个方面，即"主体段落观点句与标题割裂"，"各主体段落观点句间缺乏逻辑"。"主体段落观点句与标题割裂"，从而导致整篇文章缺乏一个统一的主题，直接导致了文章主题不明的问题；"各主体段落观点句间缺乏逻辑"，导致文章结构混乱不堪。

针对"主体段落观点句与标题割裂"的问题，在具体的阅读教学中，教师可以从范例出发，找出各主体段落观点句与标题之间存在的内部联系。

诸如 2018 年甘肃高考满分作文《时代在新，我们在行》，这篇文章中，三个主体段落的分论点分别是："更新自我，活在当下""适应时代，勇于创新""时代在行，我们同行。"通过比较，不难发现各主体段落观点句与标题存在着千丝万缕的联系：这三个不同的分论点，都蕴含了标题《时代在新，我们在行》的同义语素。可见，同义或近义语素复现法，可有效解决"主体段落观点句与标题割裂"这个问题。在具体操作时，首先需要圈出标题关键词，然后在拟写各主体段落观点句时，再将标题关键词本身，或将标题关键词的同义或近义语素融入各观点句中。

针对"各主体段落观点间逻辑的问题"，教师依然可以根据经典范例，给学生提供一些分论点的逻辑关系支架，诸如并列结构。根据不同的逻辑关系，又可以从范例支架出发，提供拟写角度的思维支架。比如，并列结构，可以从"关键词含义阐释"的角度拟写，新课标 2017 年高考满分作文《文人的傲骨》中主体段落的观点，"傲视百花是一种独善其身的高洁品性""傲视死亡是一种杀身成仁的民族大义"和"傲视群雄是一种兼济天下的绝对自信"，就是从"关键词含义阐释"的角度拟写的并列逻辑的观点群。也可从"关键词分解"的角度，拟写主体段落的观点，诸如 2017 年全国卷满分作文《中国——一部世纪的交响乐》，当中主体段落的观点分别是：当今的中国，是科技的中国；当今的中国，是文化的中国；当今的中国，是法制的中国。这三个角度拟写的观点句句式支架为：……是……。还可从"关键词原因剖析"的角度拟写主体段落的观点，诸如 2015 年北京卷优秀作文《深入灵魂的热爱》，当中主体段落的论点分别是：我想，古人爱竹子，和我一样，不但因为她长得美，还因为她有骨气；竹子还有"虚心重节"的品质，让我敬佩；竹子姿态万千，令人着迷；骨气奇高，气节坚贞，令人敬佩；但她还有一个更让人有感应的品质，那就是"一枝一叶总关情。为了更好地体现各论点间的逻辑关系，我们还可就"原因分析"的角度拟写分论点，提炼出如下的句式支架：之所以……不仅是因为……；之所以……还因为……；之所以……更是因为……。此外，还可以从"做法"的角度拟写主体段落的分论点，诸如 2017 高考北京满分作文《纽带作用，在于运用》中主体段落的分论点：充分发挥纽带的作用，首先在于科学确立其目标；充分发挥纽带的作用，应该加强彼此之间的沟通。为了能够更加直观地体现我们的逻辑性，我们也可在观点句中加入"首先""其次""再次""最后"等逻辑词，并抽象出如下句式支架：……首先要……；……其次要……；……最后要……。

2. 事例句

事例句简单地说就是对所选事情的概述，它是除观点句外的又一个重要部分，事例句的成功与否，是能否吸引阅卷老师的关键钥匙。

在具体的写作练习中，事例句，常常存在如下问题：第一，所选事例本身不够典型、不够新颖、不够普遍。第二，有了符合要求的事例，但不知道怎么将事例压缩，叙事篇幅过长，削弱了文段的议论效果。第三，事例与观点之间关联不大，事例与观点"两张皮"。

针对学生所选事例不够典型、不够新颖、不够典范的问题，教师在平时的大作文练习中，可以根据不同的主题，选取不同的素材。每次作文训练，给学生发放四个符合该主题的事例素材，给学生提供相应的素材支架；在每周议论文主体段落的撰写练习中，教师可以对《感动中国人物》中的视频，根据主题分类。在一节 40 分钟左右的主体段落撰写课中，让学生先利用 15 分钟左右的时间看视频，并记录素材，为稍后的主体段落撰写做素材准备工作。

针对事例压缩详略不得当的问题，教师可以给学生提供一般的事例压缩思维支架，即事例压缩应该保留的关键要素，诸如人物、事件（原因，经过，结果）。

而事例与观点"两张皮"的问题，解决方法就是，圈出观点关键词，观点关键词如果是一个关键词，围绕该关键词确定压缩事例中所侧重的要素，并在事例中采用关键词同义或近义语素标记的方法进行复现。诸如 2018 年高考全国 I 卷满分作文《见证十八年辉煌壮丽——写给 2035 年十八岁的你们》。

> 十八年，我们见证了我们国家的文化自信。世界五大洲，黑白黄棕色，到处都可以看到我们黄皮肤黑眼睛黑头发的同胞们绽放的迷人笑容，我们的湘菜徽菜馒头饺子也进入了西方人的千家万户……

该语段中观点关键词是文化自信，选取的事件有"湘菜徽菜馒头"，在压缩时侧重点都紧紧围绕着观点关键词的"文化自信"，并且分别以"进入西方千家万户"诸如此类同义或近义词复现观点关键词。如果观点关键词是两个及以上，理清各关键词间的关系，根据关键词和关键词呈现的关系确定压缩事例的侧重要素，并在事例中采用关键词同义或近义语素标记的方法进行复现。诸如 2018 年全国 II 卷满分作文《浮尘不拂，真珠难露》，观点句"观本质者，出奇制胜，艰难亦英雄"，关键词分别是"观本质""艰难"和"英雄"。"英雄"是事例要素中"人物结局"，"艰难"是指事件过程中遇到的重重困难，而"观本质"则是事件经过中人物的具体做法，压缩的事例要素应同时具备上述三个特征，并在事例中用同义或近义语素复现的方法进行标记。事例句中的③，"屡屡落败"就是观点句"艰难"的近义语素复现，事例句中的"挖掘失败本质""看到了本质弱点"则是"观本质"的近义复现，事例句④和⑤中的"辉煌地结束了比赛"和"声名鹊起"以及"逆袭世界拳王"，都是观点关键词"英雄"的近义语素复现。事例句③④⑤采用观点关键词近义语素复现的方法，让观点与例子紧密地联系在一起。

3．分析句

分析句是连接事与理的关键句，也是增加议论厚度与深度，明晰议论文文体的关键句。分析句的有无，分析句的好坏，直观体现了一个学生语文思维能力的强弱。

既然分析句是解决事与理关系的关键句，在议论文中承载着如此重大的责任，那么怎样在技术层面从形式上解决因分析句写不好、写不透而削弱的文体性呢？

在具体的教学中，我们可以教给学生一些分析的方法，诸如因果法、假设法等。根据观点关键词所体现的分析重点，就事例要素中的人物、事件原因、事件经过、事件结果进行或正向或反向的假设。就事件中的结果溯因，就事件经过中的行为表现推演结果。如 2018 年全国 II 卷满分作文《浮尘不拂，真珠难露》中的分析句⑥：倘若武僧一龙不能从实质上分析问题，寻找原因，便很难有他的逆袭之路，也便无"中华第一武僧"在世了。根据观点关键词"观其本质"和"艰难亦英雄"，作者运用假设分析法对事例要素中"事件经过"的具体行为进行反向假设。此外，除范例中单一的分析方法运用外，还可将单一的假设法连用，构成排比，或者假设因果等多种方法叠用，突出论述的层次性与多样性。

作为观点句与事例句之间的阐释句，我们则可提供部分句式支架，诸如"所谓的……，说的是……"，回扣观点句依然需要采用同义语素或近义语素复现的方法，将观点关键词重现于句式支架"难道……吗？"中。

议论文文体鲜明的关键，在于主体段的段落框架、框架内观点句的设置、事例句的压缩、分析句的分析等。作文训练，我们既要开展整篇训练，又要开展微型写作训练，分别就观点句设置、事例积累、事例句压缩、分析句的分析等，有针对性地教学。通过微型写作教学让"教学目标单纯化，教学内容微型化，教学支持即时化"，让议论文文体明晰并真正落地。

· 参考文献 ·

① 林丰芬. 维果茨基和皮亚杰的理论在支架式教学中的应用［J］. 福建论坛（人文社会科学版），2007（S1）：227-228.

② 高艳. 基于建构主义学习理论的支架式教学模式探讨 [J]. 当代教育科学, 2012（19）: 62-63.

③ 邓彤, 裴海安. 从宏大到微型: 写作教学范式的重大转型 [J]. 语文教学通讯, 2018（16）: 4-8.

（原文发表于《中学语文》2021 年第 31 期, 此次出版有改动）

技术：高考作文的决胜路径

中山市教育教学研究室｜张　华

　　一切关于高考作文的讨论，必须在两个背景下展开，一是作文的"教学背景"，二是高考的"考试背景"，前者凸显了高考作文的"学得性"特点，后者凸显了高考作文的"功利性"特点。有意无意脱离这两个背景的高考作文讨论，实质上都是一种异化的高考作文探讨，其结果要么拔高了高考作文的自我表达意义，要么贬抑了高考作文的社会价值诉求。由此我们可以将"高考作文"理解为一种经由学习训练而试图实现功利目的的一种特殊写作活动。高考作文作为嵌入到整个高考事务当中的其中一环，追求分数最大化就有其存在的合法基础和实践逻辑。遗憾的是，当下的一些高考作文讨论乃至某些严肃研究，往往忽视"高考作文"的特殊性，致使一线的高考作文备考陷入了虚空无效的境地。针对这一现实，结合实践考察，笔者认为，以"技术"为视角切入高考作文研究，通过"技术"支点来撬动高考作文的各种问题，可以较好地链接起高考作文的"学得性"与"功利性"两个特点，并有望使"技术"成为高考作文的决胜路径之选。

一　"作文"与"高考作文"

　　在深入探讨"高考作文"问题之前，笔者以为，应先厘清一些基本概念和认识，以便使我们的讨论能够在最大可能上达成一定共识。

　　首先，"作文"是什么，这个看似不言而喻的问题，照我看来，其实存在着很大的认识误区。一个习以为常的观念就是，"写作"与"作文"在我们的语文教学世界里，几乎是毫无区别的。这种由于概念辨析上的模糊所导致的观念混乱，使得我们的作文教学活动与一般写作活动，常常搅和在一起，其后果就是既消解了一般与特殊的区别，又僵化了特殊与一般的联系。事实表明，这种在观念上的互窜式讨论，严重影响了我们对高考作文的认识以及备考。

无论是从词源分析来看，还是从现实活动来看，"作文"其实都是一种迥异于一般写作活动的特殊表达活动。任何一种表达活动，都是"内容"与"形式"的统一。从内容生成与形式运用的角度来看，"写作"更注重自我（写作者）的主观意志表现，是一种追求"独抒性灵"式的创造活动；而"作文"则更注重他者（非写作者）的客观意志的表现，一种追求"外在价值"式的制造活动。"写作"凸显"写"的创造，"作文"则凸显"做"的制造，两者的指向虽然有交叉，但却内蕴着一种价值导向和本质追求的不同。这一点我们必须有清晰的认识和把握。当然，为了便于行文表述，从"写作"的广义上来说，我们也可以将"作文"视为一种特殊的写作活动，但从狭义区分上来说，"作文"的本质其实就是"做文章"。

"做文章"带有鲜明的人为痕迹，目的性强，有自己的特殊功利追求。因此，把语文教学中的写作活动称之为"作文教学"，更有利于反映它与一般写作活动的区别，亦如笔者在一篇文章中所说的那样："'写作'和'作文'是文章创作的两条路径，我们鼓励学生'写作'，其意在于鼓励学生有感而发，抒写真情，表达自我；我们让学生'作文'，其意在于让学生在虚拟性的作文训练中，也许无感而发，目的是学会做文章。"总之，对"作文"本质的透彻把握，有助于我们讨论作文教学乃至高考作文的一切问题。

其次，"高考作文"是什么，也应当进一步认识清楚。以"做文章"的作文本质视角来看，语文高考中的写作活动，更是一次名副其实的"作文"活动。

我们知道，在"教学背景"与"考试背景"的双重规范下，"高考作文"已经变成了一种"特殊的"表达活动。因此，与一般的"生命性写作"不同，高考作文的"生存性写作"特征，必然使高考作文成为带有强烈目的达成的一种功利性写作。

如果要用一句话来描述高考作文的写作现象，笔者以为，美国文学评论家布里斯·佩里所说的"戴着镣铐跳舞"最为形象贴切。虽然佩里谈论的是"诗歌创作"问题，但其实也异常精当地点出了高考作文的独特性。"镣铐"和"舞"当然是一种隐喻，对于这种隐喻，我曾经形象地解释为：镣铐就是收，舞就是放；镣铐就是入格，舞就是出格；镣铐就是限制，舞就是自由；镣铐就是规则，舞就是创造；镣铐就是安分，舞就是撒野；镣铐就是求安全，舞就是敢冒险；镣铐就是尊经宗道，舞就是离经叛道；镣铐就是固守藩篱，舞就是放浪形骸；镣铐就是做人要厚道，舞就是成仙很快乐；镣铐就是"只缘身在此山中"，舞就是"一枝红杏出墙来"。一言以蔽之："镣铐"就是共性的写作要求，而"舞"则是个性的写作展示。高考是一场大规模的选拔性考试，在这种大背景下，面对高考作文，评卷者近乎苛刻地希望看到：考生戴着铿锵作响的沉重镣铐，却还要能优雅地展示出优美的舞蹈。

显然，高考作文不是考生自由的自主写作活动，而是限制性极强的一种被动写作活动。如果以自由意志来看，很多考生其实是不愿意写高考作文这种命题作文的，因为这种强制要求的写作，是"主题先行"的"被写作"，很难产生"真情实感"；在这种远离考生真情的高考作文写作中，写作的精神自由几乎是难以存在的，而代之以被迫写作的功利考量。因此，要获得成功，高考作文就得洞悉评卷者的阅读需求，并积极通过各种有效的作文手段，满足评卷者这一需求。在这里，我们将"有效的作文手段"统称为"作文技术"，显然，"技术运用"成了连接考生与评卷者的关键作文表征。

作文技术运用得越是有效，评卷者的阅读需求就越能满足，高考作文也就越有希望获得成功。于考生而言，高考作文是展示自己写作才情和智慧的重要平台，但写作才情和智慧不是无所依托的空中烟花，它的精彩是需要技术来支撑的。没有技术的支撑，才情和智慧也会因之不彰。据此，我们可以将高考作文的本质界定为"满足评卷者需求的文章炫技活动"。

由此可见，有效满足评卷者的阅读需求，就成为写好高考作文的首要前提，而"炫技"就成了高考作文取得成功的决定性因素。

二 高考作文视域下的"技术观"

严格来说，高考作文不解决"写什么"的问题，因为高考作文是"命题写作"，题目（标题、话题或材料）都是命题者给定的，考生只能在命题范围内写作，因此，从根本上来说，"写什么"是不能选择的。当然，在某个命题范围下，考生依然可以做出更具体的角度选择；然而，即便是这种看似自由的"自定立意"选择，也是被题目所限制的，更何况，在高考作文竞争中，选"好角度"，往往被严峻的博弈现实窄化为"选好"角度，更准确地说是"选稳"角度。"命题立意多元选择性"，其实早已被教训得极保守的考生默认为只有那几条人所共知的安全立意。可见，"写什么"的问题，在层层限制中几乎被彻底规定了，高考作文剩下的所有问题就只能是"怎么写"了。

　　事实上，考生若想决胜高考作文，最好的决策就是把功夫花在研究"怎么写"这个中心问题上；而这个问题，恰恰也是作文中最具创造性也最能释放考生才情智慧的关键。我们知道，一个评卷者完成某次高考作文评卷任务，评卷篇数多则三四千，少则也有好几百。评卷者眼前的作文都是"同题作文"，在主题上几乎如出一辙，因此，考生试图通过"主题"来取胜，显然不容易；而一定要借助"标新立异"的立意来引人注目，则又会很冒险。因此，聪明的考生应当选择在"怎么写"这个广阔天地中凸显写作才华。事实上，每一年的高考评卷落下帷幕后，各地涌现出来的考场佳作，绝大多数都是在"怎么写"上昭示其精彩和优秀的。

　　从日常的写作经验来看，稍有写作经历的人都知道，拿起笔碰到的第一个问题就是"怎么写"，而不是要"写什么"，因为当你拿起笔来时，就意味着想要表达的内容已经涌动在心头，此时让你纠结的是"开头"或"第一句话"该怎么落笔。因此，就常态性的写作而言，"写什么"也更具有本质意义上的存在性。

　　那"怎么写"是个什么问题呢？从心理学上来说，是行为问题；从管理学上来说，是流程问题；从工程学上来说，是操作问题；综合来看，其实就是一个"技术"问题。技术是什么？技术就是手段，是流程，是一切达成目的的有效路径。从这个意义上来说，"怎么写"的问题就自然而然地转化为一个"技术"问题了。长期以来，我们对"作文技术"存在误解，根本上是由情感上的排斥所造成的，这种非理性的误解，导源于传统上"重道轻技"的片面观念。从深层次来看，道不离开技，道也并不高于技，道技是合一的存在，正如解牛高手庖丁一样，"其道即在其技"中，而庄子所谓"道进乎技"正是"重道"的反应。离技而求道，或者寻道而抛技，在笔者看来，都是"技道观"不健全的表现。今天，我们从认识的角度出发，将"道"归结到"科学"层面，将"技"归结到"技术"层面，也无可厚非，但我们不应将其割裂以致"重道轻技"，因为"任何技术都是一定的科学原理的转化，都是在一定的科学知识基础上形成的关于改造对象的方法"具体到写作上来，"写作技术包含着文章构成原理和写作行为思维结构原理的知识、写作行为过程的环节性知识"。

　　高考作文的主要问题是解决"怎么写"的问题，而"怎么写"的问题恰恰就是"技术"的内涵所指。可见，高考作文的"怎么写"问题，透过"技术"的视角来认识和理解，更能有力触摸到突破高考作文的关键所在。

三 高考作文的"技术"旨趣

高考作文既然是一种"炫技"活动，那么高考作文的诸多难题，就应该设法借助"技术"来解决。通过上述分析我们知道，技术运用的直接目的就是提升高考作文的征服力，即最大可能满足评卷者的阅读需求。如果从作文评卷的角度来看，优秀作文总是在比较中凸显出来的。所谓"征服力"，其实就是制造出高考作文的比较优势。作为同题作文的阅读，评卷者不可避免会出现审美疲劳。消除评卷者的审美疲劳，最有效的应对策略就是"制造比较优势"。比较优势原本是一个纯粹的经济学概念，但其原理一样也适用于高考作文中的竞争与发展。比较与竞争是密不可分的两个概念。竞争本身就是一个比较性概念，没有比较，竞争的意识和概念都无从产生。追求比较优势是决胜高考作文的必由之路，每位考生的竞争存在无限的可能性，但任何人都难以在一切可能性方面实现充分的发展，而只能选择某些方面予以充分发展。这意味着在高考作文中，没有人拥有"绝对优势"，但人人都可以制造"比较优势"；善于制造比较优势，其实就等于拥有了绝对优势。

而要制造出高考作文的比较优势，笔者以为，选择"技术"作为突破路径，或许是最恰当的一种应对策略；其根本原因，就在于作为作文的"技术"，它自身往往存有三大实践旨趣：

第一，操作性。"技术"表现在行为上的最鲜明特征就是"操作性"，在一定程度上，我们甚至可以说，技术就是操作，技术性就是操作性，不具有操作性的技术，其实不是真正的技术，而检验作文技术的基本标准之一就是看其是否具有操作性。这一点，我们可以透过现实生活现象来理解。一个很会开车的人，我们称赞其"驾驶技术"好；一个擅长打篮球的人，我们称赞其"篮球技术"好；而在某项行为中表现优异者，我们也会称赞其"技术高超"。就日常语言而言，我们所理解的"技术"，往往总是与操作紧密联系在一起的。这种对日常语言的认知，恰恰折射了"技术"的"操作性"内涵。

决胜高考作文，应当以技术为路径选择，实质就是选择了一种操作性强的作文行动方案。反观当前各种各样的高考作文备考指导，许多语文教师总结了各种各样的写作方法、写作技巧、写作原则等等，遗憾的是，这些"方法、技巧和原则"绝大部分依然只是一种写作理论甚至是写作理想，因为缺乏直指写作行为的"技术含量"，因而往往变得不具有操作性。为什么我们花了很大力气去讲授这样的"方法、技巧和原则"，但学生的作文效果却没有明显的改变？原因或许就在于这里。相反，当我们选择某种技术来突破高考作文的某个问题时，其潜在意识就是这种突破必须具有相当程度的操作性。

第二，实效性。"技术"在导向操作性的同时，必然也在追求一种"实效"旨趣；在张扬炫技色彩的高考作文中，追求实效是其行动的应有之义，这就恰好与技术的实效旨趣相吻合。

我们知道，实效性是根源于实用主义的一种价值诉求，实用主义的根本纲领是把获得实际效果当作最高目的。在实用主义者眼里，一种行动方式是否有价值取决于是否能使行动获得成功。如果从人类进化的历程来看，人类每一个前进的脚步，无不是"实用"思想的决胜结果。放弃实用，也就意味着放弃竞争，最后必然是被淘汰。基于这样的理性认识，我们应当高度肯定技术的"实效性"特征。不是所有的操作都是有实效的，但是作为直指操作的技术，则必然也同时意味着其"实效性"，否则"技术性强"或者"技术含金量高"就沦落为一句空话。因此，我们应该树立这样一种观念：在高考作文备考系统中，"技术"不应是一个中性词，而应该是一个褒义词，即凡是可以称之为技术的作文行为，理应是一定能创造出实际效果的。没有实效性的技术，当然也可以具有操作性，但这就背离了"作文技术"的追求旨趣，因而只能是一种虚假的"无效技术"。

在我们的日常高考作文备考教学中，确实存在着各种各样的指导行为，但很多行为并不能有效改变作文结果，这就导致了作文教学的"无效性"。从教学上来看，无效的根本原因就在于"指导力不强"；而之所以不强，核心原因就在于指导的"技术含量"不够。积极研发作文技术或许有望根治作文教学的无效顽疾。

第三，传递性。学校的中心工作是"教学"，而教学的前提条件就是教学内容的"可传递性"。严格来说，一切不具有传递性的内容，都将失去教学的意义，传递性所要解决的，是迁移问题，也是"是否带得走"的教学成效问题。技术作为一种程序性知识，亦如其他知识一样，本身就昭示着一种"传递性"可能。

在传统的道技关系上，中国人的主流思想是"重道轻技"；但问题在于，那些玄而又玄的"道"恰恰是一种"弱传递性"内容，而那些"强传递性"的"技"却又有意无意被我们忽视了。自古以来的写作认识，乃至今日的作文教学，就充斥着大量的写作之"道"，这些"道"作为一些观念，几乎都变成了一些日常道理，但"道"领悟与理解，却常常溢出我们的教学边界。我们的作文教学长期以来呈现出"无为、无用、无效"的局面，与这种过于"崇道"的传统思想有莫大关系。

而技术的一个自带优势就是"传递性强"。提高高考作文的备考有效性，实现作文技能的有效迁移，根本路径就在于彰显作文教学内容的"传递性"，而要做到这一点，作文的"技术"就具有独特的教学优势。事实上只有强化了"传递性"，作文才具有"可教性"，我们长期可望而不可即的"写作指导"，才能真正得以改进。概言之，不具有传递性的"作文技术"，同样不是真正的作文技术。

我们常说，高考作文是一个系统工程，既然是工程，就存在"工程技术"的问题。事实上，高考作文是实践品格异常鲜明的一种写作活动。中山大学徐长福教授在哲学著作《理论思维与工程思维：两种思维方式的僭越与划界》中，深入辨析了"理论思维"与"工程思维"的本质区别。依照这种哲学辨析及思考成果，显然，长期以来，我们的作文教学在"理论思维"和"工程思维"上，也是互相僭越且混乱不堪的；就高考作文而言，我们的作文教学严重缺乏"工程思维"，并且严重缺乏由此而衍生出来的各种工程"技术"。

因此，在深刻把握高考作文的特殊性质的基础上，改进高考作文备考，提高高考作文备考效率，笔者认为，关键在于研发出各种作文技术。在高考作文备考艰难爬行的现实面前，或许，技术是我们决胜高考作文的另一条路径选择。

·参考文献·

① 张华. 技术作文：作文教学改革的宣言——我的作文教学观［J］. 新作文：中学作文教学研究，2014（12）.

② 张华. 技术：推动语文教学改革的新视角［J］. 中学语文教学参考，2017（10）.

③ 张华. 作文教学的八种僭越："技术作文"认识论纲要［J］. 语文教学通讯，2018（7-8）.

④ 张华. 高考作文：如何戴稳镣铐跳好舞？——以2018年全国Ⅰ卷作文题为例［J］. 广东教育（高中版），2018（7-8）.

⑤ 徐长福. 理论思维与工程思维：两种思维方式的僭越与划界［M］. 重庆：重庆出版社，2013：11.

⑥ 杨国璋. 当代新学科手册［M］. 上海：上海人民出版社，1985：10.

⑦ 马正平. 高等写作学引论［M］. 北京：中国人民大学出版社，2011：3.

（原文发表于《语文教学通讯》2019年第2期，此次出版有改动）

矛盾交织造华章

用矛盾技术开采议论文的深度

中山市华侨中学｜蔡　黎

近年来，各地高考作文呈现出命题立意的范围广阔、写作指向明晰、审题难度下降的趋势，学生动笔不难，但写作容易陷入流俗，无法且无力展示文章和思想的深刻度与新颖度。笔者认为如果能多方有效地运用矛盾法，则可以拓展文章的深刻度，凸显个体的新颖度，造就出众的华章。

矛盾技术植根于唯物主义哲学辩证法，强调矛与盾的对立和统一，如：大与小、多与少、过去与未来、个体与群体等。矛盾双方彼此对立，或大相迥异，不可交融；或彼此转化，逐步统一。这区别于逻辑矛盾，逻辑矛盾本身是违反思维规律的混乱错误，是不具备现实意义的，如："中华儿女都有实现中国梦的责任，虽然我和你都是中华儿女，但我没有实现中国梦的责任。"这句话前后语义对抗，存在逻辑矛盾。逻辑矛盾反映的是思想观念上的错误与无序，需要指正修订，完全没有推广的价值和意义，但辩证法中的矛盾技术是有极高的价值和意义的。毛泽东曾指出："什么叫问题？问题就是事物的矛盾。哪里有没有解决的矛盾，哪里就有问题。"问题即矛盾，矛盾即问题，有矛盾即有改进与发展的突破口。如果矛盾双方的对立是绝对的不可统一的，那么对于矛盾不同方面的认识能使人产生不同的情感倾向，从而坚固了情感倾向；如果矛盾双方的对立是相对的可以统一的，那么在从对立到统一的过程中，展示出对矛盾的解决办法，则能培养包容、博爱的情怀。无论矛盾双方是否和解统一，矛盾都能从不同侧面完整地展示事物的全貌，加深人们对事物的正确认知。

在历经千年积累的成语宝库中，人们灵活地运用了矛盾技术，创造出许多表意精准、含义丰富的成语，如：悲欢离合、功败垂成、事半功倍与事倍功半、大题小做与小题大做等。在常见的熟语中，矛盾技术也大有用武之地，如：饱汉不知饿汉饥；病从口入，祸从口出；不怕人不敬，就怕己不正等。自古以来，人们在运用语言表情达意时，离不开矛盾技术，矛盾技术包含着辩证色彩，在对比中深化认知，明确取舍。笔者认为在议论文写作中，我们可以从标题、结构和警句三个方面着手，引导学生用矛盾技术造华章。

一　矛盾技术点亮明眸

标题是文章的眼睛，唯有精准、新颖而深刻的标题，才能使文章顾盼生辉，让读者一见钟情。当写作材料涉及对立面时，我们不妨运用矛盾技术，通过标题将矛盾对立的写作对象直接引入读者眼前，体现写作的针对性和目的性。

众多杂文大家在拟题时运用了矛盾技术，如：林默涵先生的《讽刺和歌颂》，马南邨先生的《王道和霸道》，胡适先生的《多研究些问题少谈些主义》，鲁迅先生的《为了忘却的记念》《可惨与可笑》《"醉眼"中的朦胧》等。不少高考范文的标题也运用了矛盾技术，如：2018年高考全国卷Ⅱ的范文标题《那些重要却不紧急的事儿》《看到看不到的》《从浅薄的真相中活出真理》等；2018年高考上海卷的范文标题《己所欲是否一定施加于人》；2018年高考浙江卷的范文标题《丢弃佛系扬儒系》；2019年高考全国卷Ⅰ的范文标题《渺小与不朽》；2019年高考上海卷的范文标题《重要与否，只关乎内心》；2019年高考江苏卷的范文标题《萝卜烧萝卜，还是萝卜烧肉？》等。

上述标题善用相对概念，这些概念大多是动词、名词、形容词等实词。在形式上分为直陈式和嵌入式。直陈式把两个矛盾的词语直接陈述出来，中间加上连词衔接，如《贫穷与富裕》《丝瓜与肉豆，形式与内涵》《车里车外》等。倘若作者能从材料中提炼出关乎中心的一对矛盾词，那么用直陈式拟题是比较便捷、简洁而明晰的。嵌入式则要造一个或两个言简意赅的单句，把两个矛盾的词语镶嵌进去，使得词语语义相对，又形成深刻含义，如《贫穷的富人》《富裕的穷人》《喧嚣不走，亦堪优雅独舞》及《不深不浅种荷花》等。如果运用矛盾技术，那么2019年高考全国卷Ⅰ的作文可以拟题为直陈式《勤劳与懒惰》或嵌入式《兴复于劳，衰始于惰》《以勤之光驱惰之霾》《你我倾勤，何惧于惰》等。相对而言，嵌入式拟题虽然不及直陈式迅捷，但可以形成完整的语句，在传情达意的同时，体现语言色彩和韵味。

无论何种形式，标题中运用矛盾技术预示着正文部分会有辩证色彩，矛盾对照彰显成因。

二 矛盾技术建构骨架

结构是文章的主体骨架，匀称而清晰的结构如同文章曼妙的身段。结构包括整体的全文结构和局部的段落内部结构，矛盾技术的运用能使上述结构层次清晰，观点明确，态度鲜明。从全文结构上看，矛盾技术适用于常规议论文、时评材料作文和任务驱动型作文等，具体操作是先陈述评论其中一个写作对象，先肯定其合理性，后用另一个写作对象来否定其缺憾处，反之亦然，这样形成了两种相反的写作方向。相对而言，驳论文或先驳后立，或先立后驳，从而达到驳与立的目的。矛盾技术在构思时不以驳倒一方、树立另一方为目的，重在以辩证客观地评论写作对象为目的，更便于一分为二地认知事物。

例如，鲁迅先生在《拿来主义》一文的整体结构上运用了矛盾技术，文章开篇写到"中国一向是所谓'闭关主义'"，随后写到"到现在，成了什么都是'送去主义'了"，中国一改往日的闭关锁国为大倾泻般的送去，虽然在送去的程度上有些过度，但在矛盾对立的转换中我们依稀看到了中国的点滴进步，进步中有肯定，也有嘲讽与不满。送去主义的对立矛盾方面为被动的"送来主义"和主动的"拿来主义"，文章便顺理成章地过渡到对"怎么拿"和"拿来怎么办"的论述。全文形成"闭关主义—送去主义—送来主义—拿来主义"的写作思路，各个环节之间用矛盾技术作为转换枢纽。

又如，鲁迅先生的《"友邦惊诧"论》中有一段是这样写的：

好个"友邦人士"！日本帝国主义的兵队强占了辽吉，炮轰机关，他们不惊诧；阻断铁路，追炸客车，捕禁官吏，枪毙人民，他们不惊诧。中国国民党治下的连年内战，空前水灾，卖儿救穷，砍头示众，秘密杀戮，电刑逼供，他们也不惊诧。在学生的请愿中有一点纷扰，他们就惊诧了！

本段中"友邦人士"对日本帝国主义和中国国民党两方所作所为的不惊诧，与对学生请愿行为的惊诧之间构成矛盾，这个矛盾表明了"友邦人士"遇事不公，并非真正意义上的"友邦人士"。作者透过矛盾的表象看清了"友邦人士"伪友好的本质。

再如，俞平伯先生的《读书的意义》一文中这样写道：

讲到读书的真意义，于扩充知识以外兼可涵泳性情，修持道德，原不仅为功名富贵做敲门砖。即为功名富贵，依目下的情形，似乎不必定要读书，更无须借光圣经贤传，甚至于愈读书会愈穷，这无怪喜欢读书，懂得怎样读的人一天一天的减少了。读书空气的稀薄，读书种子的稀少，互为因果循环。

在这段文字中，作者先提出了矛盾的正面，即读书的真意义，然后指出了矛盾的反面，不少人读书的意义是"为功名富贵做敲门砖"。这种矛盾的反面本身是错误的，作者指出在当时的情形之下，为了功名富贵还有其他的捷径，人们的错误更进一步，而读书这样一件正确的事情却可能会让人陷入困境，从而可知当时的社会风气并非风清气正，缺少对知识的尊重和对真理的追求。矛盾双方的相对照应引出了对主题思想的探究与反思。

在文章结构方面，矛盾技术既可以完全或部分地否定推倒前文，彰显后文的正确性，也可以肯定前文，补充强调后文。对内外矛盾的分析，可以引导读者探究矛盾的成因，启迪读者对写作背景、主题和意图的思索。可以说，矛盾技术铸造出的结构方式对认知事物的完整性和客观性大有裨益。

三 矛盾技术丰满血肉

一篇文章有了明眸与骨架之后，还需要大量的血肉来使之鲜活。不同类型的语句正是议论文的血肉，语句的成色直接影响文章的气色，矛盾技术有助于写出深刻而发人深思的警句。在《毛泽东选集》中，我们可以看到很多矛盾技术创造的结晶，如：

我们的战术就是游击的战术，大要说来是："分兵以发动群众，集中以应付敌人。""敌进我退，敌驻我扰，敌疲我打，敌退我追。""固定区域的割据，用波浪式的推进政策。强敌跟追，用盘旋式的打圈子政策。""很短的时间，很好的方法，发动很大的群众。"

在造警句时，我们可以根据写作内容提炼出相对应的几组矛盾词，如上述句子中的"进退""驻扰""疲打""退追"，给这些动词加上主语，紧凑相连，环环相衔，则能体现战术的灵活性和语言的紧凑性。"很短"与"很好""很大"之间相互矛盾，语义的反差带来了语言的张力，展示了我军游击战术的重大成效。

又如：

> 作战时选择突击方向和突击点，要按照当前的敌情、地形和自己兵力的情况去规定。在给养丰富的地方要注意不使战士吃得太饱，在给养不足的地方却要注意不使战士饿肚。

这个句子的矛盾技术体现在逆向思维上，给养丰富的地方和给养不足的地方两种违背常规的做法既合情合理，符合作战需求，又发人警醒。所以，我们可以运用逆向思维，寻找出事物矛盾对立面，然后将对立面相连，如果语言顺畅，语义通达，那么这样的句子往往超越常规，引人深思。

又如：

> 原子弹是一种大规模屠杀的武器，但是决定战争胜败的是人民，而不是一两件新式武器。

这一句选用了"主语是A，不是B"的句式，这个句式也可以改为"主语不是B，是A"。其中，A是反常规的认识或反常规的属性，要求能深入问题内部，展示认识的深度；B是常规认识或常规属性，代表大众化的认知。如罗丹的名言"生活中不是缺少美，而是缺少发现美的眼睛"，在一肯定一否定的矛盾对照下，写作者可以展现思考的独特性和深刻度。

再如：

> 所谓仁政有两种：一种是为人民的当前利益，另一种是为人民的长远利益，例如抗美援朝，建设重工业。前一种是小仁政，后一种是大仁政。

这句话运用一分为二的辩证矛盾思维，将"仁政"概念从时间上分为"当前"和"长远"两个矛盾面，从影响力上分为"小"和"大"两个矛盾面，矛盾面同时成立，各有其用，既贴近现实，又立足高远，表明了认识上的完整性与客观性。

矛盾技术的背后是人们对事物认知方法的完善，思维方式的健全。从议论文的标题、结构到警句等诸多方面，矛盾技术都大有用武之地。表现矛盾，探知矛盾，化解矛盾，唯有熟知技术，熟用技术，才能在写作时，于矛盾中生巧造华章。

引用技术：高考作文高品质语言的利器

广东省中山市实验中学｜刘卫平

　　众所周知，引用对高考作文大有裨益。不仅可增加字数，还可增强论证力量。正因此，庄子将引用的句子称为"重言"。不过要记住，高考作文有一条铁律，那就是人无我有，人有我优。因此笔者认为，高品质引用是建构高品质语言的利器。站在作文角度来看，高品质引用隐藏着一个重要作用：炫彩显摆，彰显个人的文化素养与思想素质。一般性的引用只能说是消极修辞，正如刘勰《文心雕龙·事类》所言："事类者，盖文章之外，据事以类义，援古以证今者也。"而高品质的引用是积极修辞，是一种开创性的修辞现象。

　　可是，当下作文引用方面暴露出三大问题：首先，引用内容平俗化，即引语过于熟悉，耳熟能详，缺乏新颖度；其次，引用对象宽泛化，即不考虑引语的来历，也不关注引句的表达；再有，引用运用狭隘化，即引用的空间过于狭隘，总觉得难以找到"合适的"引语，甚至有时干脆将引用拒之门外。这些形而上的引用反映出大家对引用系统还存在着认知偏差，这必将严重束缚引用系统的运用。基于此，本文提出三项具体引用技术，从而建构高考作文的高品质语言。

一　引用的筛选技术

　　说到引用的对象，不少人总是搬出名人名言、古典诗词、格言警句、俗语等语言材料。其实，在笔者看来，他们陷入"泛引用"的泥淖之中，成为传统意义上的"搬运工"。然而高品质语言中的引用不然，它必须经历第一道关卡——筛选，筛选出符合考场作文这一特定目的的引语。需要注意的是，筛选出高效度的引语对写作来说，意义实在非凡。

什么样的句子才是高效度的引语呢？笔者对近些年高考优秀作文进行细致分析，认为高品质语言的引用在筛选上具有三大技术要求。

（一）身份权威性

筛选即抉择，抉择是一种功能的释放。按照传统认知，我们总认为名人所言即为名言，那么名人的标准是什么？是公众性人物，是杰出贡献人物，还是思想出众人物？不可否认，这些人物所说的经典之言属于名言系列。但是，考场作文中引用的取舍很有讲究，不是说所有名人名言都属于引用的范畴。高品质语言的引用需要功能性强的引语，考量引语的来历，考虑引语的出处，即聚焦谁所言。

或许你不知，在每个人内心深处，都有一种怀古的情愫，即尊敬祖宗之说，推崇圣人之言。正因此，我们往往会把长者、圣者的观点奉为"圣旨"，并把它作为检验自己或他人语言表达的标准。因此，在引用时言者身份要有权威性，并且身份越权威，话语越有认可度，当然也就越有说服力和感召力。这在一定程度上也有助于提升自己的思想形象。比如在《庄子》一书中，庄子借重那些历史名人的威望，让他们道自己之欲道，说己之欲说，以此来中止争辩，并增强自己观点的正确性，增加《庄子》文章的权威性，也有助于树立庄子良好的思想形象。

因此，引用时要亮出言者姓名和身份，如启蒙思想家伏尔泰、伟大哲学家维特根斯坦，与那些没有头衔的引用相比，这些特定身份能为引语提供实证依据，更具有可信度。同时，引语的言者最好是历史上某一领域的权威专家，一般来说，引用萨特的话语比周国平的话语更具效度，引用庄子的话语比季羡林的话语更具厚重感。

（二）引语深邃性

引用什么样的句子，也是一项颇具讲究的筛选技术。虽说引语往往是历史文化精华的积淀，但依笔者来看，并不是所有的引语都应纳入引用的范畴。高品质语言的引用从不随随便便地嵌入引语，因为引语的品质很大程度上决定着语言表达效果。

当然，引语本身即为重要的语言资源，引语以自己的高品质来抬升整体的语言表达，增强话语力量。根据经验，笔者认为选用引语的标准有三条：内容的哲思性、表达的凝练性和认知的陌生性。概言之，引语要深邃。具体来说，其一，引语要内涵广、容量大，语意含蓄丰富，言简义丰，以小量的符号传递大量的信息，寥寥数字就能概括繁复的现象和感受。比如："孩子的心，是最接近天堂的地方。"涵括性强，运用性广，只要是在赞美孩子的语境中，都可以引用该句子。其二，引语的表达不可冗长烦琐，而应干脆利索，一般来说，一个引语字数最好不要超过30字，超过30字的引语颇显臃肿，也会削弱文段的主体地位，甚至有喧宾夺主之嫌。其三，引语不能过于熟悉，也不能过于陌生，也就是说要有几分陌生感，须铭记，任何语言都有使用寿命的问题，犹如鲜花也有保质期一样，当人们不知疲倦地使用某种语言范式时，该语言范式势必陷入审美疲劳的沼泽地。比如，引语"不经一番寒彻骨，怎得梅花扑鼻香"品质不高，因为过于熟悉，它不应该进入高中议论文写作中，最多只能说属于初中引用的范畴，而基本表达同义的引语"光荣的桂冠，从来都是用荆棘编成的"品质当然更高。

（三）运用适度性

引用也是一种文本构成方式，它能够建构新的语境，形成新的语义场，对语篇的形成具有"生成"作用。不过无论如何，引用只是添加的佐料，而绝非作文的主菜。引用绝不可滥用，而应在恰当的位置，以恰当的方式呈现。

不可否认，引用无形中可以增加文章的篇幅，由于文本具有开放性特征，引用还可以开启写作空间。换言之，可引用的空间较大。但这并不意味着引用没有边界。适度的引用可以为文段增光添彩，而过度的引用适得其反。因此，引用的运用要适度，这种适度包括次数合理和位置醒目。根据笔者对2019年粤港澳大湾区高考下水作文特等奖作文的统计，这些作文的直接引用平均次数是2处。笔者认为，一般来说，一篇考场作文引用数最好是2～3处，最多绝不超过5处，过多的引用会有凑字数之嫌，让人觉得在搞"名人名言"大串联，易于引发评卷者的排斥和厌恶。当然，有限的几处引用要用在"刀刃"位置，放在醒目位置，而不能随意放置。由于评卷者阅读时采取跳读的方式，有效感知决定着评卷者的跳读印象，也最终决定着赋分反应。要使引用被感知，引用呈现显得至关重要，这种呈现主要是通过位置来凸显。从阅读实际来看，作文醒目的位置往往是开头、段首句和结尾。因此，建议引语应放置在这些醒目位置。一言以蔽之，引用的运用要适可而止，绝不可滥用。

二 引用的融合技术

引用也是一项重要的谋篇策略。引用过程，其实就是将外来的语言材料加入到当下文段，主体文段会把它吸收进来，参与语篇意义的建构，从而化为自己的语言。在这个过程中，引语与主体文段之间有互动关系。那么，如何将这种互动关系融为一体呢？笔者根据写作实践研究开发出三种融合技术。

（一）句意融合

即取引意，也就是根据文段主题来选择同一主题的引语，并借助相关的阐释或说明，将此引语融入主体文段中。这是一种常见的融合技术，也是我们对引用运用的传统认知，与王力先生在《中国语法理论》一书中提出的"意合"不谋而合。该技术方法注重意义的对接性，强调引语语意与主体文段内容的一致性，这种一致性包括意思相近、观点相反、主题一致等。运用这种技术方法去搜寻引语，具有较大的局限性。换言之，只有储备与主体文段同主题的引语，才可能顺利完成引用这一过程。比如，2019 年全国 I 卷高考作文题，谈论的主题是劳动，依照此技术，只能选择劳动方面的引语进入引用空间。

> 俄国著名教育家乌申斯基曾经说过："劳动是人类存在的基础和手段，是一个人在体格、智慧和道德上臻于完善的源泉。"劳动给予我们强健的体魄，劳动锻炼我们的思维，劳动供给我们衣食，让这个世界更加欣欣向荣，试问哪一丝一毫的美好不是由劳动创造？

此语段是今年粤港澳大湾区高考下水作文特等奖《挥洒劳动汗水，怒放最美青春》开头语段，引语谈论劳动的意义，与作文主题一致，并且正相关。将此引语引用到这一语境之中，无疑加强了文段的说服力和可信度。

（二）词汇融合

即取引词，也就是引语中的词汇与主体文段的词汇回指和重复。这是一种词汇的撷用和接应。从语篇角度来说，这是语篇融合最简单直接的方式。具体来说，借助某一词将引语与主体文段衔接起来，以引用中的原词、同义词、近义词、上义词、下义词、概括词或其他形式重复出现在主体文段中，文段中的句子通过这种复现关系，借助相应的诠释，达成相互衔接，消解介入痕迹，使得前后语境粘合无缝，意义统一完整。这种技术方法能打破传统引用的局限性。要知道，词汇的复现就是逻辑联系的技术力量，但这绝不等同于语言表达中的啰唆重复，对语篇的前后衔接发挥着不可忽视的功能。比如，2018 年全国 Ⅱ 卷高考作文题，谈论的主题是打破惯性思维，若是苦于没有找到合适的同主题引语，怎么办？不妨运用词汇融合技术。

> 惯性思维是一种自我禁锢，打破禁锢才能开阔视野。著名散文家林清玄曾说："我从来没有失去过灵感，因为我的灵感来自大自然，而我每天都在更新。"就是这种更新，打破惯性思维的藩篱，换来了一代大师柔软的笔触和对生活独特的感悟，让人们看到了在这物欲横流的社会，在钢筋混凝土中绽开一朵百合花。

此语段是 2018 年全国 Ⅱ 卷高考优秀作文《挣脱惯性思维的枷锁》主体语段，主体语段是谈惯性思维，而想到的引语谈的主题是灵感，两者看似风马牛不相及，但是采用"更新"一词，通过有意识地重复使用此关键词，可将引语与语段有机地衔接起来，达到连接语篇的目的。看来，此方法也不失为一种巧妙的引用。

（三）结构融合

即取引形，也就是引语的表达结构与文段的表达结构一致，这种融合技术注重形式结构的一致性，而不大注重前后两者内容上的对接性，两者内容可以跨度大。当然，若是前后内容有一定的关联性，那么融合更为稳固。不过，结构融合是控制语篇连贯的形式机制，也符合语域的要求。如果说句意融合注重的是"意合"，那么结构融合注重的是"形合"，它以显性化的形式来将语意串联起来，保持语域的一致性。从表达效果来看，这种结构尽量是显性的平行结构，而不用隐晦的结构。要明白，语言本身具有"自合性"，每一个新文本的生成都离不开对前文本的吸收和转换。因此，这种融合技术对前后内容没有太大的约束性，也就是说，引语的空间较为自由。比如，2018 年全国 Ⅰ 卷作文题，讲的是现在的我给 2035 年 18 岁的青年写文章，如若没有想到合适的同主题引语，不妨找一个涵括性强的引语，再以此引语结构延伸到文段结构。

> 毕淑敏曾经在一篇文章中这样写道："世界很宽，时间很瘦，时间从我们的指尖细碎中流走。"的确，时光永远像抓在手中的细沙，从指缝中悄无声息地流走。曾经感叹，公元前我们太小，公元后我们太老。岁月易老，一代人各有一代人的际遇和机缘，使命和挑战，现处于 2018 年 18 岁

的我和 2035 年 18 岁的你，必然有所不同。如今我和新时代的中国一起追梦，圆梦，无数国人为中华民族的伟大复兴不懈奋斗，而那时的你是否已经目睹了美丽的现代化中国？带着无尽的想象写下这篇文章，献给 2035 年的你。

此语段是 2018 年全国 I 卷高考优秀作文《献给 2035 年的你》的开头语段，从内容来看，毕淑敏的名句与主体文段关联性不大；但两者在结构上保持高度的一致，都采用"……很……"句式结构，使得衔接不勉强，不晦涩。该名句包容性大，使得引语自然而然地融入新文段之中，使引用更为自然流畅，而毫无斧凿之痕。

三　引用的训练技术

吕叔湘说："语言是一种技能，一种习惯。"语言文字要想干净，不含杂质，就必须经过淬火，而且是反复淬火，才能内化为技能。作为语言修辞中炫彩的利器，引用是一项技能性强的写作手法，要在短的写作时间里打造高品质的引用，不仅需要前期的筛选和储备，更需要有针对性的实战训练，将引用技术落到实处。为此，笔者总结两种常见的训练技术。

（一）指令性训练

日常训练层面，每次小作文规定主题或者中心论点，要求引用一处；作文写作层面，每次大作文也规定相应的名句，并要求引用两处或三处，规定在特定关键位置务必引用，将引用渗入写作之中。这种指令性的写作训练虽是自上而下的，但能强化学生的引用意识，让引语流淌于学生的笔尖，也使训练更有明确的指向。更重要的是，这种写作训练让学生体验到专项写作的过程，这样训练的实效性明显增强。为了进一步提升引用训练的针对性，不妨为学生提供适当的引用支架和帮助，比如，笔者根据高考作文题确定了十二个主题：教育与梦想，语文与阅读，青春与时代，物质与精神，创新与传统，感性与理性，科技与人文，个体与他人，道德与法律，城市与农村，挫折与沉默，时间。这些主题涵盖面广，适用范围大。同时，每个主题都配有十个左右的名言佳句，每次写作训练均要求学生务必引用这个范围内的名句。久而久之，学生对名句的运用更为准确和自如。K. 安德斯·埃里克森提出"刻意训练"理论，强调教师通过刻意设计的练习活动，组织专项练习，以提升学生引用名句的写作能力。

比如，写分论点"科学的进步考验着人性"的语段时，要求学生必须引用"科技与人文"主题的名句，此主题名句包括：

> 一个人要么成为一件艺术品，要么戴一件艺术品。（伟大艺术家王尔德）
>
> 没有科学和艺术，就没有人和人的生活。（著名作家列夫·托尔斯泰）
>
> 科学没有国界，科学家却有国界。（著名科学家巴普罗夫）
>
> ……

（二）升格性训练

文学巨匠鲁迅先生说："好文章是改出来的。"美国教育心理学家桑代克提出"试错理论"，认为语言能力的提升源于人们不断尝试的语言写作实践中。所以我们应该允许学生写出粗糙的语言，甚至错误的语言。但教师自己应该俯下身姿，与学生一起对文句进行修改升格，注重作文过程中有针对性的指导。美国的"过程教学法"启迪我们，要关注学生的真实写作过程。因为高品质语句是经过反复推敲修改甚至推倒重来而写出来的，写作的过程就是一个不断修改、发现和完善的过程。升格训练是开展写作教学必备的意识和能力，也是提升学生写作能力的重要通道。学生只有娴熟地掌握引用的写作技能，才能在快节奏里写出高品质的引用语句。

在写作教学过程中，笔者经常对学生的语段进行引用升格训练，引导学生对普通文段修改升格，让学生触摸引语的融合过程。比如某学生写的题为《给应试教育一把尺》的语段：

> 说起教育的重要性，毋庸置疑，教育是人之根本。没有了教育，人只可以称得上是有情感的动物。当下的教育一味地追求分数，轰轰烈烈地搞应试，看来，应该要给应试教育一把尺。

此段文字读起来明显感觉单薄无力，语言表达毫无亮点。本次升格修改主要目的是增加名句。由于该段主题是谈论教育，因此想到教育方面的名句。于是，引用叶芝的教育名言，用来揭示教育的意义，后文也紧扣教育来衔接和议论。当然其他语句也有必要进行去俗化修改，用更生动有力的语言来表达，于是就形成升格文段：

> 爱尔兰文艺复兴领袖叶芝曾说："教育不是注满一桶水，而是点燃一把火。"没有教育，就没有唤醒；没有唤醒，人类就是沉睡的动物。而如今，教育却深深陷入应试教育的沼泽，因此，应给应试教育一把尺。

总之，引用也是一种言语交际工具，它能向评卷者传递语文知识和写作素养。而在写作过程中若要完成高品质语言的引用，不仅需要高质量的引语储备，也需要冲破对引用的传统认知，打开引用的融合通道。在此基础上，通过有针对性的训练，建构新的意义结构，将引用技术落到实处，最终提升文段语言的表现力。

【本文系中山市教育科研 2018 年度重点项目"聚焦'语言建构与运用'的技术作文教学实践研究"（课题编号：A2018028）阶段性成果】

·参考文献·

① 张海.《庄子》"重言"初探［J］. 成都师专学报，2000（3）.

② 张华. 评卷者反应：高考作文的得分原理［J］. 语文教学通讯，2019（1）.

③ 刘伟伟. 论"引用"修辞方式的语篇功能［D］. 上海：复旦大学，2010.

④ 李尚. 论引用语的社会功能［J］. 语文学刊，2011（2）.

⑤ 解超群. 评价理论视角下语言学学术文章中的引用分析［J］. 吉林省教育学院学报，2017（2）.

（原文发表于《语文月刊》2020 年第 5 期，人大复印资料《高中语文教与学》2020 年第 9 期全文转载，此次出版有改动）

对象转移：词语的复活技术

中山市教育教学研究室 | 张　华

　　一个词语通常有两种含义：一种是词典义，另一种是印象义。词典义是词语运用的基础，没有词典义，人们的沟通与交流就会变得困难。但是从写作的角度来说，词典义恰恰又是词语出色运用的障碍之一。

　　形象点来说，躺在词典里的词语，通常都是死了的，附在其旁边的例句就是一个个骨灰盒，把死了的词语装在里面。从这个意义上来说，所有的词语其实都面临一个"复活"的问题；而词语只有"复活"了，才会更有活力，更有生命力，也更有表现力。小说《罗生门》的作者芥川龙之介说"文章中的词汇必须比辞书中的多几分姿色"，表达的便是这个意思。

　　为什么词语运用要突破词典义呢？文学艺术中的"陌生化"理论可以做出很好的解释。"陌生化"文艺理论家什克洛夫斯基的名言就是："艺术的目的是要人感觉到事物，而不是仅仅知道事物。艺术的技巧就是使对象陌生，使形式变得困难，增加感觉的难度和时间长度，因为感觉过程本身就是审美目的，必须设法延长。"

　　幸好，人类发明了这一起死回生的神药，可以将一个个早已作古或垂死挣扎的词语，从地狱般的词典里，一个个拯救出来。让它们得以复活，重见天日；如果没有艺术这一剂灵丹妙药，所有的词语也许就只能"永垂不朽"了。

　　这就是词语的复活技术。

　　很多人以为，写好文章，要有丰富、庞大的词汇量。这实在是一种想当然的偏见。证明的例子随处可见，比如朱自清的《春》，短短几百字，哪一个词语你不认识？你的词汇量肯定远远大于这篇文章。揪心的问题是：你词汇量大，你怎么写不出不需要很大词汇量的《春》？又比如李白的《静夜诗》，大家早已烂熟于心。每一个字都那么熟悉，也那么平常，但是，能够如此艺术地遣词组合，又岂是词汇量大小的问题？

所以，遣词的真正秘诀不是词汇量的问题，而是一个普通词语的复活问题。这个认识，如果没有跟进，我敢说，你一辈子也难以炮制出一个能走心的词语。

接下来的问题就顺理成章了：那么如何复活词语呢？

其中，"对象转移"不失为一种操作起来简单、效果异常突出的一种词语复活技术。

所谓"对象转移"，就是面对一个词语，你要大胆地有意识转移其使用对象。

如果你胆量足够大，这项技术，甚至可以夸张地称之为"乾坤大挪移"。翻天覆地、天旋地转、上天入地、改天换地式的转移，才是词语增加巨大能量的手段。

受惯性思维的顽固影响，我们的遣词系统越来越老化、僵化，甚至到了死而不化的地步。一个词语什么意思，用来描述什么对象，在我们的脑子里已经形成了近乎条件反射的刻板印象，比如"灿烂"的永远是"阳光"，"水汪汪"的一定是小孩子的眼睛。可是，你要知道，词语运用最忌讳刻板印象，因为刻板就是熟悉，熟悉就是不陌生，而只有"陌生化"，才能激发人们的感觉。

打破遣词的惯性思维，最好用的一把锤子就是"大胆转移对象"。

词语的对象固定化，随处可见。比如牛，用的是"一头"，鱼用的是"一尾"，这里的"头"和"尾"就是很固定的说法。复活词语就是要转移这个固定对象，比如：

> 埋头看书时，忽然觉得毛茸茸的大腿上，有挖掘机之类的东西在施工。低头一看，好家伙，一头硕大的蚊子，早已腆着通红的肚子，依然在我惨白的大腿上，专心致志地放我的血呢。

此处的蚊子，岂是平常的"一只"所能描述的？这个时候，用在"牛"上的"一头"，就转移到"蚊子"身上了，这样一转换，原本僵死的"头"就突然间鲜活起来了。

又比如"嚣张"一词，我们知道，其使用的固定对象当然是那作恶的"人类"了。如果要复活这个词语，第一个路径就是"毁灭"人类，让别的事物也可以堂而皇之地"嚣张"起来。

"嚣张"的词典义我们是清楚的，即"（恶势力、邪气）高涨；放肆"。请看我写的句子：

放假归来，阳台上的盆景纵横交错，长得嚣张极了。

使用"嚣张"时，为什么我会联想到阳台上的盆景呢？

首先，我脑子里有强烈的"转移"意识，我知道，词语是一棵树，再不挪一挪，"嚣张"就会死掉的。怎么转移呢？

前面我提到过，词语除了"词典义"外，还有"印象义"。所谓"印象义"，就是词语在大脑中留下的模糊印象。我很清楚，"嚣张"的印象义就是"很强势，很厉害"，那么除了人类，还有什么东西很厉害呢？还记得白居易的"野火烧不尽，春风吹又生"吗？这不就是草的厉害之处吗？

既然草很厉害，也就可能"嚣张"，于是我把对象转移到了野草上，转移到了植物上，进而转移到了阳台上的盆景上。

于是，"嚣张"一词就被我复活了。

反过来看，以"小草"为例，我们一般人是怎么形容的呢？比如"小草长得很不错"，我们会怎么说的？

（小学生水平）小草长得好好喔。
（高中生水平）小草很茂盛。
（大学生水平）小草葳蕤。
（文学家水平）小草长得嚣张极了。

当我们勇于将形容人类的"嚣张"，转移到了"小草"上，这个词就像一堆干柴烈火，立马就被点燃了，火势旺到读者只能叹为观止。

"小草很茂盛"这种说法，之所以僵死，其根本原因，并不在于"茂盛"，而在于"茂盛"的使用对象固定化为"小草"，一固定就僵化，一僵化就垂死。

对象转移技术，就是要阻止这种"垂死"趋势，力挽狂澜，起死回生。比如，同样是"茂盛"，放在别的对象上，就活灵活现了，请看下句：

由于土壤贫瘠，加之干旱过度，华哥头上残留的几缕头发，仿佛是旱地上抛下的秧苗，再也无法茂盛起来了。

将原本形容植物的"茂盛"一词，转移运用到"头发"上，当然也就活力四射了。

这就是词语复活的对象转移技术。这里头深藏着词语运用的内在机理，比如词义的伸缩性，比如词义的联想性，比如词义的生成性，等等。

事实上，许多出色的作家，就是"对象转移"的运用高手。

一颗葡萄的"颗"字你是不陌生吧？这样一个寻常词语，能不能让其复活呢？当然可以，办法依然是"转移"，转移到那些不能论"颗"的事情上来。现代散文大家梁实秋就是这么干的：

> 我永不能忘记那永不长大的孩子潘彼得，他嘴角上永远挂着一颗微笑，那是永恒的象征。
>
> ——梁实秋《脸谱》

如果你不敢转移，那么我就断言，你一生的"微笑"永远是"一个、一朵、一脸"，仅此而已，也别想这辈子能说出"一颗微笑"这样出格又叛逆的复活话来。

仔细想想，"微笑"有形状吗？没有。"微笑"有数量吗？好像也没有。微笑就是一种样子，给我们的也就是一种感觉。但是，梁实秋用了一"颗"，微笑就圆滚滚的，珍珠般的，如果掉在地上，仿佛还有"大珠小珠落玉盘"的美妙声音。这样的"微笑"，精致，美观，绝对是上好的艺术品。这个时候，你就不得不佩服，梁实秋这个对象转移技术的神奇了。

长这么大了，你去医院做过抽血检查吗？拿到检查单，满纸上都是什么"阳性、阴性、pH 值"之类的东西，我相信你会看得一头雾水。对于这些机器里捣鼓出来的"阳性、阴性、pH 值"等词语，我相信，你除了看病时会偶尔用上它们，其他时候，估计是"永无交集"的。对于你来说，这些冷冰冰的词语，是彻底的"僵尸"词语，除了死得很彻底，你看不出它们有什么特点。

但我前面说过，任何一个词语，只可能死在词典里。学会运用对象转移技术，它们都有可能起死回生，甚至茁壮成长，郁郁葱葱。事实上，有人还真就把它们转移了，效果还好极了：

> "夫妻"和"夫妻"是不一样的。这里头的区分，怎么说呢，嗨，除了老师，谁还看不出来呀。哪对"夫妻"呈阴性，哪对"夫妻"呈阳性，目光里头的 pH 值就不一样。
>
> ——毕飞宇《家事》

只能这么说，"茅盾文学奖"获得者毕飞宇，是当之无愧的词语复活大师。这样的"僵尸"词语，被毕飞宇乾坤大挪移以后，居然也用到了"夫妻"上，而且用得那么自然，那么鲜活，你不得不佩服：亏他想得出！

老实告诉我，"坑坑洼洼"算不算一个普通词语？除非你瞎说，否则这绝对是一个普通得不能再普通的词语。每个人都走过坑坑洼洼的地，每个人都知道，很多地面就是坑坑洼洼的。这样一个生活化的词语，请问，你想过可以转移一下吗？在我的启示下，你会说，可以呀：我走过了一段坑坑洼洼的人生。这确实很不错，毕竟对象从"地面"变成"人生"了。但你别神气，诺奖得主莫言可是这么转移的：

> 路西边高粱地里，有一个男子，亮开坑坑洼洼的嗓门，唱道：妹妹你大胆往前走／铁打的牙关／钢铸的骨头／从此后高搭起绣楼……
>
> ——莫言《红高粱家族》

"坑坑洼洼"竟然用到"嗓门"上了，我敢说，空间如此大的对象挪移，很多人是不敢想象的，这里头就不仅仅是"转移"意识的问题，而是"转移"的勇气问题了。我们知道，词典的面孔向来是端庄肃穆的，每个小孩都被它震慑着长大，一辈子都留有挥之不去的阴影。但是，莫言以实际行动仿佛在告诫我们：年轻人，使用词语"胆子要大一些，敢于试验，不能像小脚女人一样。看准了的，就大胆地试，大胆地闯……没有一点闯的精神，没有一点'冒'的精神，没有一股气呀、劲呀，就走不出一条好路"（邓小平语）。

对象转移技术的词语复活案例，举不胜举，鲁迅、钱钟书、张爱玲、冰心、余光中、余秋雨等等，大家有兴趣，留意一下他们的作品，一定会窥探到这一词语使用的秘密。

值得注意的是，对象转移只是提供了词语复活的一个运用路径，至于这条路径是不是好走，是否能走得通，还需要使用者在实践中反复揣摩，不断总结经验，不能被"技术"绑架了，走入死胡同。

（原文发表于《广东教育·高中》2017 年第 11 期，此次出版有改动）

对偶句的生成技术

中山市华侨中学 | 杨德洲

作为一种修辞方式，对偶源远流长。上至庙堂，下至民间，从文章到诗歌、从诗歌到对联，从文言到白话，对偶修辞都极其活跃地存在于这广阔的空间。其要求的两句字数相等、结构相同或相近，甚至意义要相关联、音韵相互和谐的特征，非常契合于以单音节词为主的汉语。其识上句必知下句左右对称的格式，其对情绪渲染、主题强化的"装饰性"，其内部语义互补触发更多联想的"完形性"，都决定了对偶这种修辞具有强大的语言生成功能。"一个对偶，无论是单独行文，还是作为整体篇章中的一个组成部分，它必定是一个独立完整的艺术整体，而不会是依附于其他文句而存在的连续话语中的一个片段。"[①]对偶于我们国人而言，不仅是一种修辞方式，更是一种语言生成的思维方式。它可以从上一句生成的一刹那就决定下一句的模样。

在评卷场上，差的作文与好的作文一眼就能分别出来，最大的区别就在语言。好作文的语言首先是通畅精练，词语优美，有明显的语言锤炼意识，而不好的作文语言拖沓，"口水话"很多，这类作文缺乏起码的语言锤炼意识。因此，在训练学生作文的语言中，应从锤炼始，而对语言的锤炼，应从对偶始。表面上看，对偶辞格中上下两句都在表达同样的事物，诉说同样的情感，似显啰唆。然而，正是在这种看似啰唆的重复中，情感得到渲染，主题得到强化，这是高中生作文要求中最明显的一点。在说理文中，不管是以理服人，还是以情动人，都需通过强化与渲染，才能更好地达到目的。写作研究专家马正平先生认为所有的文章结构特点就是两大类：重复与对比。[②]正是通过重复，让所表达的内容得到强化。当然这种重复不是单一的复制粘贴，而应是像对偶这样高级的重复。"重复手法的应用，大大改变了偶句在交际语言中的基本品质。在一定程度上破坏了人类语言的线性表达功能，使其成为一种略带奢侈气质的羡余性语言。而对偶的这种非实用性特性，最终导致它成为一种优美的装饰性语言艺术。"③这恰恰也是对偶作为锤炼学生语言手法的另一原因。

当然，现代白话文写作中的对偶运用，不必要求像律诗和对联一样严格，只要总体遵循结构对称、字数相等即可。高手所写的作文总善于将对偶处处运用。

（1）以对偶开头，迅速切题。如：

"十八年前，庚辰龙年，我随新千年来到人世间走这一遭；十八年后，戊戌狗年，你接过火炬来到人世间走这一遭。"④

这是 2018 年全国 I 卷广东一篇优秀作文《你我之梦，中国之梦》的开头。不仅迅速切题，将 2000 年、2018 年、2035 年三个时间节点联系起来，更从字里行间之外透露出一种传承。这恰恰也体现了对偶"完形性"的特点，对偶句的"两两对举和并行不悖，大大突出了它们在语意上的内在联系，从而突破线性语言的次序束缚，诱导人们在超越正常语言的叙述方式之外，以想象补充其中空白缺漏的未写内容，理解和体会它们之间的相互关系"⑤。

（2）以对偶叙事，加快节奏。如：

"我看过北京奥运会上灿烂的烟火，我上过来自宇宙中的授课，我走过众多山区里崭新的公路……"⑥

这来自于同一篇文章。在议论文中，叙事并不是主要的，而是作为某种论据，因此，需要简单，直至核心。而如何将事例串联起来？对偶是最主要的思维方法。这里举了三个例子，构成了排比，但排比正是从对偶而来，只不过是比对偶增加了句数，但前后结构大致一致。

（3）以对偶提论点，整饬结构。

如 2018 年全国 I 卷广东一考生按照对偶的修辞给了三个分论点："我们的时代，是把握机遇的筑梦时代"；"我们的时代，是直面挑战的克难时代"；"我们的时代，是勇于创造的新时代"。这三个论点有直接重复来强化的部分，但依然需依靠对偶的思维来增强整饬之美，让文章更加规整。

除了以上三点从大的行文结构上运用对偶之外，其行文的细节也大有对偶在。因对偶是暂时游离叙事之外，来强化某种情绪或者主题，从而增强了文章的叠唱之美。又如广东某考生的《把握机遇　直面挑战》一文，"我们与你们，时代不同，挑战各异"，"作为新时代的青年，当如朝阳，如春风，尽力奔跑"。这两句中的"时代不同，挑战各异"是对偶句，"如朝阳，如春风"也是对偶句。这可能是作者的不经意而为之，但不正体现对偶这种思维方式的强大吗？这也从侧面说明对偶修辞是生成句子生成文章的绝佳路径之一。

《人民日报》的评论文章是对偶句的一大集中地。人民日报社曾编辑了一本该社的评论集，在这本集子里，对偶不仅体现在行文的细节中，也体现在行文结构上。这些文章金句不断，语言精练，结构整齐。说理充分，又热情感人。其中，对偶修辞，功莫大焉。

由于对偶的特征明显，易看易辨，且容易操作，因此，对于学生作文语言的锤炼，不妨从写对偶句开始，将对偶的修辞体现在行文的细节中，体现在文章的结构上。那么如何写出对偶句呢？对偶句的生成本身又是依靠什么句径展开呢？不同于对偶的分类，也不拘于其繁多的辞格，在作文写作中，我们不必像古人写诗作对那样追求严格的工整，只需保持句式的整齐、结构的对称即可。围绕这一目标，我们可以总结出以下技术路径。

首先，对偶的上下两句保持相同的语序及短语结构。这是保证句式整齐、结构对称的必须原则。即上一句用了这样的语序与短语结构，下一句也应想着用同样的语序和短语结构。利用对偶修辞的上下两句话可以是多种句子成分的长句，也可以是短句，但语序一定要统一。上一句是主谓宾的顺序，下一句就必须是同样的顺序，上一句省略了主语，下一句也要省略主语。当然，在具体作文中，尽可能不要用长句，特别是多重定语多重状语的长句，一来容易"生病"，二来不利于文章节奏的推进。很多短句其实本身也可以看作是一个短语结构。上句偏正，下句也应该偏正，上句动宾，下句也应该动宾。而将句子划分成若干短语结构时，亦应遵从这一原则。如果上下句是相同的语序，相同的短语结构，基本的对偶模型已经形成，此时，只需要调整字数，保证上下两句中各成分是相同的字数即可。

其次，对偶的上下两句在保证各成分词性相同时，利用同类词或反类词联想造句。有了对偶修辞的认识，但缺乏对偶修辞的运用（如写了一句话，却不知道下一句该写什么），此时，学生应该要有聚合思维、类别意识，而同类词或反类词就是这种思维意识的最好体现。同类词不同于同义词，它应是某一门类的集合。比如名词类的各种分类，如方位名词、时间名词等。又如形容词也有很多，如表示状态的，大、小、高、矮；表情绪的，喜、怒、哀、乐等。古人由于写诗作对的需要，也进行过类似的分类，如清朝编辑的

《词林典腋》将同类名词分为"天文、时令、地理、帝后、职官、礼仪"等共三十门类，每一门类由多种名词组成。[⑦]当代苏新春主编、由商务印书馆出版的《现代汉语分类词典》将现代汉语词汇分为"生物、具体物、抽象事物、时空、生物活动、社会活动、运动与变化、性质与状态、辅助词"等九大类，每一大类下又分若干类，如"生物"类分为"人、动物、植物、微生物、生物部分"等几类，这些类别下又有若干类，如"人"又分为"泛称、性别、年龄、亲属、体态、品性"等若干小类。该书针对这九大类，最后分为 508 个小类。当然，这样专业的书籍大可不必给高中生阅读，但是应该给学生树立一个分类的意识。比如上下左右与东西南北都是表示方位的同类，日月星辰、山河湖海、花鸟虫鱼、涓滴尘埃都是自然事物的同类。追寻、握住、掌握、闯出、创造，可谓同类词，都是表示一种主动出击的动作。想到一个词，立即想到另一个同类的词，再根据对偶的特征造句。

与同类词相对的是反类词，反类词也不同于反义词，如果单单是说反义词，那就非常的狭隘了，将其上升到类别时，减轻了积累的负担，也加快了句子的生成。比如说自然类与人文类，具体事物与抽象事物，都属于反类。当我们想起自然的山时，不一定要立即想起水，也可以想起人文中的诗。所以，当我们描述了山之后，就可以去描述诗，比如说，"山屹立于大地"，那么，我们可以迅速过渡到人文，"诗流淌在心间"。又比如人的精神状态，可以分为积极的与消极的，如勇气、拼搏、阳光、向上等都属于积极类的词，由此，应该立马想到那些消极的词，如颓废、悲伤、孤独、念旧等等，当然这样的划分并不是绝对，只要心中有个大致的意识即可，因为目的只有一个——生成句式对偶的句子。

最后，根据同类词或者反类词拆词造句。如果在写作时，专门手执一册《现代汉语分类词典》，很不现实。这就要用到拆词法，即将现代汉语双音节或多音节词汇拆成两两对称的，然后以此造句。现代汉语的双音节词汇或者多音节词汇除了少量由虚词构成的词比如说"关于"，几乎实词类组成的词都可拆解成单音节词。而且很多双音节词实际上是同类的单音节词组合而成的，我们将其拆开，就可以造出两个上下对偶的句子了。保险起见，我们尽量拆解那些并列结构的词。比如"我们要把握好人生的航向"这句话，就可以运用拆词技术，拆解"把握"，可以生成如下的句子："把住人生的帆，握好人生的桨"，这就比"把握人生的航向"这句话丰富多了。又比如，"千军万马排山倒海而来"，可以拆分成"千军排山而来"与"万马倒海而至"这样一组对偶句。诚如俄国形式主义学派的意见，语言之美来自陌生化，当我们将一个司空见惯的词进行拆解时，实际也有陌生化的效果。需要注意的是，在拆词的时候，要保证所拆的词在两句话中是词性相同的。比如"美人"这样一个偏正结构的词汇，如果硬要拆分，就要保证"美"跟"人"是词性相同的，可以这样拆，"求大美，做正人"，"美"与"人"都是名词了。而这也是与对偶句的结构对称是一致的。

综上所述，对偶不仅是一种简单的修辞，更是汉语最独特的一种思维方式。因其节奏感，因其对称美，极大地丰富了汉语的美感。这种思维又具有强大的生成力，它可以生成词，可以生成句，可以生成段。在写作之中，应该要有意识地进行这种思维锻炼，由有意到无意为之而为之，就是这种技术的力量体现了。当然，汉语美是一个综合工程，本文仅涉及其中一点，写好一句话，写雅一句话，需要综合运用，也靠逐个突破，对偶就是个很好的突破口。

· 参考文献 ·

①③⑤⑦ 朱承平 . 对偶辞格［M］. 长沙：岳麓书社，2003：9，6，7，112.

② 马正平 . 高等写作思维训练教程［M］. 北京：中国人民大学出版社，2002.

④⑥ 广东考生 . 你我之梦，中国之梦［J］. 语文月刊，2018（8）：36.

同异技术：一分钟点亮你的分论点

中山市第一中学｜李雪垠

写议论文讲究纲举目张，分论点是话题多维度、深刻展开的体现，是阅卷人快速把握文章内容的抓手。如何让你的分论点瞬间亮起来？

教学的四个维度被一位学者总结为："授之以鱼，授之以渔，授之以欲，授之以宇。"意即传授知识，传授方法，授导欲望（内驱力），授导宇宙格局和胸怀。从形式上看，每个分句字数相同，结构相同，四个"授"字相同，每句只换一个字，"鱼""渔""欲""宇"读音相同或相近，同中有异；和谐有趣，层层递进。该学者到底施展了什么魔法呢？

首先，思想正确而发人深省，富有哲理美；其次，表达由浅入深，蕴含逻辑美；最后，运用一种语言技术，把富有哲理和逻辑的句子融合到一个句群中，每个分句包含的汉字拼音相同，又穿插变换以不同的四声，收到音韵和谐、引发兴趣的效果。这个技术就是"同异"技术。

这项技术可使口头表达条理清晰、哲理感强又富有趣味，是言语交际的有效抓手。同理，考生如果想要在书面上瞬间抓住阅卷人的眼光，那么该技术是提升分论点的奇妙助力。

一 理趣美：同异技术的语用内涵

（一）何谓"同异技术"？

把字数相等、结构相近或相同，字面同中有异、异中有同的两个或两个以上的词或短语放在同一个话语流中，使其相互对照、相互映衬的一种技术叫同异技术。

（二）何谓"理趣美"？

即有条理、富哲理和蕴趣味的美感。理和趣是审美的两端。

同异技术能满足人们四种心理需求：

（1）求新心理。语言材料从表层形式上看，同中有异变化中出"新意"，可使阅读者的"无意注意"转化成"有意注意"。

（2）求异心理。语言材料的内涵不同，呈现差异性、对立性，这种语言文字的异质化让读者感受特别。

（3）求趣心理。即人们追求具有趣味性事物的心理倾向。比如"你天生丽质，我天生励志"，一说外形美，一说内在美，各美其美，不卑不亢的反差对比中彰显说话人的自知、自信、显得诙谐有趣。

（4）求知心理。即寻求有逻辑条理性、有哲理思想性的文化精神滋养。同异技术简洁精辟地揭示现象与本质的关联，层层递进地探讨问题，能在信手拈来的反差语料里警醒人心，批判挞伐。追求高级趣味，即有思想、有深度、有内涵、有逻辑的趣味，是人的高级文化需求。这就是对"理"美的追求。

同异技术因其形式上的对称和内涵上的反差，可以使文章兼具理趣美。

（三）同异技术分类及理趣美

（1）前同后异。如"欲把西湖比西子"里的"西湖"和"西子"，前一个字相同，后一个字不同，以西施的美来衬托西湖的美，由人及物，运用比拟，令人想象西湖如同绝世美女一样柔美婉约、相映成趣，富有理趣美，让人流连忘返。

（2）前异后同。如"我曾失望，但从不绝望""口袋问题用脑袋解决"，后一个字相同，前一个字不同，语义变化或相反。乍一看来，平淡无奇，细细品味，发现精简有趣。

还有一种变异形式，即字形不同而读音相同。如"要解封不要发疯""要支援，不要裁员"，其中"封"和"疯"、"援"和"员"形不同但音同，幽默风趣传达出人民至上的理念。

张华提出"评卷者效应"：语言的连贯、整齐、对称、深刻、幽默等"显性语言美"，容易让评卷者在短时间内感受到。而同异技术，既有条理上的连贯，句式上的整齐对称，又有深刻的哲理，幽默风趣的表达，可谓"四美具"，让人眼前一亮。其效果绝非偶然，而是作者为求特定表意功效有意为之，是其对文字材料主动择取使用、匠心独运进行奇妙组合的结果。

学生练习使用同异技术，既能体现思维的条理性，又能有效增强语言的趣味性，瞬间点亮分论点。

二 论点设计：同异技术的语用操作

（一）实际操作依据

从内因看，高中生具有一定的语言交际和理性思维能力，能识别同异技术的不同类型，能归纳不同类型的特点，能运用该技术造句。

从外因看，教师提供有同异技术的例句、概念、分类标准、造句技术和步骤，给学生搭台阶，可使语言教学富有实效。

（二）实际操作步骤

第一步，感知例句。尊重学生认知规律，由易到难，通过让学生识别大量运用同异技术的句子，感知其理趣美，令其产生向往和模仿的动力。

教师可启发学生理解概念，引导学生概括分类公式：

AB-AC 式：阅读，悦读。

AB-CB 式：复工，罢工；复产，破产。

形异音同变式：会谈，反弹。

第二步，识别训练。如：

（1）填空题：写出它使用的技术和范式类型。

> 青年要有象棋的遵规之心。
> 青年要有围棋的包容之心。
> 青年要有跳棋的协作之心。

明确：同异技术，AB-CB 式。

（2）改写训练题。可在填空的基础上增加难度，将改动一个词语扩展到改换一个短语：运用同异技术 AB-AC 或 AB-CB 式，改写以下分论点的加点位置。

> 青年应学习象棋的定位自我，担当使命。
> 青年应学习围棋的遵守规则，众志成城。
> 青年应学习跳棋的借助外力，达成目标。

我们搭建台阶如下：

先选定一个字作为参照物，通过组词法，拟定备选词库；然后根据原分论点所在语境，在备选词语库中检索适合自己话题的词汇。

即参照字—组词库—检索—排序四个步骤。

示范如下：

步骤 a　选中参照字："担当使命"的"命"字。

步骤 b　通过组词拟定"命"的备选词库：

AB–AC 式

　命名　命题　命令

AB–CB 式

　使命　遵命　改命

步骤 c　检索。加点字分别改为"实现改命""守规遵命"。

步骤 d　排序。事理逻辑是：先担当使命，再守规遵命，最后才能实现改命。经过修改，分论点瞬间变得整齐、连贯、层层相因。

当然，任何局部的语言美感的追求，都应当是因地制宜、恰到好处的。让语言为论点服务，让语言扎根在有思想有内涵的内容中，即"文质兼美"。切不可为技术而技术，若生搬技术去硬凹"造型"，那便是画虎不成反类犬了。

三　阅读聚焦：同异技术的语用升级

丰富的阅读积淀为同异技术的实践提供语用素材。我们要以同异技术为特质，聚焦类似素材。

第一类，狭义的语文。

古诗、对联、现代诗及各国小说作品中都不乏这种修辞技术的使用。

如《诗经》"与子同袍""与子同泽""与子同裳"，李商隐的"昨夜星辰昨夜风"，王夫之《雨余小步》一诗中"莲花莲叶""疏雨疏风"，都选择在有限的文字篇章中，于相同的用字后变换搭配使之相异，达到表意丰富、层次多维的效果，兼具理趣美。

再看对联：君王出上联曰"思父思母思妻子"，意在体谅臣子思乡之苦，三个"思"，对象变换为父、母、妻子，范围广、内容全、理解深。而臣子巧用同异技术对下联：谢天谢地谢君王。三个"谢"，对象有一字之差异，包含天、地、君王，将君王摆在天地主宰的高位并举，既传达出对君权如天地的恭敬，又巧妙表达对皇帝批准省亲的感恩。

现代卞之琳《断章》"明月装饰了你的窗子，你装饰了别人的梦"，巧用同异技术："装饰"的对象是"窗子""别人的梦"，构成差异，由观景至入梦，化实为虚，赏景与被赏同构，温柔旖旎的夜色与和谐的天地人融合，"欣赏"主题深刻。

外国文学作品如狄更斯《双城记》里写道"人们面前应有尽有，人们面前一无所有"，"有"相同，前面的"应有尽""一无所"相异，突出世界的两面性，流露出对弱者的悲悯情怀。同异技术总能丰富语言的表现力，增加文辞的理趣美。

第二类，广义的语文。

在日常生活话语中，同异技术俯拾即是。如"金山银山，不如绿水青山"，三"山"重心在青山，传达出环境保护高于利益追求、实现可持续发展的意识，易传易记。又如"神州行，我看行""你们再看看书，我再看看你们"，都是因有"同异"技术的加持，其词语内涵因一字之差发生了变化。

强化同异技术意识，"留心"阅读，"细心"摘抄，"精心"使用，便可学以致用，让高质量的输入带来高质量的输出。

以技术破解修辞难题

"拟人技术"教学叙事与实录片段

中山市实验中学 ｜ 刘卫平

一 选题背景：解消陈年之痛

说起拟人，每个人都不会陌生。因为从小学开始，我们就接触拟人句。可以说，拟人这一概念已在我们脑海里根深蒂固。根虽深，但迟迟不见发芽。原因何在？前年的某一天，天气突然变冷，我让学生在课堂上即兴说一句天气寒冷的拟人句，原以为不难的问题却成了问题，学生要么无言以对，要么说出蹩脚的拟人句。当时除了诧异，我陷入了深思：作为一名高二学生，为什么难以说出一个像样的拟人句？这种思考更加触动了我开发拟人技术的使命。作为一种再熟悉不过的修辞，拟人为什么那么难以走进学生的写作世界？我们不能把责任归到无辜的学生身上，而应反思我们的教学是否具有可操作性，叩问我们的教学是否能促进学生的成长。

心怀着一种痛楚和希冀，我广泛搜集阅读材料，整合拟人句，并从这些拟人句中解开拟人句的写作密码，总结拟人句的表达技术。于是，在2021年中山市新教师培训公开课上，我把最新的研究成果搬上讲台，试图解消多年来的写作之痛。

二 再现场景：梳理层进之梯

第一次带着这份研究成果站在全市新教师培训讲台上，面对陌生的听课教师和熟悉的学生，我心中不免有些忐忑和担忧，担心这份研究成果还无法奏效。不过听课教师对我的标题"拟人技术"很感兴趣，当得知我讲课的主题时，他们议论纷纷，我从他们的声音中读出了期待和兴致。

上课伊始，我采用语言素材导入，呈现两个课内和两个高考作文拟人句，让学生从这四个句子中发掘其表达共性。当然学生很快就能总结出答案，于是顺理成章地亮出本节课的讲课主题——拟人技术。为了让学生认知拟人的意义，我采用对比的手法，对原句与拟人句进行比较分析，让学生真切地触摸到拟人的表达效果。有了感觉，就有了前进的驱动力。引导学生认识到拟人的本质，那就是要将非人生活转换为人的生活，即化物为人，以人的视角认知世界。

当然，本节课最关键的是拟人技术，即如何快速拟写出拟人句。对此，我重点介绍两种方法：一是移词，具体来说，（1）赋予人物动作，移用人格化动词，（2）赋予人物情感，移用人格化形容词；二是移位，即主客移位，将事物客体移作主语之用。课堂上不仅给学生介绍了具体的操作方法，还为学生提供一些常用的人格化动词和形容词。结合具体的语句，有针对性地训练拟人句的写作。在一番讲解和课堂训练之后，再回到课前作业中来，审视课前写的拟人句质量，重新拟写拟人句。此时，学生们写得更为自信，写出的拟人句品质也更高。这充分说明，学生学有所得，我的研究成果很有意义。

为了拓展写作空间，我没有将拟人局限于句子的表达，还为学生提供两篇拟人化的经典文章，一篇是浙江卷高考高分作文《历史中走来的浙江精神》，另一篇是课文《土地的誓言》，告诉学生拟人不仅可以运用于语句的表达之中，还可以运用于文章的构思之中。就这样，课堂在师生的热烈掌声中徐徐落下帷幕。

三　实录片段：破解难题之术

师：……在移词中，针对主语是物的陈述句，可以移用人格化动词，赋予其以人物动作。下面呈现课文内两个拟人句来分析。

（PPT展示）

（1）那鲜艳的民族服装，把学校打扮得更加绚丽多彩。

（2）波浪一边歌唱，一边冲向高空去迎接那雷声。

（3）（寒冷）把我从家里带出的那点温暖＿＿＿＿得一干二净。

师：谁来分析第 1、2 个句子中画线动词的妙处？

生："打扮"是人发出的动作，动作性非常强，情味性也非常强，这里用于"民族服装"上，生动地揭示该服装对学校的意义。

生："歌唱""迎接"本来都是人格化动词，但这里用在客观物体"波浪"身上，赋予客观物体以人的动作，凸显该物体特征。

师：依照前面句子的用词规律，对于第 3 个句子，若想表达彻寒之意，大家选用什么动词来填空？

生：搜刮。

生：夺走。

生：掠夺。

师：很好。其实，选用一个好的动词能盘活整个句子，使句子表达熠熠生辉。老师根据自己平时的阅读，整理了一些常用于写作的人格化动词。

（PPT 展示）

（1）让步、对话、抚摸、亲吻、眺望、凝视、迎接、送给、唤醒、编织、播撒、刻满、镌刻、镶嵌 书写、谱写、涂抹、打扮、装饰、回馈、珍藏、牵拉、贴标签……

（2）吮吸、叫喊、呵气、苏醒、跳舞、吟唱、脸红、唱着歌、挥舞手臂、露出笑脸、眨眼低下头、压弯了腰……

（3）窥探、盗走、卖弄、炫耀、剿灭、浇灭、裹挟、亵渎、羞辱、绑架、阉割……

师：熟记这些人格化动词，并有意识地运用于写作之中，下面进行课堂填空练习。

（PPT 展示）

（1）风轻轻地_____着孩子们的小脸蛋。（提供答案：抚摩、亲吻）

（2）时间_____了我的青春。（提供答案：盗走）

师：在移词中，针对主语是物的陈述句，还可以采取第二种方法，那就是赋予人物情感，移用人格化形容词。请欣赏下面两个典型句子。

（PPT 展示）

（1）土地是诚实的，从未欺骗劳动者。

（2）风是调皮的，把那朵悠闲的云赶得满天跑。

师：这三个画线词都是人格化形容词，使得事物更有情味。此外还有些人格化的副词，它们可以修饰名词或动词，揭示事物的独特魅力。老师也整理了一些常用于写作的人格化形容词和副词。

（PPT 展示）

调皮、坦荡、得意、高傲、骄傲、高贵、孤零零、无精打采、镇静、慈祥、内敛、羞涩、嚣张、肆无忌惮、猖狂、狂妄、贪婪、苦苦、蹒跚地、撕心裂肺、无精打采、不动声色……

师：下面进行课堂填空练习，对原句进行升格。

（PPT 展示）

原句：小草长得很好。
升格：小草长得____。

生：灿烂。
生：嚣张。
生：猖狂。
生：肆无忌惮。
生：狂妄。

（同学们鼓掌）

师：大家用词非常好，非常有意义，刷新了我们的表达系统，提升了我们的语言品质。看来，写拟人句并不是那么难。除移词外，拟人技术还有移位的方法，即当主语是人时，如何制造出拟人句呢？不妨采取主客移位的方法，即将主体和客体对换位置。下面大家对比分析两组句子。

（PPT 展示）

原句：我久久地看着天空明亮的月亮。
升格：天空明亮的月亮慈爱地注视着我。
原句：他低着头，眼睛紧盯着手机。
升格：他低着头与手机默默相望，屏幕上泛着的白光紧紧地拴住了他的眼神。

师：第一组句子中原句，本来"我"是主语，发出"看着"的动作，这是非常常规的表达。但升格为拟人句，将原来的宾语"天空明亮的月亮"移位为主语，赋予该主语以人的动作，于是一个生动的拟人句就此诞生。

（生微笑）

师：第二组句子中原句也是很常规的表达，甚至可以说是小学水平的表达。升格句中将原来的宾语调为主语，原来的主语调为宾语，再借助人格化动词"拴住"，表达得别有一番风味。

师：下面同学们也来升格一个句子。

（PPT 展示）

原句：这片厚土上的劳动者心怀着民族的希望。

升格：＿＿＿＿＿＿＿＿＿＿＿＿＿＿＿＿＿＿＿。

（不少同学跃跃欲试）

生：民族的希望印在这片厚土上的劳动者心间。

生：民族的希望镌刻在这片厚土上的劳动者心间。

（同学们鼓掌）

师：同学们表现非常好，掌握了拟人技术，能快速写出拟人句。下面我随意说两个句子，大家把它改为拟人句。

师：太阳从东方升起。

生：太阳从东边徐徐走来。

生：太阳从东边拉开帷幕。

生：太阳姑娘在东边露出灿烂的笑脸。

（同学们鼓掌）

师：说得真好。地上有许多飘落的树叶，对这个句子改写。

生：飘落的树叶装饰着大地。

生：飘落的树叶无精打采地躺在地上。

（同学们鼓掌）

师：看来，同学们对写拟人句掌握得差不多了，写拟人句并没有想象的那么艰难。大家今后写作时要有强烈的拟人意识，将拟人技术运用到写作之中。

（本文系 2022 年度广东省普通高中课程改革专项"基于科学取向教学论的高中写作教学设计实践研究"阶段性成果）

（原文发表于《语文教学通讯》2022 年第 12 期，此次出版有改动）

制造语言亮点：用反转技术生成金句

中山市第一中学｜郝友斌

【教学设想】

现实中的作文教学"需教"和"能教"往往错位，导致作文备考效率不高。那么，高三作文备考如何提高效率呢？作文备考需要融合"需教"和"能教"，要从"提出要求"转向更具实效的"操作"训练，让学生掌握一些能提高作文品质的切实可行的操作方法，如此，才能实现"高效、精准"备战新高考的目标。

高考作文阅卷时间紧、工作量大，阅卷者容易产生视觉疲劳。在此情况下，语言亮点凸显的作文倍受阅卷者青睐，而金句兼有视觉冲击力和思想冲击力，堪称语言亮点中璀璨的明珠。写金句，对于高中生来说，有一定难度。如何写金句，就成为了作文备考中"需教"的内容。

本节课围绕"制造语言亮点"的话题，聚焦"运用反转技术写出金句"这一主题，从语言表达的视角展开教学，采用"由感性认识到原理分析，由提供句径支架到分步骤训练"的教学思路，拟通过技法指导和训练，让学生掌握反转技术的基本原理，从而运用反转技术写出金句。

【教学过程】

一 金句魅力

师：制造语言亮点的方法有很多，而金句是语言亮点中璀璨的明珠。这节课我们主要探讨如何写出金句，课题是——

（PPT 展示）

制造语言亮点——用反转技术生成金句

师：我们先来看一段话。请一位同学读一读。

（PPT 展示）

人不负青山，青山定不负人。各国应进一步转变发展方式，加强绿色合作，分享绿色发展成果，增强发展后劲，共同构建经济与环境协同共进的地球家园，共同维护生物多样性，让地球更加充满生机，让发展成果、良好生态更多更公平惠及各国人民。——央视快评（2021 年 10 月 12 日）

（学生读）

师：有没有一句话给你留下深刻的印象？

生：人不负青山，青山定不负人。

师：理由是什么？

生：这句话能引发思考，体现了环境保护的重要性，体现了人与自然和谐相处的模式。

师：说得有道理。这句话最初是习近平总书记说的，经常被引用，已成为金句。那么，我反过来问大家，什么样的句子堪称金句呢？

生：能引起读者的注意和思考，给读者留下深刻的印象，这样的句子堪称金句。

师：同学们看下面的句子，进一步感知、认识金句。请一位同学读一读。

（PPT 展示）

①三军可夺帅也，匹夫不可夺志也。——孔子《论语·子罕》
②伟大出自平凡，平凡造就伟大。——习近平总书记
③每一个不曾起舞的日子，都是对生命的辜负。——［德国］尼采
④要么庸俗，要么孤独。——［德国］叔本华
⑤你无法改变时间，但时间可以改变你。

（学生读）

师：以上句子涉及古今中外。大家能不能从感性认识层面说说这些句子有什么共同特点？

生：让人感到眼前一亮，印象深刻。

生：句子前后两部分有相似的地方，读的时候自然而然地感到语义

强烈。

师：感觉还不错。金句，从字面上拆解，是像金子一样的句子。金子有什么特点？为什么不叫银句、铜句、铁句？

生：俗话说"是金子总会发光的"。金子会闪耀，其他的不会。

生：闪耀是它的外在特征，闪闪发光，引人注意，有吸引力。

师：还有一句俗话"真金不怕火炼"，金子还有什么特征？

生：真金不怕火炼，表明它内在坚硬，品质高贵。

师：那么，金句作为句子，外在和内在各有什么特点呢？

生：外在特点就是有亮点、能吸引人，内在特点就是蕴含哲思、有思想、有深度。

师：概括金句的特点，金句具有两种力。一是像金子一样闪闪发光，能引起人的注意，具有视觉冲击力；二是像金子一样品质高贵，思想深刻，具有思想冲击力。

（PPT 展示）

闪闪发光（视觉冲击力）

品质高贵（思想冲击力）

师：你们是否有过这样的经历，写出了一个自己觉得特别好的句子，堪称金句，但这个句子是怎么写出来的，自己也不知道，认为靠的是运气或灵感？

（生频频点头）

师：人不可能总有运气和灵感，我们要突破运气和灵感。如果我们能破解某种金句的生成密码，掌握了密码，那么人人都能写出金句。

师：第⑤句话"你无法改变时间，但时间可以改变你"这句话是谁说的？你们知道吗？

（学生有的摇头，有的认为是名人名言）

师："你无法改变时间，但时间可以改变你"这句话是我写的。金句有很多种。我破解了其中一种金句的生成密码，因而，我写的句子是不是可以和以上的名句相媲美呢？

二 剖析解密

师：下面我们就来剖析解密这一类金句。

（PPT 展示）

①道德常常能填补智慧的缺陷，而智慧永远也填补不了道德的缺陷。

——［意大利］但丁

②有时候爱情不是因为看到了才相信，而是因为相信才看得到。

——［印度］泰戈尔

③不是现实支撑了你的梦想，而是梦想支撑了你的现实。

——北大宣传片

④岁月不饶人，我亦未曾饶过岁月。——木心

⑤我以为爱情可以填满人生的遗憾，但没想到制造遗憾的偏偏是爱情。——张爱玲

⑥阿里从来不只属于马云，但马云会永远属于阿里。——马云

师：男生读①③⑤句，女生读②④⑥句，边读边思考这些句子在形式上有什么特点。

（生读）

师：这些句子在形式上有什么共同特点？先思考再讨论交流。

生：有两个词语出现两次，形式上有转折。

师：能不能结合例句来说？

生：例如第⑥句，"阿里"和"马云"都出现两次，前后分句有转折意味。

师：如果用字母 A 和 B 分别代替两个词，这两个词出现的顺序是怎样的？

生：用字母表示就是"ABBA"。

师：这种形式的句子用了什么修辞？

生：反复。

师：对的。这种反复不是 AABB 的形式，也不是 ABAB 的形式，而是先 AB 再 BA，是一种颠倒性的反复，可称之为反转。另外，还有一种修辞。你们看，ABBA，首和尾都是 A，形成一个闭环，这种修辞是——

生：回环。

师：对的。ABBA 这种形式会产生什么效果呢？

生：两个字词反复出现，可以强化视觉印象，并且具有突出观点、加强节奏感的效果。词语颠倒性反复的形式，使结构匀称，给人以循环往复的意趣，具有音韵美。

生：另外，形式上的反转促成语意上的转折，使表达更具有张力。

师：你的回答很给力。"使表达更具有张力"体现在语意的矛盾性反转。颠倒的两个言语片段紧密相连，还可构建事物间相互依存、相互制约或相互对立的关系，造成语意的矛盾性反转，从而产生思想的冲击力。

师：这种金句的生成技术，我给它取了一个名字——反转技术，"反转"既表示颠倒性反复，又表示语意上转折。

三　反转原理

师：看看这些句子在反转过程中有什么不一样。

（PPT 展示）

①有时候爱情不是因为看到了才相信，而是因为相信才看得到。

师：先看第①句前半句，再与后半句进行比较，什么关系发生反转？

生：原因和结果的关系发生反转。

（PPT 展示）

②不是看到希望才去坚持，而是坚持了才看到希望。

师：第②句是什么关系发生反转？

生：条件和结果的关系发生反转。

（PPT 展示）

③阿里从来不只属于马云，但马云会永远属于阿里。

师：第③句是什么关系发生反转？

生：从属关系发生反转。

师：这句话是马云在即将卸任阿里巴巴董事局主席的职务时所写，从属关系的反转，体现了马云作为企业家的格局和情怀。

师：以上三种关系的反转可以归纳为逻辑关系反转。其中因果和条件关系的反转比较容易理解，就不再展开分析。下面我具体分析从属关系反转的技术。

师：从属关系反转原理及过程：

①提取句子路径：A 从来不（只）属于 B，但 B 会永远属于 A。

②确定想要表达的观点或话题。

③根据观点或话题找到两个对象。

④套用句式。

师：例句表达的是企业家和企业之间的关系。套用句式时，根据所要表达的观点，句中的动词"属于"可以用"依附"等动词替换。这种句式特别适合表达两个概念之间的关系。下面请同学们就"人与自然"的话题，套用这个句式，写一句话。

（PPT 展示）

话题："人与自然"

（学生写，老师巡看）

生：大自然从来不属于人类，而人类却永远属于大自然。

师：写得不错。还可稍作修改，让动词更贴切。

生：把"属于"换成"依附于"更贴切。大自然从来不依附于人类，而人类却永远依附于大自然。

（掌声）

师：看下面的句子。读一读。

（PPT 展示）

①我以为等待可以获得机遇，没想到错失机遇恰恰是因为等待。

（学生读）

师：先找出第①句中回环反复的词语。即 ABBA 所表示的具体词语。

生：A 等待，B 机遇，B 机遇，A 等待。

师：在"机遇"这个词的前面，前后分句分别加了"获得"和"错失"两个词，"获得机遇"和"错失机遇"语意刚好——

生：相反。

师：我们再来看第②句。

（PPT 展示）

②我以为爱情可以填满人生的遗憾，但没想到制造遗憾的偏偏是爱情。

师：按照上面的方法，你们分析这句话。

生：A 爱情，B 遗憾，B 遗憾，A 爱情。在"遗憾"这个词的前面，前后分句分别加了"填满"和"制造"两个词，"填满遗憾"和"制造遗憾"语意相反。

师：以上我们可以归纳为制造反义反转。制造反义反转的技术原理稍稍复杂一些，下面我以第①句为例分步骤讲解。

例句：我以为等待可以获得机遇，没想到错失机遇恰恰是因为等待。

①找到两个可以关联的词语。关联是指两个词之间可以产生某种关系或联系，如相近、相反、支配、依附、顺承、因果、或然等，例句中"等待"

和"机遇"相关联。

②两者产生某种关联。如或然关系，"等待"可能获得"机遇"。

③以其中一个词语为基础，添加两个意思相反的词语，制造语意反义。以"机遇"为基础添加词语，"获得机遇""错失机遇"。

④两个分句结合起来。我以为等待可以获得机遇，没想到错失机遇恰恰是因为等待。

⑤调试。如果句子不通顺或者逻辑不自洽，就需要进行调整。

师：以上步骤同学们理解了吗？

生：理解了。

师：理解了还需要练习。下面，我们来练一练。

（PPT 展示）

以"强大"为关键词，运用制造反义反转技术写一个金句。

（学生表示有难度）

师：我给大家一些提示。

师：首先找一个与"强大"相关联的词语，如"成功"，"强大"更容易带来"成功"，但是"强大"就一定会"成功"吗？还有可能"失败"。相关联的词语既可以正面相关，也可以反面相关。两个词语之间的关联反差越大，最后产生的反转力度就越强。一般认为"强大"了就看不到"弱点"，我们就用"弱点"和"强大"相关联，运用制造反义反转技术写一个金句。

（学生写，老师巡看）

生：我以为强大可以掩盖弱点，没想到暴露弱点却使我更强大。

师：你能说说你的构思过程吗？

生：首先确定与"强大"相关联的词，老师已经给了提示，就用"弱点"。让两者产生某种关联，"强大"了就可以掩盖"弱点"吗？然后以其中一个词语"弱点"为基础，添加词语制造反义，即"掩盖弱点"和"暴露弱点"构成反义。最后把有关联的两个分句结合起来，就是"我以为强大可以掩盖弱点，没想到暴露弱点却使我更强大"。

师：还原了你的思维过程，表明你已经掌握了制造反义反转的原理。这个句子还有没有改进的空间？需不需要调试？逻辑上有没有问题？

生：需要修改"暴露弱点却使我更强大"。我以为强大可以掩盖弱点，没想到暴露弱点恰恰是因为强大。

师：这样修改以后，就有了反转的力度，逻辑上也自洽了。

师：我们给制造反义反转的技术做个小结——确定两词，产生某种关联，添加词语制造反义，关联反转，调试。

（PPT 展示）

定词—关联—制造反义—关联反转—调试

四 练习巩固

师：刚才我们揭示了逻辑关系反转和制造反义反转两种反转技术的原理，还需要多加练习才能学会快速写出金句。

（PPT 展示）

课堂练习：运用反转技术，以"可为与有为"为话题写一个金句。

师：这是 2021 年的全国甲卷高考作文题。请同学们运用反转技术，在 5 分钟之内写出一个金句。

（学生写，老师巡看，老师让先完成的四位同学写到黑板上）

（学生板书）

①可为时代激励有为青年，而有为青年正塑造可为时代。

②我以为时代可为才能个人有为，没想到是个人有为造就了时代可为。

③有为青年不一定属于可为时代，但可为时代一定属于有为青年。

④不是因为可为的时代造就了有为之人，而是因为有为之人创造了可为的时代。

师：请同学们把上面的句子读一遍。

（学生读）

师：以上句子写出了"个人有为"与"时代可为"的辩证关系。你们看看这四位同学用的是哪一种反转技术。

生：逻辑关系反转。①和②句是条件关系反转，③句是从属关系反转，④句是因果关系反转。

师：技术的价值在于运用。写好金句后，金句放在文中什么位置呢？

生：放在文中关键处，开头，例如《三国演义》的开头"话说天下大势，分久必合，合久必分"，结尾，段首，过渡处。

生：还可用于标题，用于标题的金句要简短。

师：制造语言亮点的方法有很多，不只是金句，并且，反转也只是生成金句的一种方法。同学们只要认真思考分析，还会发现更多的语言技术，然后进行刻意训练，不断提升自己的语言质量。技术需要反复练习，下面布置作业。

（PPT 展示）

①运用反转技术，以"强者"为阐述对象，写一个放在文中开头位置的金句。

②运用反转技术，以"低调与高调"为话题，写一个放在文中结尾位置的金句。

师：谢谢同学们！下课。

【教学反思】

本节课的核心任务是让学生掌握反转技术的基本原理，运用反转技术写出金句。从某种程度上说，课堂教学的实质，就是学生在教师的引导下解决问题。以此来观照课堂，笔者认为这节课完成了预定的教学任务。

由浅入深，梯度推进，教学过程体现出层次性。第一个教学环节，让学生感知金句魅力，激发写作兴趣。首先提供央视快评的语段，让学生找出其中最出彩的句子，并说感受和理由；再引导学生分析一组古今中外不同类型的金句，让学生感知金句的视觉冲击力和思想冲击力；最后展示老师所写金句，激发学生学习兴趣。第二个教学环节，引导学生从言语形式和内容两个方面剖析金句的生成密码，助力学生发现金句的格式。第三个教学环节，揭示反转原理，指导金句写作，学习逻辑反转技术和制造反义反转技术。第四个教学环节，学以致用，练习巩固。四个环节，由感性认知到理性分析，由揭示原理到形成技术，由技法指导到练习巩固，由浅入深，环环相扣，尊重了学生认知的自然规律。

凸显过程指导，提供写作支架。如果仅仅知道金句的特点，学生依然写不出金句。这就需要把陈述性知识转化为程序性知识，需要老师进行写作过程的指导。例如，在学习反义反转时，提供了"步骤支架"，即"定词—关联—制造反义—关联反转—调试"；在搭建词与词之间恰适的关联时，提供了"思维支架"，即词与词之间的关联如何产生，如何在有关联的两个词之间制造反义。

课堂聚焦度高，教学效果明显。作文要得高分与许多因素有关，而语言亮点是最重要的因素之一。制造语言亮点的技巧也有很多种，反转技术只是其中一种，本节课教学目标明确，课堂聚焦"运用反转技术写出金句"这一主题，在课堂上，每个步骤和活动都围绕此目标展开。从课堂教学取得的成效上看，学生基本掌握了反转技术，如要求以"可为与有为"为主题写金句，学生能运用 ABBA 的形式和反转技术写出不同的金句，写出了青年与时代，可为与有为之间的辩证关系，体现出了思辨意识。

有待改进之处。课堂情境创设可以再丰富一些，如挑选高考范文中的某个段落，留空几句话的位置，写金句填空；或利用反转技术为文章拟标题，拟分论点，拟开头，拟结尾等等。如果做到上述几点，学生对反转技术的运用会更加娴熟。

（原文发表于《中学语文教学参考》2022 年第 5 期，此次出版有改动）

《雅句生成的技术与运用》
课堂教学实录

中山市教育教学研究室｜张　华

师：同学们好！

生：老师好！

师：很高兴能够来到这里，跟同学们一起交流和学习。今天我们谈一谈这个字。

（PPT 展示）

雅

师：同学们，你们觉得自己雅不雅呀？

生：雅。

师：谢谢。我很欣赏大家的自信。我跟大家不太一样，我比较俗。俗人一枚。因为太俗了，所以特别渴望雅：吃个饭，要选雅座；盖个房，要取雅号；电脑拿去修，最怕有不雅照。可谓爱雅之心，人皆有之。其实，中国人自古以来就有尚雅、崇雅、好雅的审美心理。我给大家看一个例子。

（PPT 展示）

可使食无肉，不可使居无竹。无肉令人瘦，无竹令人俗。人瘦尚可肥，士俗不可医。——苏轼

师：苏东坡讲得还是比较文雅的。其实他老人家的意思很简单，直白一点说就是：一个人有病还是可以治的，一个人如果不雅，那基本上就等于没得救了。所以，雅是一种审美，雅是一种追求，雅是一种情趣。我希望同学

们对"雅"要心生敬意。我想问一个同学：你觉得雅是什么样子？

（生站起来，不知怎么回答）

师：你喜不喜欢雅？

生（笑）：一般般。

师：你有没有看过雅人、雅士？

生：没有看到过。

师：那你想象中的雅人是什么样子的？

生（笑）：因为没有看到过，所以想象不出来。

师：那你觉得你面前这个人怎么样？

生（笑）：还不错。

师：谢谢，谢谢你的客气。我刚才说过，我很俗的。今天来上课，还穿得像个样子。

（生笑）

师：某位名人说过一句话——人都是逼出来的。我再补充一句——雅都是"装"出来的！

（生笑）

师：今天，我想告诉大家一个千古秘密，一般人我不告诉他。那就是：这个世界从来就没有雅不雅的问题，只有"装不装"的问题。

（生笑）

师：有一位很有名的作词人，他曾经在一个讲座中说过这样一句话——

（PPT展示）

文字只是帮旋律穿上剪裁得当的衣服。

师：这句话的意思其实很简单，四个字——好看就行。他写的歌词，都能给我们一种很雅的感觉。他是怎么做到的呢？这个秘密，我们后面再说。我想告诉大家的是：写作是一门语言的艺术，要写出雅文，必须要有雅句，有雅句，自会有雅境，有雅境，自会有雅文。刚才我们说了，雅是可以"装"出来的，你一定会"装"。没有人愿意读平庸的语言。看俗句，你会觉得我的作文很普通；但如果看到雅句，你一定觉得我素养深厚，文采出众。雅句是提高作文档次和作文形象的锐利武器。在高考作文中，具有特别重大的价值。

师：那么"雅"到底是什么东西呢？

（PPT展示）

雅：美好的，高尚的，不粗俗的。——汉典

师：那什么是雅句呢？

生：雅句就是美好、高尚、不粗俗的句子。

师：对。但这样讲还比较抽象，我给大家看几个句子。大家一起来读读。

（PPT 展示）

> 况阳春召我以烟景，大块假我以文章。会桃花之芳园，序天伦之乐事。群季俊秀，皆为惠连；吾人咏歌，独惭康乐。——李白《春夜宴诸从弟桃花园序》

（生齐读）

师：其实，不用细看，一眼扫过去，你就会觉得很雅。再看看下面的歌词。

（PPT 展示）

> 你的泪光，柔弱中带伤。惨白的月弯弯，勾住过往。夜太漫长，凝结成了霜。是谁在阁楼上，冰冷地绝望？雨轻轻弹，朱红色的窗。——《菊花台》

师：同学们一起来读一下。

（生齐读）

师：感觉怎么样？有没有感觉到它弥漫着一种醉人的雅味？

（生点头）

师：好，我们再来看一段高考满分作文。大家自己读一读。

（PPT 展示）

> 煮一壶香茶，轻倚门梁，任夕阳的斜晖点染你眉心的红痣，你满含期盼，盼大雁归来。盼，一直盼到夜幕吞噬霞光，淹没希望，夜风中的纷纷箫声，终于淋湿了你的双眸。——高考满分作文《读李清照》

（生自由读）

师：你感觉怎么样？

生：有一种超凡脱俗的东西。

师：对，这种东西，我把它叫作雅句。所以，雅是一种很好的作文元素。今天，我和大家一起研究学习几种雅句生成的技术，但是时间紧，我们详细学习一种，简略学习另外一种。第一种技术，我把它叫作"造境技术"。先给大家解释一下。

（PPT 展示）

> 造境技术——运用优雅美好的自然或人化自然等词语元素，制造出富有雅意的语言境界。

师：同学们来读一下。

（生读）

师：为什么自然的事物会雅呢？因为在人类的心理世界里，自然是雅的。自然景物独立于人类社会之外，相比于人类社会的丑恶、污浊、龌龊，什么毒奶粉呀、地沟油呀、三聚氰胺呀，自然世界显得美好、干净甚至圣洁，因此，用自然景物营造出的境界，就是一种雅境；而生成雅境的句子，就是雅句。大家能听明白吗？

（生摇头）

师：那我们用实例来说话。我们知道，每年高考改卷后，广东省考试院都会公布几篇优秀作文，其中有一篇的开头是这样的，我们看看。

（PPT 展示）

> 奶奶跟往常一样，搬着一张陪伴她多年的长躺椅，来到院中那棵古老苍劲的大树下，安静地歇息着。
>
> 跟以往一样，奶奶手里拿着一张泛黄的相片。岁月的冲刷与销蚀早已摧毁了那张黑白的胶片，照片上的人物已不很清晰。可是奶奶并不在意。

师：大家快速地浏览一下。

（生读）

师：你觉得这些句子写得怎么样？

生：一般般。

生：还可以。

生：还不错。

师：你们都说得很客气。其实写得很烂。因为人家的原文不是这样写的，这都是被我篡改过的。

（生笑）

师：刚才我是想检测一下大家的"雅眼"够不够格。刚才第一位同学的眼光还是很锐利的喔。真正的满分作文原文是怎么写的？我们来看看。

（PPT 展示）

> 院子里的紫藤花开了，散发着清幽安宁的香气。
>
> 奶奶跟往常一样，搬着一张陪伴她多年的长躺椅，来到院中那棵古老

苍劲的大树下，安静地歇息着。阳光透过树叶缝隙温暖地照耀着奶奶，一切是那么的安详与美好。

跟以往一样，奶奶手里拿着一张泛黄的相片。岁月的冲刷与销蚀早已摧毁了那张黑白的胶片，照片上的人物已不很清晰。可是奶奶并不在意，她紧紧地捏住那张珍贵的照片，让记忆之花在每一个宁静的午后静静盛放在那泛黄的纸片上。

——《让记忆之花盛放在泛黄的纸片上》

师：（边读边讲）大家注意对比一下。前面加了这一段。后面还有一个部分。两者一对比，有什么感觉。

生：雅得多了。

师：情况确实如此。这样写就完全不一样，这就有了一种境界，一读就觉得很雅，很优雅，很高雅，就有一种清新脱俗的气质，一种美好圣洁的味道，不粗俗，不鄙俗，不低俗，不庸俗，就觉得考生文笔清雅，品德高尚。一下子就把改卷老师迷醉了。高分！这就叫作佛靠金装，人靠衣装，句子靠"雅装"。问题在于：为什么这些句子这么雅？

生：因为有自然景物。

师：你看这里用了哪些与自然景物有关的词语？

生：紫藤花、大树。

师：很好，其实远远不止。紫藤花、清幽安宁香气、阳光、树叶、记忆之花、泛黄的纸片。花、香气是美的，阳光、树叶是诗意的，泛黄的纸片是古朴的。仔细分析，一切都是有原因的。有这些东西搬上去，不雅才怪呢。将这些东西随便一摆，自然就会雅风荡漾。

（生笑）

师：你们不信？

（生疑惑）

师：好，那我做一个试验。

（PPT 展示）

紫藤花开了，散发着香气。

奶奶跟往常一样，搬着一张陪伴她多年的长躺椅，来到院中那棵古老苍劲的大树下，安静地歇息着。阳光、树叶，还有奶奶，安详而美好。

跟以往一样，奶奶手里拿着一张泛黄的相片。岁月的冲刷与销蚀早已摧毁了那张黑白的胶片，照片上的人物已不很清晰。可是奶奶并不在意，她紧紧地捏住那张珍贵的照片，记忆像一朵花开在那泛黄的纸片上。

师：感觉怎么样？开头我简化为"紫藤花开了，散发着香气"，这样的句子，大家会说吧？这都是小学生的水平呀。后面，不需要阳光透过什么，直接写"阳光、树叶，还有奶奶"，就这么简单，将这些景物跟奶奶并列在一起，就有味道多了。

（生笑）

师：只要将这些自然性的事物，往文中一摆，雅味就出来了。现在你们缺什么呢？不是缺自然景物，而是缺勇气，缺应用的意识。我这种认识，其实古人早就有了。

（PPT展示）

> 言情之词，必借景色映托，乃具深婉流美之感。——吴衡照《莲子居词话》

师：大家再来看一篇高考满分作文，是这么写的。

（PPT展示）

> 虽然，他们还在为不多的学费而苦恼；虽然，学校还是交不上水电费；虽然，还有好多体制还不够完善……虽然有好多个"虽然"，但是，只有一个"但是"就足够了，已经有好多视线转向他们，他们正在茁壮地成长。
>
> 太阳从地平线上升起，照亮了城市的尽头，照亮了他们的生活。
>
> 他们，终将会成为我们。
>
> ——2008年，上海高考满分作文《他们》结尾

师：这是一篇真正70分的满分作文。这篇作文真正提升档次的就是最后这两段："太阳从地平线上升起，照亮了城市的尽头，照亮了他们的生活。他们，终将会成为我们。"你们同意吗？

（生点头）

师：最后一句提高了意蕴，倒数第二句"太阳从地平线上升起，照亮了城市的尽头，照亮了他们的生活"，制造了高雅。最后一句可能是学不来的，倒数第二句则是可以学的雅句。要是把这句删掉，你就会觉得文章太干燥了，不滋润，太现实了，不诗意。加上这一句，具有画龙点睛的效果，神来之笔呀，一下子就点活了，优雅美妙。

（生惊异）

师：其实我们古人写文章，也特别喜欢使用这种技术。

（PPT 展示）

是岁十月之望，步自雪堂，将归于临皋。二客从予过黄泥之坂。霜露既降，木叶尽脱，人影在地，仰见明月。顾而乐之，行歌相答。——苏轼《后赤壁赋》

师：大家看看苏东坡的《后赤壁赋》的这几个句子，如果把"霜露既降，木叶尽脱，人影在地，仰见明月"这 16 个字删掉，就会雅意大减。所以，我在这里给大家一个观念，造境可以在文章中提升语言的雅味。雅句就是这么造出的。这是一种非常重要的雅句生成技术。怎么做到呢？第一步是"选景"。

（PPT 展示）

第一步　选景：选择一些经典自然景物，确定词语。侧重选择诗词中的常见意象。

师：在这里，老师将那些经典的意象，归纳成一张表格。包括三大类：自然类、人化自然类、时间类。大家看这些景物，都是宋朝词人喜欢用的一些词汇。就好像太阳下山了，你说"傍晚"，就很一般，说"黄昏"就不一样，最好说"日暮"，就雅多了。

（生笑）

师：再来看第二步。

（PPT 展示）

第二步　着色：用带有情感意味的词语修饰景物，变成短语。侧重选用悲情性的词语。

师：要让你的景物带上情感色彩，而且最好是悲伤之情。比如你说"下雨"就没有感情色彩，如果你说"苦雨纷纷"，情感意味就很浓。

师：第三、第四步是这样的。

（PPT 展示）

第三步　组合：将词语或短语组合成句子。
第四步　调适：前后句连贯成句群。

师：当然，我讲得比较轻松，做起来还是比较难的。下面请大家一起来操练一下。

（PPT 展示）

造境技术练习：以"怀念母校博文"为话题，选用"风花月"等景物，写一段有雅句的文字。

师：好，大家来练一练。我知道，很多同学不敢写，害怕"风花月"跟"怀念"扯不上关系。大家要消除这个心理障碍，只要你敢"扯"，就会有关系。怀念是悲情，用伤感的景物，那是衬托；用美好的景物，那是反衬，叫作"以乐景写哀愁"。

（生写作 3 分钟）

师：大家互相之间交换欣赏一下。

（生交换阅读）

师：请大家推荐一位同学来念一念。

生：和煦的清风轻拂过我的脸颊，当我又一次踏进校园时，满天落下的木棉花，像一个个记忆的旧匣子。不知不觉，日暮将至，兴许是冬至，月牙已缓缓升上，记忆的匣子也一并关上了。

（生笑，鼓掌）

师：你们觉得我们这位同学写得好吗？

生：好。

师：有没有雅味？

生：有。

师：绝对有。如果没有这个造境意识，你的句子就会是写得直来直去的：今天我回到了母校，见到了很多老师和同学，我很高兴。下面大家看看这几个不同的写作版本。

（PPT 展示）

【俗句版】我很怀念我的母校，那个曾经朝夕相处的校园。

【"风花月"自然版】一阵风来，吹满了一地的花朵。夜是那么的宁静，一轮明月斜挂枝头，勾起了我的思念，顺着那道清辉，我回到了我亲爱的母校。

【"风花月"着色版】凄风袭来，略带寒意，乱红坠地，早已踏作成行人的尘土。一弯冷月，寂静无声。在这个春意阑珊的夜晚，我痴痴地想着，那个曾经朝夕相处的校园。

师：同学们自由朗读一下这三个版本。

（生自由朗读）

师：在对比中，我们就会发现，这个"着色版"的句子，确实显得比较文雅，有一种特殊的韵味在里面。造境技术就是这样的一种玩法，大家明白了吗？

生：明白。

师：2012年高考结束后，广东省考试院也公布了六篇满分作文，其中有一篇是这么写的。

（PPT展示）

> 宇宙很大，岁月也很漫长，而我们就降生在这个时代，没有一点的差错，既不快也不慢，诞生在属于我们的时代。我们生长的这片土地，有许多的高楼，一片繁华热闹的景象；我们停靠的这个海岸，有安静，也有热闹，有各种各样的冲突。

师：雅不雅？

生：不雅。

师：大家都有经验了，这也是被我改过。下面我们看看原文是怎样写的。

（PPT展示）

> 洪荒宇宙之中，岁月长河之上，我们就降生在这一时代，不偏不倚，不快不慢，诞生在属于我们的时代。我们生长的这片土地，有高楼林立，灯红酒绿；我们停靠的这个海岸，有冷漠喧嚣，名利冲突……——《生于此岸，心无岸》

师：大家一起来读一遍。

（生读）

师：这就是阅卷老师喜欢的雅句。它们是怎么创造出来的呢？你会提炼成一种什么技术？大家交流一下。

（生交流）

师：好，如果你抓到要害了，无论叫什么技术都可以。我把这样的雅句生成技术，命名为：凑句技术。什么是凑句技术呢？

（PPT展示）

> 凑句技术：运用文雅经典的文言表达句式，凑成句子，制造出富有雅意的语言境界。

师：为什么文言表达句式会给我们一种雅的感觉呢？因为文言句式是雅

的。中国两千多年的文言历史，沉淀出了富有汉语特质的表达句式，相比较自由随意的现代汉语，文言表达句式更文雅、凝练、隽永，因此，用独特的文言表达句式营造出来的境界，就是一种雅境，而生成雅境的句子，就是雅句。

师：如果我们用符号来简化一下这段文字，大家就可以看得比较清楚。

（PPT 展示）

……之……，……之……，我们就降生在这一时代，××××，××××，诞生在属于我们的时代。我们生长的这片土地，有××××，××××；我们停靠的这个海岸，有××××，××××……

师：这段文字为什么给我们雅的感觉？因为使用了很多很经典的文言表达句式。文言表达句式有很多，今天我只选其中三种最经典、最快捷、最好用、最有效的推荐给大家。第一种叫作四字句式，比如"中通外直，不蔓不枝，香远益清，亭亭净植"；第二种叫作之字句式，比如"惟江上之清风，与山间之明月，耳得之而为声，目遇之而成色"；第三种叫作而字句式，比如"日出而林霏开，云归而岩穴暝"。

师：我们再来看两个例子。

（PPT 展示）

资本主义的思想体系和社会制度，已有一部分进了博物馆（在苏联）；其余部分，也已"日薄西山，气息奄奄，人命危浅，朝不虑夕"，快进博物馆了。惟独共产主义的思想体系和社会制度，正以排山倒海之势，雷霆万钧之力，磅礴于全世界，而葆其美妙之青春。——毛泽东《新民主主义论》

师：毛主席在这篇很严肃的政治论文中，也使用了四字句式和之字句式等很文雅的文言表达句式。在上学期的期末考试作文中，有位同学的开头是这么写的。

（PPT 展示）

涓涓小流，若以轻缓的步幅流经大地，万物受惠而生长；洪波激流，若以咄咄逼人之气势直冲猛回，万物承重而枯萎。

师：这位同学使用了而字句式，你就感觉到这位考生的语文修养就跟别人不一样。可见，文言经典表达句式，也是雅句生成的重要手段。下面大家来操练一下。是先练还是我先做一个指导？

生：先指导。

师：好。其实很简单，分四步走：第一步，确定句式，即确定选用四字句式或之字句式或而字句式。第二步，生成一句，即先写成一句话，然后压缩成四个字或之字句或而字句。第三步，扩展完成。要凑成四句话或两句，如能兼顾对仗更优。第四步是调适，使得句子更通顺、更连贯。好下面大家来试一试。

（PPT 展示）

> 以"慈善不是施舍"为立意，选用四字句式或之字、而字句式，写一段有雅句的文字。

（生 3 分钟写作练习）

师：我看到，大家都凑得很辛苦。不是你的问题，也不是因为技术的问题，是训练的问题，是熟悉程度的问题，是时间的问题。因为大家可能是头一回这样写句子，一定会感到很困难。下面哪位同学已经写好的，展示一下。

生：助人而非捐赠，慈善而非施舍。

师：你评价一下他写得怎么样？

生：使用了而字句式，读起来很对仗，很雅。

师：评得很到位。时间关系，我给大家看看范例。

（PPT 展示）

> 【俗句版】慈善是一种美德，能够带给人们很大的帮助，但慈善不能变成施舍。真正的慈善者有爱心，有真情，也懂得尊重别人，其目的是为了帮助别人。
>
> 【雅句版】慈善之美，灿若霞光，普洒人间，倍添温馨。真正懂得慈善之人，铸大爱于心间，留真情于身外，他们既懂慈悲之道，亦知尊重之理，助人而不傲慢，成人而不伤害。

师：好，大家来读一读，感受一下。

（生朗读）

师：这就是凑句技术的运用。大家要大胆地去用，慢慢就会熟练起来，熟则能生巧。

师：接下来，让我们再一起来回顾一下，今天我们学习的两种雅句生成技术。

①造境技术：运用自然或人化自然等词语元素。步骤：选景—着色—组合—调适。②凑句技术：运用经典文言表达句式。步骤：确定句式—生成一句—扩展完成—调适。

师：最后，我想送一句话给大家，希望大家在平时的学习生活中，能够有意识地去运用雅句的生成技术，不断提高自己的作文语言表达能力。大家齐读一下。

（PPT 展示）

技术的真正力量不在于原理之理解，而在于娴熟之运用。

（生齐读）

师：下课！同学们再见！

生：老师再见！

运用矛盾技术，写出深刻句子

中山市教育教学研究室｜张　华

【教学设想】

高中学生，逻辑思维能力相对较强，议论文学习是写作教学的重点。而写出深刻的句子，对于高中学生来说，既是一个发展的重点，又是一个突破的难点。如何写出深刻的句子，就成为了教学中的重要课题。本节课聚焦"作文深刻"的话题，围绕"写出深刻句子"这一主题，打算通过语言表达的视角展开教学，让学生获得相应的发展。据此，笔者在研究相关深刻句子特征的基础上，提炼出"矛盾技术"作为本节课的教学内容，并将教学目标定为：①理解和把握矛盾技术的基本原理。②运用矛盾技术写出深刻的句子。

【课堂实录】

一　引入话题，激发兴趣

师：上课，同学们好！

生：老师好！

师：我相信我们每个人在作文方面都有一个"作文梦"，希望作文拿到更高的分数。大家有这个梦吗？

生（大声）：有！

师：但这里有个问题，即这个梦要怎么圆呢？我们要把这个问题转化成另一个问题：你的作文凭什么让人家给你高分？这就涉及一个评分等级的问题。

（PPT 展示）

基础等级：50 分；发展等级：10 分。

师：基础等级包括内容、表达、文体、结构、语言、书写等。第二个等级是发展等级，大家知道发展等级有几项吗？

生（摇头）：不清楚。

师：发展等级有四个点，第一是深刻，第二是丰富，第三是有文采，第四是创新。大家是否感觉这四个方面离你们很远？

生：是啊，遥不可及。

师：由于时间关系，我们这节课就来研究一个点：深刻。老师随机抽查一下，（问学生）你想不想让作文深刻？

生：想。

师：你能把作文写得深刻吗？

生：不能啊。

师：比较谦虚哦。其实深刻是人人都想的，但是写出来有一定的难度。所以我们今天就来研究深刻的问题。

（PPT 展示）

深刻。

师：根据我的研究，深刻在作文中有两种呈现方式，第一种是就全文的中心而言，表现为立意深刻，第二种是就文章的局部语言来说，表现为句子的深刻。我们通常来讲，深刻指的是一种思想，但是就表现来讲，说的是一种语言。所以大家平时看很多文章的时候，可能有这个体会，我们讲某篇文章很深刻，一定是这篇文章的语言也很深刻。

（生迷惑）

师（问学生）：你认同我的观点吗？

生：比较认同。

师：谢谢！所以我们这节课就准备从这个角度研究深刻，这节课的课题就是——

（PPT 展示）

运用矛盾技术，写出深刻句子。

二 初步感知，认识"深刻"

师：我们首先要解决一个问题——什么是深刻句子？大家平时读了很多文章，读了很多书，你觉得什么样的句子算是深刻的句子？

生：排比的句子。

师：你们感觉排比句是深刻句子吗？

（生摇头）

师：好像这个排比放到"有文采"这个地方比较恰当。

生：能够让人想很多的句子。

师：就是说能引发人的思考的句子。不错。这样吧，我先给大家看几个句子，从感性上看看这些句子是否深刻。

师：第一个句子，"天下难事必作于易；天下大事必作于细。是以圣人终不为大，故能成其大"。天下困难的事情，一定开始于简易；天下的大事一定开始于细微。所以圣人始终不干大事，所以最后一定干了大事。你们觉得深刻吗？

生（点头）：深刻。

师：大家不要忽悠我啊，这是老子讲的话，当然深刻了。

（生笑）

师：来看第二个句子，"人生而自由，却无往而不在枷锁之中"。这是一个名句，句子看上去就比较深刻。大家有没有这个感觉？

生：有。

师：这是卢梭在《社会契约论》里的开篇之语。我们再来看一个句子："孤单是一个人的狂欢，狂欢是一群人的孤单。"

（生大笑）

师：这句大家比较熟悉。这是《叶子》这首歌里的一句歌词。这里还有一个句子："高三的真正意义不只在于获取一个影响一生的分数，而是在于留下一份挂念一生的岁月。"大家觉得这句话深刻吗？

生：很深刻。

师：这句话是我说的啊。

（生笑）

师：最后来看一个句子，"语言解放了人，同时也钳制了人"。这句话呢？

生（笑）：很深刻。

师：这也是张老师我说的啊。

（生笑）

师：刚才我给了大家一个感性的感受，现在我们想进行一些理性的分析。首先，深就是让人有启发的超常道理，超常道理是内容上的胜利。而"刻"就是让人能记住的超常印象，超常印象是形式上的胜利。所以，深刻句子就是给人以超常道理和超常印象的简短句子。大家一起把这几句话读一下好不好？预备，起——

（学生读）

师：深刻有两个层面——内容和形式。我们用通俗的话来讲，深刻就是三言两语就能够把你放倒的那种句子。

（生笑）

师：或者是那种让你震撼的句子，那种"语不惊人死不休"的句子。大家都喜欢 QQ 签名，是吧？

（生点头）

师：深刻句子就是一看就想把它作为 QQ 签名的句子。

（生大笑）

三　深入剖析，理解"深刻"

师：如果大家赞同我刚才的观点，我们就来看第二个问题——深刻是怎么来的？你们感觉深刻是不是想出来的？

生：不是，深刻是总结出来的。

师：总结要不要想？

生：不要，深刻是做出来的。

师：怎么做？

生：不清楚。

师：深刻是不是想出来的？大家想要写一个深刻的句子，需不需要"最强大脑"？

生：需要。

师：觉得需要的举手。

（生纷纷举手）

师：那我们现在可以下课去吃饭了。

（生笑）

师：我真实地告诉大家，要提高大家的智商，让大家拥有"最强大脑"，我这节课没办法做到。如果要靠最强大脑去写出一个深刻的句子，我可以说，我毫无能力，至少现在毫无能力。所以我想用三句话来颠覆你们的观念，第一句话：深刻不是一个智力问题，而是一个技术问题。第二句话：深刻不是用脑袋思考出来的，而是用语言制造出来的。第三句话：深刻不是要超越常人的想法，而是要更新常人的说法。如果大家相信我，那就要把这几句话记住哦。因此我要给大家一个最后的总结：深刻不是想出来的，语言技术是进入"深刻"的密道！

（PPT 展示）

语言技术是进入"深刻"的密道！

师：你们觉得我是在吹牛吗？

生（笑）：有点。

师：为了证明我不是在吹牛，我来引用一句话。中国古代伟大的文学理论家刘勰在《文心雕龙》里说了一句话："是以执术驭篇，似善弈之穷数；弃术任心，如博塞之邀遇。"意思是说：因此，掌握技术驾驭篇章，好比善于下棋的人精研棋术；抛弃技术听任主观，如同赌博靠运气。

（生惊叹）

师：有时候，作文真的靠运气，一个句子是怎么写出来的，连你自己都不知道。今天我们就要打破运气。让你的句子变得深刻的方法和技术其实有很多，我总结出了三种，由于时间关系，今天这节课我们来学习第一种，我给它取了一个名字叫：矛盾技术。

（PPT 展示）

矛盾技术。

师：首先来看几个句子，加深感性认识。大家先自由朗读一下这些句子——

（PPT 展示）

子曰：唯仁者能好人，能恶人。——《论语》

夫唯不争，故莫能与之争。——《道德经》

苦难可以激发生机，也可以扼杀生机；可以高扬人格，也可以贬抑人格。——周国平

丑到极处，便是美到极处。——贾平凹

有的人活着，他已经死了；有的人死了，他还活着。——臧克家

如果你爱一个人，就送他去纽约，因为那里是天堂；如果你恨一个人，也送他去纽约，因为那里是地狱。——《北京人在纽约》

有一种跌倒叫雄起，有一种失去叫拥有，有一种失败叫成功。——网络文章

（学生自由朗读1分钟）

师：大家读完了啊。你觉得这些句子深刻吗？

生：深刻。

师：为什么呢？

生：给人留下了很深刻的印象。

师：大家觉得这些句子有什么共同特点吗？

生：矛盾！

师：对！我刚才讲了矛盾技术，大家有没有发现这些句子里的矛盾？

生：有。

师：这些句子正说也行，反说也可以，故意制造一种矛盾。现在有个问题就出来了：为什么矛盾的词语放在一起，你不觉得是矛盾，反而觉得是深刻呢？大家想过这个问题吗？

（生摇头）

师：我告诉大家，道理很简单。大家喜欢看人吵架吗？

（生笑）

师：中国人都喜欢看热闹。大家有没有发现，吵架的人都是有冲突的，吵架是有矛盾的，而且矛盾的双方都认为自己有道理。如果一方有道理，另一方没道理，那是吵不起来的。两方都觉得有道理，所以才吵。冲突可以带来一种张力，可以引发一种思考，有一种回归本质的深刻在里面。所以，矛盾的句子让人一看就很深刻，因为超越了你的常规性思维。

（生迷惑）

师：那我就给大家解读一下，深刻到底是怎么回事。所有深刻的句子，都符合基本原理。我总结出来两条，第一条：世界是矛盾的，没有矛盾就没有世界。第二条：人的认知充满矛盾。比如一个年轻人很厉害，我们会怎么评价他？《劝学》里有一句话叫——

生：青出于蓝，而青于蓝。

师：假如我们说一个老年人很厉害，那又怎么评价？

生：姜还是老的辣。

师：这位同学说得很好。那既不年轻又不老的人，像我这样的，应该怎么形容？

（生笑）

师：我其实想告诉大家一个道理，你说年轻有为，你说老当益壮，都有道理可讲。这也就是说，人的认知是充满矛盾的。前几天，我们李总理说了一句话叫"开弓没有回头箭"，要勇往直前，不要回头。大家想想哪句话鼓励你要勇于回头？

生：浪子回头金不换。

师：对啊，佛家还讲"苦海无边，回头是岸"，那到底我是要回头还是不要回头？

（生笑）

师：答案是具体情况具体分析，因为人的认识充满了矛盾。第三句话：矛盾可以深化思想。好，当大家明白矛盾的技术原理的时候，大家有没有跃跃欲试的冲动？

生：有。

四 把握矛盾，学习"深刻"

师：非常好！我们来试一下，这是 2014 年高考广东卷的高考题，题目不用审了，这是一个关于"慈善"的话题，请大家用 2 分钟的时间，写一个矛盾的句子，开始！

（学生思考，动笔写作，2 分钟）

师：其实就是造句，大家写好了没有？能不能给大家展示一下？

生：慈善既是遮挡恶的黑布，又是弘扬爱的光芒。

师：大家想一想，这里面有没有矛盾？遮挡恶和弘扬爱，有没有矛盾呢？

生：好像都是好事，好像没有。

师：对，其实没有矛盾。我相信部分学生都可以写出来，但也有人不知道该怎么写，这也说明，懂得基本原理，没有什么用，关键是要会操作。我给大家分解一下这个技术。首先我给"矛盾技术"下一个定义，看大屏幕，一起来读一下。

（PPT 展示）

特意将相互矛盾的词语硬性组合在一起，以表达出某种特定的深刻语义，让读者在矛盾语言中回味、咀嚼，获得深刻的领悟。

师：那具体怎么写呢？大家竖起耳朵听，下面这句话是关键：要会写一个矛盾句子，一定要把握一个基本的句子结构，即"主 + 谓 + 定 + 宾"，大家只要把握这四个句子成分就可以了。怎么操作呢？我给大家演示一下。我们还以"慈善"为话题，假设我们从主语的角度出发，我们把话题当作主语，要让主语形成矛盾，就必须有一个矛盾的词语，对不对？

生：对！

师：慈善的矛盾词是什么？

生：凶恶。

师：对！找到反义词很关键，因为我要让句子的主语产生矛盾，其他成分先不要有矛盾。那"恶"是一种好东西还是坏东西？

生：坏东西。

师：对啊，因为恶给了大家伤害。怎么产生矛盾呢？凶恶给人带来伤害，慈善呢？

生：帮助。

师：问题在于：慈善能不能带来伤害？

生：可以。

师：那你把两句话合在一起说，就是——

生：凶恶给人带来伤害，慈善给人带来帮助。

（生笑）

师：刚才你不是说慈善也可以给人带来伤害吗？比如陈光标的慈善就伤害了很多人。

生：有道理。

师：慈善也可以带来伤害呀，材料里的部分人就不接受帮助啊，因为慈善伤害了他的自尊。于是，一个很简单的句子就出来了——

（PPT展示）

凶恶是一种伤害，慈善也是一种伤害。

师：这样讲行不行？大家觉得这里面有矛盾吗？

生：有。

师：但有没有道理？

生：有。

师：但其实我们在写句子的时候，思维运转是很快的，要不断地去调适，对不对？比如说："凶恶是一种伤害，有时，慈善也是一种伤害。"这样讲是不是更好一点？

生：是。

师：这两句话的宾语都是"伤害"，谓语也都一样，但是主语形成了矛盾，这叫"主语矛盾"。但是我们在写这个句子的时候，感觉还是有点别扭，凶恶给人的伤害是怎么样的？

生：很直接。

师：对！而慈善给人的感觉是可能是比较隐蔽的，很隐晦的。于是这句话就可以写成"凶恶是一种直接的伤害，慈善是一种间接的伤害"，这样写是不是更好一些？

生：是。

师：但是这句话缺少一些文学化的修饰，比如"直接"，我们还可以进一步转化。我又想到了一个词叫"赤裸裸"，凶恶是一种赤裸裸的伤害，这样讲是不是更优美一些？同样道理，"间接"，我又想到了一个词叫"静悄悄"，后一句话就可以写成"慈善是一种静悄悄的伤害"。

（PPT 展示）

> 凶恶是一种赤裸裸的伤害，而慈善是一种静悄悄的伤害。

师：我们一起来读一下——

（生齐读）

师：这就叫主语矛盾。那谓语能不能矛盾？

生：可以吧。

师：那慈善的谓语是什么？比如说"慈善可以救人"，那谓语就是"救"。那"救"的反义词是什么？

生：害。

师：那我们把这两句话连在一起怎么说？

生：慈善可以救人，也可以害人。

师：太深刻了！

（生笑）

师：我们把谓语矛盾起来，变成相反的。看我写的这句话"慈善可以帮助人，慈善也可以打击人"。帮助别人和打击别人有没有矛盾？

生：有。

师：但是你会不会感觉这句话比较深刻？

生：嗯，会啊。

师：为什么？

生：有矛盾。

师：对！矛盾可以引发深刻。但是我觉得这样写还有些不妥，比如说"帮助别人"可不可以更形象一点，能不能说"扶起别人"，这样可能更形象一些。于是这句话我就改成了——

（PPT 展示）

　　慈善有时能扶起人，有时能打倒人；慈善有时能彰显爱心，有时能泯灭良知。慈善需行之有道。

　　师：我们以前可能从来不会这样想，不会这样写，现在试着这样想，这样写，慢慢就会深刻。这是谓语产生矛盾，那宾语能不能产生矛盾？
　　生：可以吧。
　　师：定语产生矛盾就更简单了。比如说在介绍某位老师的时候会说："张老师是一位年轻的老教师。"
　　（生笑）
　　师：外貌比较老气，内心比较年轻。经过定语矛盾的技术，我又创造出一个句子——
　　（PPT 展示）

　　对于很多人来说，慈善是一份最持久也最短暂、最昂贵也最廉价、最美好也最沉重的生命礼物。

　　师：大家对狄更斯的《双城记》有没有印象？
　　生：有。
　　师：这本名著的开头大家一定不陌生。那是最美好的时代，那是最糟糕的时代；那是智慧的年头，那是愚昧的年头；那是信仰的时期，那是怀疑的时期；等等。这就是最典型的"定语矛盾"的技术。讲完定语之后，那宾语能否产生矛盾？
　　生：可以。
　　师：宾语产生矛盾，其他成分先不要变，如果其他成分变了，那句子就不矛盾了。比如："慈善能拯救一个人的身体，更能拯救一个人的灵魂。""身体"和"灵魂"有没有矛盾？
　　生：有。
　　师：这已经是四种矛盾技术了，但是我可以告诉大家，同一个句子中的主语和宾语是一种更美妙的矛盾技术。比如说主语是"慈善"，宾语要和主语矛盾，宾语就应该是什么？
　　生：凶恶！
　　师：那大家把两句话连起来就是——
　　生：慈善是一种凶恶！
　　师：太深刻了！

203

（生笑）

师：看我的创作——

（PPT 展示）

> 有时，慈善也是一桩罪恶；有时，慈善换来更大的冷漠。

师：我教给大家的这招好不好用？

生：好用。

师：下面我们把矛盾技术进行一个小结。第一步是定点，就是"主谓定宾"四个成分，你选一个成分作为矛盾点。第二步是造句，即制造出与话题相关的句子。第三步是调适，找到矛盾词语，并调试句式将其组合成句子。也就是对句子进行进一步的加工，就可以形成一个矛盾句了。所以我把它概括为——

（PPT 展示）

> 定点—造句—调试。

师：大家齐读这六个字，读三遍——

（生齐读）

五　尝试运用，练习"深刻"

师：现在我们再来写会不会觉得简单一些？

生：会。

师：那我们来一个尝试，看题目——

（PPT 展示）

> 根据 2014 年"广州一模"新材料作文题，以"形象"为话题，运用矛盾技术，制造一个深刻句子。

师：时间为 2 分钟，现在开始。

（学生思考，造句）

师：好了！时间很宝贵，写完的同学举一下手。

（生个别举手）

师：请一位同学给大家读一读。

生：形象可以十分深刻，也可以极其浅薄。

师：写得好不好？

（生鼓掌）

师：好！如果你没有掌握这个技术，这个句子恐怕永远写不出来，但是运用了这个技术，这个句子就属于你的原作！很可惜，时间关系，我们就不一一展示了。下面来看一下我的示范例句——

（PPT 展示）

> 形象是一种个性的释放，同时也是一种自由的束缚。
> 形象可以振奋人心，但也可能击垮人心。
> 维护形象是一种秩序的建设，破坏形象恰恰是另一种秩序的建设。
> 一味维护形象其实是对形象的最大亵渎。

师：大家记住，深刻可以是一种技术运用的结果。最后，我想送给大家两句话。第一句：作文语言，要变成一种刻意追求的制造行为，而不是随心所欲的闲来之笔。这是解决你的意识问题。第二句：技术的力量不在于懂得道理，而在于运用娴熟。大家课后要慢慢去体会。好，下课！

生：谢谢老师，老师再见！

【教者感悟】

"把作文写深刻"是很多高中学生的写作愿望，也是高中学生写作能力发展的内在要求。那怎么才能写得深刻呢？很多老师往往会搬出三条标准来展开教学（①透过现象深入本质；②揭示事物内在的因果关系；③观点具有启发作用）。但实际教学效果往往不尽如人意，学生学了这三条标准，依然无法把作文写得深刻。究其原因，在于这三条标准实际上是"深刻"的特征描述，并非"通向深刻"的操作技法，因而"可教性"并不强。

"深刻"是写作思维活动的结果表征，仅就一节课而言，要想通过改善学生的思维活动来获得深刻效果，显然是不切实际的。我们知道，思维水平的提升，并不是一件容易的事情，寄希望于通过思维水平的提升来提高学生的思维效果，显然是一件比较困难的事情。也正因为如此，很多老师选择"思维方法"作为教学内容，比如"比较法""因果法""辩证法"等等，试图通过方法的介绍，来提升学生的深刻能力，但对于学生来说，掌握了思维方法，并不一定代表着"思维的深刻"，从方法到能力，还是一个相对漫长的训练过程。

这个时候，需要我们重新审视"思维"问题以破解"深刻"的教学问题。流行观点认为，思维决定语言，语言是思维的工具，有什么样的思想，才会有什么样的语言，思维成果要靠语言来表达，思维是语言的服务对象，这就是"思维决定论"。这种粗糙肤浅的认识，直接导致了我们在作文思维训练上的不作为。事实上，我们在思维的时候，其实也是在运用语言进行思维，而且运用语言的方式，深刻决定着我们的思维走向，语言不仅仅是思维的工具，还是思维展开的通道，是创造思维成果的方式，正如黄希庭、杨治良、林崇德主编的《心理学大辞典》在"思维"词条中指出的那样："语言既是引起思维活动的直接动因，又是思维活动赖以进行的载体。"而英国学者伊格尔顿在《二十世纪西方文学理论》中也深刻指出："20世纪的'语言学革命'的特征即在于承认，意义不仅是某种以语言'表达'或者'反映'的东西：意义其实是被语言创造出来的。"可见，语言结构和思维结构不是同量、对等的，而是同质、同根的，有什么样的语言结构，就会相应召唤出什么样的思维活动。

因此，作文教学可以通过"语言"这一载体，来引发相关思维活动，进而让学生获得思维的深刻效果。基于这一认识，笔者选用"矛盾技术"作为语言突破口，让学生学会写出深刻的句子。

整节课下来，由于教学内容的创新和独特，学生表现很兴奋，能积极参与交流，能够初步掌握和运用"矛盾技术"来写出深刻句子，实践表明，这种借助语言载体来破解思维活动的课堂教学，是很有效益的。假以时日，学生能够熟练掌握矛盾等深刻句子的写作技术，则作文深刻的问题，或许可以在操作层面上，得到一定的突破。

（原文发表于《语文教学通讯》2015年第6期，题目为《把作文写深刻——运用矛盾技术，写出深刻句子》，此次出版有改动）

《突破语言表达——遣词技术》教学实录及反思

中山市实验中学｜刘卫平

【教学实录】

一 例句导入

师：这节课主要讲作文的语言表达。先问同学们一个"低智商"的问题：

（PPT展示）

太阳从地平线上__?__起来。

大家快速回答！

生（齐）：升。

师：大家反映很快，不过大家的回答只能说明我们的语文水平还是小学层次。

（生笑，脸上露出疑惑）

师：大家想想能否用其他更好的词来替代？

生（七嘴八舌）：爬、挪、喷、冲。

师：大家这次的答案明显要比之前的答案好。我也想了几个答案：

（PPT展示）

露、钻、爬、亮、挤、长、喷……

师：可见，语言运用中有一个重要特点是可选择性。下面我们看看大师是怎么表达这一意思的。

（PPT 展示）

> 不久，太阳把早露推开，光明照遍了大地。（老舍《蜕》）

师：这就是我们这节课要探讨的主题。

（PPT 展示）

> 突破语言表达——遣词技术。

师：何谓遣？何谓遣词？

生：派、送，遣词，指派送词语。

师：本节课主要探讨派送、选送词语的问题。

二 感知美句

（PPT 展示）

> （1）人们总喜欢用分数为学生贴上标签，将分数与"好生""差生"对号入座。（刘卫平 2016 年高考下水作文）
>
> （2）在中国这片广博的土地上，匍匐着亿万持笔静心、渴望登上象牙塔的学生。（58 分标杆作文《让教育如春风拂面》开头）
>
> （3）山朗润起来了，水涨起来了，太阳的脸红起来了。小草偷偷地从土里钻出来。（朱自清《春》）
>
> （4）我欣赏着米洛斯的维纳斯，一个奇怪的念头忽地攫住我的心。（清冈卓行《米洛斯的维纳斯》）

师：请大家关注画横线的词语，发现句子中的这些词语有什么共性呢？

生：形象生动，新颖独特。

师：没错，这些词语本身可能不新鲜，但是用在这种语境之下，就让人觉得有几分新鲜，让人觉得新奇。可以说，用词新鲜是任何一位作文高手的秘密武器，因为用词新鲜就不会使读者觉得审美疲劳。

（PPT 展示）

> 给平常的语言赋予不平常的气氛，这是很好的，人们喜欢被不平常的东西所打动。——亚里士多德

师：那么如何让自己的用词遣词新鲜呢？这就是我们这节课要讲的重要手段。

三 遣词技术——借用

师：首先要明白一个问题——遣什么词呢？动词、形容词、数量词等，其中动词最活跃。今天这节课主要探讨如何遣用动词。遣词的方法多多，其中一种重要的方法是借用，即借用其他动词来代替常规动词。

师：为何要借用其他动词呢？

（生一脸茫然）

师：从写作心理的角度来说，写作中，语言表达往往具有套板反应，即习惯性反应，这种套板反应是创作的天敌；写作时，大家喜欢用大众化词语，可是，作文需要小众化词语点缀，需要小众化、陌生化的词语复活句子。借用动词的方法具体来说有三种。

（一）借用其他事物的动词

1. 本描写甲事物的动词，借用描写乙事物的动词

（PPT 展示）

例句1：小草偷偷地从土里**钻**出来。（朱自清《春》）

师：这个语境下，通常情况下会选用哪个动词？

生：长。

师：可是这里却用"钻"字，"钻"的用法和妙处何在？"钻"本来是用来描绘动物或人的动词，这里却用来描绘植物，打破惯性思维，意蕴也更为丰富，强调了不知不觉、不经意的意思。与"长"相比，"钻"的意思当然更为丰富，所以说语言不仅要表达思想，也要制造思想。

（PPT 展示）

例句2：鹰击长空，鱼**翔**浅底。（毛泽东《沁园春·长沙》）

师：通常情况下，会选用哪个动词来描绘鱼在水里活跃的动作？

生：游。

师：作者这里却用"翔"字，用字非凡，出乎意料，哪位同学来分析这里的"翔"字有何妙处？

生（举手）："翔"本用来写鸟的，却用来写鱼，临时借用了其他事物的动词，实现了超常规表达，给人阅读美感。

师：嗯，不错。不过它比"游"还多了一层意思，写出了鱼在水里自由自在的活动状态。

师：下面我们运用刚才的方法对词语进行升格。这是我们同学在考场上写的句子。

（PPT 展示）

> 原句：年幼的她因抢救无效而离世。
>
> 升格句：年幼的她因抢救无效而＿＿＿＿＿。

生：凋谢、陨落。

师：我们来斟酌下这两个新颖的词。"凋谢"，将本用来形容花的动词借用来描写人，很得体。"陨落"不大适合，若是前面加一点修饰词，可能会得体。"如星辰一般陨落"是不是很好？

生（齐）：是！

（掌声响起）

2. 本描写抽象事物的动词，借用描写具象事物的动词

（PPT 展示）

> 例句 1：一股悲酸从心里走到眼上，但是不好意思落泪。（老舍《文博士》）

师：句子中的"悲酸"是抽象事物，一般来说与之搭配的动词不会是"走"，但是却大胆地用"走"，使得悲酸的流露更有可感性、动作性。若是大家常规表达，选用什么词语？

生：表现、呈现、流露。

师：此类动词常用于描绘抽象事物。这里用了描绘具象事物的动词，不仅可以选用"走"，也可以换成"流""喷""涌"。

（PPT 展示）

> 例句 2：那些遥远的记忆，飘过了我最不懂乡愁的年华。（邓琴《纸上故乡》）

师："飘过"本是用来描绘具象事物的动词，用在此处，使得整个句子表达活灵活现。

师：下面我们运用刚才的方法对词语进行升格。这是我们同学在考场上写的句子。

（PPT 展示）

> 原句：乔布斯的创新理念成就了一个令人敬畏的苹果公司。
>
> 升格句：乔布斯的创新理念＿＿＿＿＿了一个令人敬畏的苹果公司。

师：同学们，你们觉得这里的"成就"可以换成哪些更好的词？

生：铸造、铸就。

师：同学们的答案不错，看看老师写的几个答案，你们满意吗？

（PPT 展示）

> 升格句：乔布斯的创新理念（照亮了一个令人敬畏的苹果公司／书写了一个令人敬畏的苹果公司的传奇／托起了一个令人敬畏的苹果公司的辉煌。）

生（齐）：满意！

（掌声又响起）

师：我们将很凡俗的动词"成就"升格为其他的几个描绘具象事物的动词，实现了这了不起的一跃，然而正是这一跃，使得语言表达华丽转身。

（二）借用动作性强的动词

师：有些动词具有很强的动作性和画面感，而这类词语更容易给读者审美观感，震撼力也更强。

（PPT 展示）

> 动作性强的动词及其短语：
> （1）裹挟、手捧、封存、填补、采撷、泅渡、镌刻、锻造、浇灭、嫁接、奏响、坍塌……
> （2）构筑……大厦、贴上……标签、扣动……扳机、刺痛……神经、打通……隧道……
> （3）掇拾记忆、反刍往事、咀嚼青春、垂钓满分、播撒智慧、绑架善心、铺满温暖、触摸品性、驱逐理性、拔高分数的价值……

（生齐读）

师：动作性强的词语容易给读者呈现一幅刺激人心的画面，给读者的冲击力和感染力都很强。下面我们通过两个句子来对比分析。

（PPT 展示）

> 例句 1：狭隘的思想会破坏脆弱的亲情。
> 升格：狭隘的思想会撕裂脆弱的亲情。

师："撕裂"的对象本是有形的物体，呈现给我们的是极其严重的摧毁物体的场景，该词动作感极强，显然表达上胜过于"破坏"一词。

（PPT 展示）

例句 2：这幅漫画引发了人们心灵的震撼。
升格句：这幅漫画引爆了人们心灵的震撼。

师：从表达效果来看，"引爆"一词比"引发"更具冲击力，更能给读者想象的空间，避免了通俗词的使用。下面我们运用上述方法来对同学的作文语句进行升格，大家觉得选用什么动作性强的词语合适？

（PPT 展示）

原句：司马迁记住父亲遗命，实现人生价值。
升格句：司马迁_____父亲遗命，_____人生价值。

生：铭记；锻造。

（三）借用情感性强的动词

师：也有些动词本身蕴含着鲜明的情感色彩，更容易激发读者的情感涟漪。下面通过几组词语的对比，品析情感性强的动词特点。

对比下面几组词语，意思基本一致，但后一个动词显然更具情味，更具冲击力。

（PPT 展示）

伤害大地——羞辱大地
阻碍优秀——扼杀优秀
破坏孩子的天性——剿灭孩子的天性
影响社会文明——亵渎社会文明
改变教育——异化教育
类似的动词还有：阉割、盗走、偷袭、皈依、禁锢、葬送、吞噬、救赎、瘦损、屏蔽、粉饰、刷新……

（生齐读）

师：下面是我们同学的作文句子，选用刚才列举的那类词，将画横线的词语进行升格。

（PPT 展示）

原句：在功利与浮躁浇筑的现代社会，人们的道德灵魂日益淡薄。

生：日渐瘦损。

师：回答得非常好，与我想的不谋而合，所谓"英雄所见略同"。

（生笑）

（PPT 展示）

升格句：在功利与浮躁浇筑的现代社会，人们的道德灵魂<u>日渐瘦损</u>。

师：不仅仅动词可以通过临时借用而使语言变得摇曳多姿、活力四射，其实，其他词性的词语，比如名词、形容词和量词，也可以通过临时借用而转换语言表达系统，使我们的语言走出常规表达的死胡同。

四 迁移训练

师：下面我们斟酌语境，选用合适的词语填空，对比哪个词最合适。

（PPT 展示）

（1）小草长得_____。（灿烂、嚣张）

（先让学生考虑下，再呈现出"灿烂"二字，学生有点失望，"唉"声一片）

师：我早已想到大家会对我第一个答案不满意。大家看看第二个答案如何？

（呈现"嚣张"二字。学生非常满意，面带笑容，自发鼓掌）

（PPT 展示）

（2）一____（盏）离愁孤单_____（伫立）在窗口。（方文山《东风破》）

师：大家根据语境推测这里选用哪个量词和动词？

生：缕、团；站立、倚靠。

师：其实大家选用的词语也不错，这也告诉我们——用词具有一定的选择空间。比如说："今天大家认真听课。"若是我们换个更好的说法："今天大家贪婪地吮吸课堂营养。"

（生面带诧异）

（PPT 展示）

（3）埋头看书时，忽然觉得毛茸茸的大腿上，有挖掘机之类的东西在施工，低头一看，好家伙，一____（头）硕大的蚊子，早已_____（腆着）通红的肚子，依然在我_____（惨白）的大腿上，专心致志地____（放）我的血呢。

师：同桌商量下，用哪些好词来填空。

（学生的答案大体与原词一致）

师：讲到这里，可能有人很难接受这种借用其他词语来表达的方法，因为可能会认为我讲的东西在与小学老师作对。其实，我们表达同一个意思，可以选择不同的词语，在同一个语境下也可以选择许多的词语，因为词语具有弹性，词义的伸缩性、联想性。

师：但是，我们主张选用那些陌生的词，但是不是越陌生越好呢？

生：不是。因为太多陌生，别人就无法理解。

师：没错，若是词语超出了我们的认知熟悉度，那就会让人觉得不可思议、无法理解。因此，真正好的语言往往是行走在熟悉与陌生之间。

师：虽然讲的遣词方法很有限，但希望能开启我们一个新的话语系统。这需要我们不断地斟酌用词，并反复训练。下面我们对一段语言进行升格训练。

五　课堂训练

（PPT 展示）

原文：当下，一个知识盛行的时代。对于轰轰烈烈的教育，分数显得尤为重要，许多学生为此自豪，但也为此苦恼。

（学生 3 分钟内写好，交流答案。挑选一个较好的文段来展示）

学生升格：俯瞰滚滚红尘，在一个知识溢满的时代。对于波涛汹涌的教育，分数频频冲刷着心灵的礁石，令莘莘学子或微笑或流泪。

老师升格：当下，一纸知识盛行的时代。对于急流奔涌的教育狂潮，分数拉紧人们的神经，成串的学生为此高歌，但也为此断肠。

师：其实，我们在平时写作时要有意识地选择一些特定语境下非常规的词语来表达，实现超常规的表达。不过，平时阅读要注重积累一些高质量的词语，丰富我们的词库。反复训练和实践，将高质量词语运用到写作实践中，这样你的作文表达才会前进一大步。

【教学反思】

如何润色语言表达？这一直是困扰我作文教学的一道难题。于是我在平时阅读中有意观察那些美言美句，积累那些经典词句，于是归纳整理，找出经典词句的共性，概括出主要方法，提炼出核心概念。在对写作的遣词有一定心得的基础上，我总结出了遣词的一种主要技术——借用，目的是使语言表达实现超常规表达，让语言表达华丽转身。

本节课主要讲述了借用中的三种方法，每种方法没有停留于单纯的方法阐释，而更多的是通过具体例句来分析，通过与原词对比，真切地洞察到升格词的美妙之处；同时，结合班级具体情况，将班级学生的作文句子进行升格训练，与学生一起探讨语言表达，没有拘泥于一两种答案，重要的是引导学生一起探究答案。其中老师的示范没有缺席，老师也敢于拿出自己的答案与学生的答案较量，让学生真切地感受到老师在与自己一起奋斗，也树立了老师的威望，提升了对老师的敬佩指数。个人觉得，这三种方法还是具有很强的指导性和实效性，我没有止步于空洞地指导和说教，而是贴近学生实际进行引导，让学生在感悟、分析和训练中提升自己对语言的敏感度。可以说，整节课对学生的语言表达大有裨益。

从师生互动来说，本节课令人非常满意，学生表现非常踊跃，学生思维异常活跃，参与性非常强，对所讲的内容很感兴趣，关注度非常高，真正实现了课堂不让任何一个人掉队的教学目标。个人觉得，本节课具有紧凑性、流畅性、变化性特点，整个课堂行云流水，收放自如，高潮迭起。像水一样流淌，有时清澈宁静，有时深邃汹涌，有时波光粼粼，有时惊涛骇浪。我的课堂有一个价值追求，那就是制造两处以上的笑点或触发掌声，本节课也如此，如当我在讲"小草长得＿＿＿＿"时，首先呈现"灿烂"这个答案，学生明显不满意，后面亮出"嚣张"这个答案时，全体学生不约而同地响起掌声。记得著名的特级教师李镇西曾写了一篇短文《好课堂好教育》，他认为，所谓"好课堂"，就是"有趣"加"有效"。我想，这节课还是做到了这两点的，至少可以说我在追求着"有趣"加"有效"的好课堂。

当然，单纯的一两节课无法突破语言表达，还得靠反复的指导和训练，因此，这样的课堂少不了后面的大量跟踪训练和老师示范指导。就本节课而言，不足之处，可能在技术的深度上还有待进一步开发，应该力求让技术流程化，尽情绽放技术的力量。

（原文发表于《语文教学通讯》2018年第12期，此次出版有改动）

引
领
编

"分析"是 AI 写作的核心技术

潮州市湘桥区南春中学 ｜ 苏　捷

2023 年，通用人工智能的爆炸性发展，让 AI 写作备受瞩目。尽管 AI 目前在写作方面，仍然无法达到人类智能的水平，但还是有一些值得关注、研究、吸收，并积极运用于教学实践的地方。

对于 AI 写作，笔者主要测试了 ChatAI（ChatGPT3.5 版本）两项写作任务：一是现实工作中的写作任务，"N 中学邀请 J 市教师发展中心教研员 G 老师对语文教研组教师举办'情境命题的创设及学科能力素养的养成'的讲座，就此写一篇报道"；二是完成 2023 年全国各地的所有高考作文题。从上述两项写作中，可以看出 AI 具备非常优秀的"分析能力"，并且这也是 AI 在应用文写作中，能够体现出比一般学生更高的水平的关键原因。可以说"分析"就是 AI 写作的核心技术。

当然，测试中也可以发现，AI 在写作中有其他方面的弱点，比如联系实际的能力，尤其是在运用举例论证方面显得很差，而且还会出现字数缺漏、信息不准确等毛病。不过，在 AI 已经进入高考作文改卷测试的今天，我们自然需要更了解 AI 的工作模式；另外，我们也有必要通过研究 AI 写作，更深入地挖掘"写作的技术"，促进人类写作的进步。

为了具体了解 AI 的"分析能力"，这里我们先来看一下，AI 对第一项任务的完整作品：

①近日，N 中学邀请 J 市教师发展中心教研员 G 老师对语文教研组教师举办了一场题为"情境命题的创设及学科能力素养的养成"的讲座。

②G 老师首先介绍了情境命题的概念和意义，指出情境是学生认知

和语文阅读写作的基石，而情境命题是评价学生语文能力的重要途径。其次，G老师还详细讲解了情境命题的创设技巧，强调要贴近学生的实际生活和学习需求，从而提高学生的情感认知和思维能力。

③在讲座的后半段，G老师着重谈到学科能力素养的养成。他提出，学生应该具有整体性、跨学科性和交际性等多种学科能力素养，教师应该注重培养学生的综合素养，而不是仅仅追求单纯的语文知识。此外，G老师还分享了自己的实践经验，强调教师要不断地反思自己的教学方式和学生的学习效果，以便不断地完善教学规划和教学策略。

④在接受采访时，N中学语文教研组组长表示，此次讲座为教师提供了一次深入学习和交流的机会，有助于提高教师的教学水平和学生的语文素养。未来，语文教研组将进一步注重情境命题的设计和学科能力素养的培养，为学生提供更加优质的教育服务。

⑤此次讲座的成功举办，也展示了N中学不断推动教育教学创新的决心和努力。

从这篇应用文来看，AI很好地抓住了"主体"（关键词）和"任务"。任务相对容易理解，就是"报道"，所以第①段"时地人事"都交代清楚，即便没有给出时间，AI也懂得加上"近日"，地点也可默认为N中学。更重要的是，从第⑤段中，可以看出AI明白活动的宏观意义；从第②④段中，可以看出AI还懂得活动的具体目的。

对于主体的准确把握更是让人意外。首先，AI明确了N学校、G老师、语文组这三个"显性主体"，尤其是AI明白G老师是主体中的主体。所以，AI在第②③段，大部分笔墨都用在了G老师的讲座上。当然AI也会注意到"语文组"以及"N中学"之间的层次关系，在第④⑤段中做出相应表达。更微妙的是，AI还把握到"学生"这个"隐性主体"，完全清楚教师的服务对象是谁。其次，对于讲座内容的分析，尽管AI压根就没有参加讲座，笔者也没有提供讲座记录给它，具体内容可以说纯粹是AI自己"编造"的。但是，从写作内容来看，AI还是很好地抓住了讲座内容的主体——"情境命题"和"学科能力素养"：对于"情境"和"命题"，AI分析得很到位，还明确命题涉及教学评价；而且明白"学科"就是"语文"，"语文"主要就是"阅读和写作"。

所以，从这一项应用文写作任务中，我们已经能够充分感受到AI非常出色的"分析能力"。对于分析法，可能有很多界定和理解，沈致远在《科学是美丽的》中这样解释："分析法的要点有三：一是分门别类。将统一的自然科学划分为物理、化学、生物等许多学科，便于集中精力专攻。二是穷根究底。如对物质的研究从分子到原子，再深入到原子核、基本粒子及其内部结构。三是隔离。将研究对象的各个部分及各种影响因素逐个隔离开来，分别加以研究，这是分析法的精髓。"要注意的是"隔离"不是重复"分门别类"，而是摒除"干扰对象"，锁定"研究主体"，对此，沈致远还举了伽利略的自由落体实验，因为"隔离"了空气阻力的影响，才能够取得关键性成果。虽然，沈致远对于"分析法"的理解，无法与我们语文写作中所运用的"分析能力"直接对应，但是我们却可以基于这一界定，更好地理解AI写作的核心。联系上面AI的写作实践，我们可以得出AI"强分析能力"主要体现在主体分析准确到位，不管是显性主体，还是隐性主体，而且还能够分析出主体中的主次与层次。这主要对应的正是沈致远提出的"隔离"。

接下来，我们结合AI在多篇高考作文写作中完成的情况，更加具体地探讨其分析能力。

首先，AI在理解主体，甚至是含"比喻义"的主体时，仍然能够做到准确到位。对于全国乙卷作文材料中"吹灭别人的灯，并不会让自己更加光明；阻挡别人的路，也不会让自己行得更远"和"一花独放不是春，百花齐放春满园"两句话，AI不会傻得直接分析"灯""路""花""园"等带比喻义的关键词，而是懂得把握其中的意义，提出：人类需要更多的多样性和包容性，且定题为"协同合作，齐心共进"。这对于一些基础薄弱的学生却是具有挑战性的。当然，AI对于主体的分析，也不是完美的。比如新高考 I 卷的关键词是"故事"，它是这样阐述的："无论是童话故事、神话传说，还是社会历史故事，都是真实的，或者虚构的，但它们都有着共同的特点——那就是故事的力量。"很明显，虽然AI能够明确故事可以是虚构的，也可以是真实的，但很可能因为"故事"的"故"使得它无法理解故事的外延，忽略了"当下新鲜活的故事"。另外一个更严重的缺陷，就是AI善于一个不落地全面分析，却不懂得"选择"，也就无法锁定某个更适应"自己"（学生身份）的概念，并就此更有效有力地铺展开来。比如北京卷（"续航"一词，原指连续航行，今天在使用中被赋予了新的含义，如为青春续航、科技为经济发展续航等。请以"续航"为题目，写一篇议论文），AI进行了三段分析："青春的续航既需要勤奋拼搏，也需要科学规划……科技的续航则需要创新、开放和注重人才培养……经济的续航需要多方面的努力，包括培育新动能、产业结构升级、技术创新和国际化合作。"虽然全面，但科技续航和经济续航，其实不是学生容易把握的宏观话题；即便有个别优秀学生能够写好，他们也必然选择其中一个，不会面面俱到，而导致"中心不突出"。

换个角度说，也可以这样理解 AI 的问题，就是分析之后，无法联系统一起来，反而产生一种强烈的割裂感。当然，这些问题，不仅仅是提升 AI 写作能力要注意的问题，也是我们在写作教学中会遇到，并且需要克服的难题。

其次，AI 在分析主体之后，能够有效进行因果分析，准确找到问题关键。新高考Ⅱ卷（本试卷语言文字运用Ⅱ提到的"安静一下不被打扰"的想法，在当代青少年中也不鲜见。青少年在学习、生活中，有时希望有一个自己的空间，放松，沉淀，成长。请结合以上材料写一篇文章），AI 能够准确地分析出："如今的青少年正处在一个既充满机遇又充满困扰的时期。在学习和生活中，他们需要在社会和家庭的影响下，承受更多来自于内心和外界的压力。面对这样的压力，青少年需要一个属于自己的空间，用来放松、沉淀和成长。"对于青少年需要自己空间的原因把握非常准确。这样一来后面的写作，自然就能够具体到"内心和外界的压力""课业学习、人际交往和心理压力等的困扰"等方面。

最后，AI 还擅长具体地从多个方面去探讨因果，并由此提出"为什么""怎么做"，这也就是沈致远所说的"穷根究底"。最简单的案例就是北京卷（以"心跳得那么快"为开头，写一首小诗或一段抒情文字），AI 以一个情窦初开的少女，"初遇"心上人的感受，写了一首诗。而且有意思的是，它懂的从心上人的"身影""眼神""微笑"入手来写。这种"多角度多层次"探讨问题，是一种很重要的"切分分析"，可以让文章更有说服力；但目前很多学生缺乏这方面的训练，还很难达到 AI 的水平。在完成 2023 年高考作文时，AI 完成得最好的，无疑还是应用文的写作；尤其在北京卷的实用微写作中，它都能充分展现自己的"分析"优势。比如对于"班级是否需要创建自己的公众号"这个题目，持正面观点时，AI 谈到了三个积极意义："促进同学们的交流和沟通""提高班级和同学们的信息素养""帮助班级建立品牌形象"。持反面观点时，AI 则指出三个问题："班级不具备商业属性""班级的成员相对比较有限，早已建立了密切的群体联系""可能会转移同学们的精力和注意力"。很明显，AI 不仅对于"微信公众号""班级（学生）"的主体属性非常明确，而且能够分析出多个具体的理由，甚至具备一定的层次性，这点一般学生可能还难以企及。

运用"分析"来结构文章，在其他作文中，也体现得非常清楚。比如全国甲卷，AI 还进行了有效的"辩证分析"，写作标题为"人们对时间的掌控——自主还是附庸？"，不仅指出了"科技使得人类对时间的掌控越来越强"，也指出"科技带来的便利，使人陷入'时间奴役'的境地"。在具体"时间奴役"中，举例道："如果一个人睡不着觉，可能会第一时间拿出手机，刷微博、看视频或者玩游戏，想要透过这些娱乐来抚慰自己的内心不安。"其中我们还是能够看到"切分"获得的具体效果。对于"怎么做"，AI 的论述也是切分再切分，层次之下，又有层次："首先，我们需要明白自己的价值观和目标，合理安排时间。每天都定下计划，列出优先级，避免一些无谓的时间浪费。其次，要控制自己使用各种数字产品的时间，并让自己断电离线，休息得更好。再次，多冥想、多读书、多健身，多与阳光和自然互动，让自己充实而有意义地度过每一天。"此外，在评测中，笔者也发现，虽然 AI 能够很好地运用辩证分析，能够同时理解事物的两面性和矛盾性，但是更支持正面积极的理解和思考。比如在完成北京卷时，AI 自己选择的是正面的观点，必须是强加给它反面的论点它才会写，这点也是值得我们注意的。

所谓"成也萧何，败也萧何"，AI 有出色的分析能力，这是它能够较好完成写作任务的关键。当然，也因此，产生了负面的问题，那就是 AI 缺乏准确的联系能力。比如天津卷（"与有肝胆人共事，从无字句处读书。"一代人有一代人的使命与挑战，一代人有一代人的责任和担当。一个世纪前，在津求学的青年周恩来撰写了这副对联，在交友处事与读书求知方面警勉自己。品读此联，你有怎样的联想和思考？请任选角度，结合自己的体验与感悟，写一篇文章），AI 成功分析出了"交友"和"读书"两个方面，但两者却是割裂开来的，各自为战。当然，估计不少学生也会出现这样的问题。按照笔者的理解，分析之后还得统一：与没有肝的人共事，干不了好事；与没有胆的人共事，干不了大事。所以其实上联中心就是要与志同道合的人干大事，干好事。从无字句处读书，就是从实践中读书，处处用心，时时学习。所以更好的中心应该是：为民族之崛起，在实践中学习。

在具体层面，AI 也有同样的问题，无法具体联系到相关的内容。比如在完成北京卷微写作（从经典的文学作品中选一个与花卉有关的场景，从自己的感受出发，写一段短评）时，它竟然虚构出"在赤壁之战的前夜，赤壁畔江水波澜壮阔，江畔的荷花烟雨荡漾，清新秀丽"这样一个"想当然耳"的场景来。其实《三国演义》中唯一出现"荷""莲"处，都在第八回，其他章节压根就没有提到荷花。所以和一些精明而又少积累的学生一样勉强为之，只能造假拼凑。

· 参考文献 ·

沈致远. 科学是美丽的：科学艺术与人文思维［M］. 上海：上海教育出版社，2002.

让步思维：打开思辨性说理大门的一把秘钥

中山市濠头中学｜夏金城

《普通高中语文课程标准（2017年版2020年修订）》中的学习任务群明确指出"思辨性阅读与表达"的目的是发展实证、推理、批判与发现的能力，增强思维的逻辑性与深刻性，认清事物的本质，辨别是非、善恶、美丑，提高理性思维水平。[①]由此可见，思辨性思维在高中生思维的发展与提升中极为重要，要促进学生的思维发展与提升，落实思辨性阅读和写作是其中一条主要途径。

在我国，"思辨"一词最早来自《礼记·中庸》："博学之，审问之，慎思之，明辨之，笃行之。"慎思，就是运用知识审慎地思考。明辨，就是清晰地分辨是非真伪。合而言之，"思辨"，就是分析问题要审慎思考、明辨是非，具体问题具体分析，不做简单的否定和非此即彼的单项选择。

一　让步思维的思维价值

所谓议论，就是说理；说理的核心是分析和论证。议论文写作教学的重点就是学会分析和论证。学会了分析和论证，也就学会了思辨。众所周知，高中议论文写作教学的重要目标是提高学生的思辨能力，但在实际的教学中，教师往往找不到思辨性思维训练的抓手，一般只会就例论例，未能提炼出有效的作文技术。而以让步思维为钥匙，打开思辨性说理大门，是一条行之有效的训练路径。

让步思维具有很高的思维价值，主要体现在两方面。

一方面，让步思维体现了思维的思辨性。让步思维是一种以退为进的思维，表面上是让步，实质上是以退为进，体现了思维的思辨性。所谓的以退为进，就是表面上承认对方观点或现象、行为存在的某种合理性，但真正的目的是在此基础上进行转折，明确亮明和强化自己的观点，从而使观点表述更严谨，分析更客观全面，论证更周全中肯，让人难以辩驳。譬如，2020年高考全国Ⅰ卷作文，要求考生写齐桓公、鲍叔、管仲三人中哪个给自己的感触最深。写其中一个人物，肯定其德才和贡献，不代表就割裂和其余两人的关系，更不是否定他们的作用，否则不算辩证客观地分析问题，也就无法收到思辨的效果。因此，肯定管仲的才华的同时，也应该承认鲍叔的举荐与让贤之功，因为没有管仲的举荐，管仲就错过了辅佐齐桓公的机会，也就失去了施展才华的平台。但相对于鲍叔这个外因，管仲自身才是内因，管仲本身出众的才华，才是其成功的根本原因。这样从内外因的角度分析，先让后转，以退为进，能使说理具有很强的思辨性。

另一方面，让步思维强化了作者的"对手"意识。关于议论文，《国文百八课》是这样定义的："议论文是把作者所主张的某种判断加以论证，使敌论者信服的文章。我们写作议论文，情形正和上法庭去诉讼，向敌方和法官讲话一样。"[②]也就是说，写议论文要有对象感，作者要有"对手"意识。在说理思辨的过程中，让步思维能让作者带着一种"对手"或"论敌"的读者意识，强化交际感，增强说服力。譬如，对于陆绩怀橘的行为，不同的人有不同的看法，有的人肯定其孝心，有的人认为他是偷窃。说理的时候，可以先从"对手"的观点入手，肯定其合理之处，再进行转折，亮明己方的观点。例如可以这样写："有的人认为，陆绩偷怀橘子是出于对母亲的孝顺，然而，我觉得以孝顺之名行"顺手牵羊"之实，有违礼法，不足为训。"说理时如果能适当地站在"对手"的角度思考和分析，可以使论证更为合理和辩证。

二 让步思维的语言模型

如前文所述，让步思维中的"让步"不是目的，它只是虚晃一枪，真正的目的是引出自己的观点，使自己的观点更为鲜明，让自己的说理更有力度。因此，让步思维和转折思维往往合在一起使用。语言是思维的外化，思维的外化需要借助一定的语言模型或语言支架来实现。让步思维的语言支架主要有以下两类。

第一类：诚然……但是／当然……然而／无可否认……其实／……固然不错……但是／……无可厚非……但是。这一类语言支架先肯定后转折，貌似退了一步，实质是过渡到问题的另一面，从而使分析更加全面、辩证。

第二类：有人说……可是／有人或许会认为……但是。这一类支架从"论敌"的角度切入，体现"读者"（或"对手"）意识，以假想论敌的角度提出异议，然后再加以反驳，逐步补充、完善自己的观点。

不管是哪一种语言支架，让步思维都必须跟转折思维结合起来，因此，让步思维的语言模型可以提炼为：让 A，但 B。

具体运用让步思维的时候，"让 A，但 B"的语言模型可以有多种变式。譬如让步可以是一重让步，二重让步，"但"后面可以有一次转折，两次转折，三次转折。例如：有人或许会认为，高三学生学习任务重、压力大、撕书、吼楼只是宣泄考前压力的一种手段，再说撕书、吼楼并非危及公众之举，校方不必反应过度，但我们绝对不能低估了这些学生撕书、吼楼所带来的破窗效应，也不应默许学生以这种过激的不合理的方式来释放心理压力，而是要正确引导，教会学生用合理、平和的方式来宣泄心中积压的不良情绪。这段文字用"有人或许会认为……，再说，……，但……，也……"的语言支架进行"二让二转"。但无论如何，让步的内容不宜过多，用力不宜太大，重点应放在"但"后面的论述，否则会削弱论证的力度，降低议论的说服力。

三 让步思维的构段技术

现代认知心理学的研究表明，阅读和写作能力是由陈述性知识、程序性知识和策略性知识三类知识构成。学习写作就是学习程序性知识，掌握概念和规则的高级智慧技能。让步思维虽然是一种高阶思维，但其操作技术并不复杂。

技术一：先立论后让步

什么叫程序？梅耶说得言简意赅："程序：一步一步的过程。"③维金斯和麦克泰格更直截了当："技能目标具有天然的程序性。"④下面为 2015 年高考作文题"小陈举报老陈"的作文段落。

小陈，想必你经过了激烈的思想斗争，最后迫于无奈拨打了电话，举报自己的父亲。诚然，你运用法律手段，有效地阻止了你父亲开车打电话的行为，为此，有的人认为你是大义"救"亲，但此举像一把双刃剑，在可能避免一场车祸的同时，也会深深地伤害到令尊的尊严和你们父女之间的感情。你的父亲也许不能理解你，你们父女之间可能因此出现隔阂，所以希望你以后能谨慎使用这种方法。

这个段落是如何运用让步思维写出来的呢？

第一步：先明确自己的观点。如：举报自己的父亲伤害到父亲的尊严和父女之间的感情。

第二步：肯定行为的某些正确性或客观效果，此为"让"。如：运用法律手段，有效地阻止了你父亲开车打电话的行为。

第三步：用"让步"的语言支架——诚然……但——连接句子。"小陈，诚然，你运用法律手段，有效地阻止了你父亲开车打电话的行为（此为"让"或"退"），但此举像一把双刃剑，也会伤害到令尊的尊严和你们父女之间的感情（此为"转"或"进"），所以必须谨慎使用（表明态度）。"通过一让一转、一退一进，把小陈举报老陈的是非曲直都说清楚了。

特别强调，运用让步思维写作，必须先明确并坚守自己的观点，适当的让步是为了引出自己的观点，使论证更客观周全，更有说服力。

技术二：提供表格支架

支架是写作教学过程中重要的辅助性教学内容。支架有材料支架、情境支架、模板支架、表格支架等。以下面作文题为例，借助表格支架，分析如何运用让步思维进行说理。

作文原题：聂老汉年逾古稀，生活困难。因外出打工的儿子小聂，连续半年不支付赡养费，聂老汉到法院申请强制执行。经法官与小聂沟通无效后，法院遂将小聂录入"失信被执行人"名单，后小聂因无法正常出行，工作受阻，只好到法院承认错误并借钱支付了有关赡养费。此事经媒体报道后，激起了更大范围、更多角度的讨论。

提供表格支架（见表1），帮助学生理清写作思路，从而实现思维的可视化。

表1

事件：聂老汉把不交赡养费的儿子小聂告上法庭		
对象	合理之处（让步）	不当之处（转折）
聂老汉	依法维权	不近人情
小聂	生活困难	不孝顺，不守法

首先，学生必须清楚事件的核心内容，这是写作的起点。这道作文题的材料核心内容，就是聂老汉把不交赡养费的儿子小聂告上法庭。主要的写作角度有聂老汉和小聂。根据让步思维的特点，针对这两个角度，设置了合理之处和不当之处，以较客观全面地评价他们的行为。譬如聂老汉把不交赡养费的儿子小聂告上法庭，应该承认其以法维权的意识和无奈，但也要指出父子对簿公堂，家丑外扬，有损亲情。而小聂外出打工，连续半年不给老迈的父亲支付赡养费，当然是有悖道德伦常，有违法规条文，但他也有生活困难的苦衷。在表格支架的帮助下，学生就可以快速构造段落。

必须指出，以上两种技术是应该结合起来运用的，先立论后让步是思维的路径，而提供表格支架可实现思维的可视化。最后，还要说明，我们不仅可以运用让步思维构造段落，还可以运用让步思维谋篇。让步思维是打开思辨性说理的一把秘钥，当学生掌握了这把钥匙，必定能写出有思辨性、哲理性的文段和文章。

· 参考文献 ·

① 中华人民共和国教育部. 普通高中语文课程标准（2017 年版 2020 年修订）[S]. 北京：人民教育出版社，2020：18-19.

② 夏丏尊. 叶圣陶：国文百八课 [M] // 叶圣陶教育文集：第五卷. 北京：人民教育出版社，1994：378-379.

③ 梅耶. 应用学习科学：心理学大师给教师的建议 [M]. 盛群力，丁旭，钟丽佳，译. 北京：中国轻工业出版社，2016：60.

④ 威金斯，麦克泰. 理解为先模式：单元教学设计指南（一）[M]. 盛群力，沈祖芸，柳丰，等译. 福州：福建教育出版社，2018：147.

基于言语思维发展的"抗疫"情境任务写作

中山市第二中学 | 刘礼娜

　　每一门学科都有其独有的学科思维，语文的学科思维就是言语思维。如果说"语言建构与运用"是语文学科核心素养的基础项，那么"思维发展与提升"就是中心项，语文学科课程内容、核心概念、话语体系及分析框架的更新与重构必须围绕"言语思维"展开。[①]"言语思维"是 20 世纪 20 年代由苏联认知语言心理学家维果茨基提出来的。"言语思维"是在言语与思维各自发展的方向上动态相遇的，要想发展出高品质的语言能力，就要强化言语思维训练，而写作训练无疑是言语思维品质提升的重要途径。

　　课程标准要求："语文课程应引导学生在真实的语言运用情境中，通过自主的语言实践活动，积累言语经验，把握祖国语言文字的特点和运用规律。"[②]强调在真实的语言运用情境中学习语文。这场新冠疫情是战场，也是真实的教材，作为语文教师，应该充分用好"抗疫"这一真实的语言运用情境，引导学生进行写作训练，提升学生的言语思维能力，亦增强学生家事国事事事关心的社会责任感。

一　基于言语思维发展的"抗疫"写作任务设置

　　言语思维作为语文学科特有的思维方式，是专属于语言这个媒介提取物的。言语思维是凭借语言进行思维，通过思维生成语符，并由此生成词语、语句、语段和语篇的过程。相关专家在收集上万份研究资料中，发现高中生言语思维分两个层级：第一层级为形象思维和抽象思维，第二层级为反省思维、审辩思维、辩证思维和创造思维。③高中生的言语运用和表达应该立足于思想的深度和高度，在注重其一般思维培养的同时，更要注重发展学生的创造思维、审辩思维和辩证思维。笔者通过还原疫情真实的生活情境，设置写作任务，提升学生的言语思维品质。

（一）写作任务一

主题：青春使命

情境：一方有难八方支援，武汉疫情暴发后，各地医疗队纷纷支援武汉，其中就有许多"90后"白衣天使，他们勇敢奔赴前线，用最青春的身影诠释着一种担当和使命。

任务：网络搜集"90后"抗疫青年典型事例，选定一个你最有感触的人物，搜集相关图片，制作视频，拟写视频脚本。视频脚本包括：人物简介，典型事例，扣"青春使命"主题书写典型事例的意义。

训练重点：形象思维（使用描述性的语句来描绘自己的思考，能够进行变通式的新颖表达）。

（二）写作任务二

主题：致敬抗疫英雄

情境：新冠疫情暴发后，无数人勇敢地挺身而出，有84岁的钟南山院士和熬夜抗疫的李兰娟院士等专家，也有冲在抗疫第一线的医护人员，还有日夜奋战为一线做好保障的建筑工人等等，可以说他们都是英雄。

任务：网络搜集相关抗疫英雄的视频和文字报道，有哪些画面打动了你？哪些意象深深刺激着你的神经？请以"致敬抗疫英雄"为主题写一首现代诗。（写作后可以录制朗诵音频。）

训练重点：创造思维（想象丰富，语言技巧高超，能够灵活使用隐喻、象征等手法，诗歌写作能创设一种优美或独特的意境）。

（三）写作任务三

主题：人与自然

情境：中国疾病预防控制中心在疫情发生之后，在华南海鲜市场非法销售野生动物的摊位检测到了病毒。近年来，国内各地的非法野生动物交易链条并未被完全切断。

任务：网络搜集野生动物的信息，请以学生志愿者的身份，写一篇面向所在社区群众的演讲稿，倡议大家"保护野生动物，与自然和谐共处"，体现你的认识与思考，并提出希望与建议。（写作后可以拍摄演讲视频）

训练重点：反省思维，审辩思维（能够批判地看待社会问题和社会现象，有自己的独立的思考，观点发人深省，能跳出这一件事的局限，而将规律应用到更广的范围当中）。

（四）写作任务四

主题：辨言

情境：疫情从武汉蔓延后，网络谣言也出现了，如"饮用高度酒能抵抗新型冠状病毒""中部战区空军今天会在武汉上空开始播撒消毒粉液"等等，对于这些谣言，有的人认为要追究发布谣言者的责任，有的人表示理解，认为其初心是好的，是为大家的健康着想。

任务：面对与疫情一起爆发的网络谣言，你怎么看？如果班级开展辩论赛，正方观点：应该追究发布谣言者法律责任；反方观点：不应该追究发布谣言者法律责任。请选择一方，写一篇辩论稿。

训练重点：审辩思维，辩证思维（文章组织结构上是严谨的，层层推进，推论的过程是严密的。能够从多角度辩证地看待问题，认识到事物对立统一的关系，观点发人深省）。

（五）写作任务五

主题：网课学习

情境：疫情的蔓延影响了 2020 年新学期教育教学的正常开展，对此，教育部印发《关于中小学延期开学期间"停课不停学"有关工作安排的通知》，对"停课不停学"工作提出明确意见。各省市教育部门积极响应，各学校积极开展网上课程。与传统的课堂相比，网上学习更需要学生的自主。

任务：请你以校园记者的身份，采访一位你心目中的学霸，围绕"疫情期间如何应对网络课程"拟定采访提纲，进行电话或视频采访，写一篇通讯稿，描述采访内容，表达你采访后的感想。

训练重点：形象思维，反省思维（描述的人物立体丰富，语言流畅优美，能够灵活驾驭文章，结尾开放，引人深思）。

二 跨媒介实施写作任务

随着互联网和新媒体技术的发展，人们的阅读和交流都发生了很大的变化，我们的教学模式也发生了变化。疫情期间，教师应该充分利用现代技术开展线上线下教学工作，引导学生在真实的生活情境中进行信息的收集、提炼和表达。"数字媒介的阅读多为浅表化、碎片化的，只有分配给他们紧张的任务，布置恰当的情境写作，他们才会在看似毫无价值的泛化阅读中找到有意义的写作方法。"④ 在抗疫期间，笔者通过设置上述写作任务展开专题写作，聚焦写作思维训练，充分利用移动互联网，建立虚拟教室，并与线下传统写作形式进行有效整合，促进个性语文学习的真实发生。

（一）建立虚拟教室

利用线上移动办公平台，创建虚拟教室，在网络平台中搭建起学习框架。教师通过网络直播的方式，进行写作技术指导和写作任务布置。通过连麦的方式建立课堂积极的对话，把控课堂。

录制视频突破写作难点，如现代诗写作，教师示范写作"致敬抗疫英雄"主题的现代诗《你是人间的一米阳光》，呈现构思—灵感激发—写作—修改的整个写作过程，从意象选择、画面营造、隐喻等角度进行程序性策略性写作指导。

现场直播指导学生修改典型习作，并进行步骤提示，呈现学生修改过程。通过在线编辑的形式，让所有学生参与习作修改，突破传统的线下真实课堂的时空局限，充分用好现代技术以提高课堂效率。

（二）资源共享

建立班级资源共享库，分写作主题建立文件夹，每个文件夹分图片、视频、文字不同类别建立子文件夹，每个小组负责一个主题的写作信息收集，由组长初步把关放入班级资源共享库。"信息查询是意义制定和问题解决不可缺少的。为了从找到的信息中学习，学生必须有目的地寻找那些能帮助他们解决问题的信息。"⑤ 引导学生聚焦写作主题内容收集写作素材。

当然，学生需要学会评价信息的可信度，给学生推荐比较权威的可信度高的跨媒介，如手机软件"学习强国"，《人民日报》《南方日报》《羊城晚报》等权威报刊及其微信公众号，《焦点访谈》《今日一线》等电视节目，如果自身条件有限可以申请家长支援。

学生在收集写作信息时，对信息真实性的甄别和整合处理信息的过程，也是提高其明辨是非的能力和培养其严谨的求知态度的过程。分小组合作收集信息，资源共享，充分利用媒介资源让学生进行自主、合作、探究学习。

（三）跨媒介写作交流

在经过信息收集、信息提取、写作指导之后，学生独立完成写作，在提交写作任务之前，学生可以通过线上平台向教师请教，教师提出修改意见，完善写作。

完成文字写作后，学生可以进行超媒体创作。如第一个主题写作，"青春使命"微视频宣传片的创作，学生小组合作完成，每组推选出最精彩视频脚本，组合多种声音、图像、视频片段等，学习使用数字化处理旁白和音乐、数字化处理图像等技术，完成后推荐到学校微信公众号交流分享。"人与自然"主题的任务写作完成后，鼓励学生录制演讲视频发到社区媒体，展开更广泛的社会交流。通过线上视频会议的形式开展班级辩论赛。学生自愿报名组建两个辩论队，每队四人，模拟大专生专业辩论赛的形式展开。

跨媒介写作评论交流可以有多种形式。可以在线上平台的虚拟课室进行，通过在线编辑的方式进行写作评论交流。分组进行，小组内互评作文。可以通过自媒体自由评论交流，如精选"致敬抗疫英雄"主题的优秀现代诗习作，由学生录制朗诵作品，发布到笔者的个人微信公众号，学生可以在留言区发表评论文字。培养学生进行写作评论的习惯，也是在培养学生的反省思维和审辩思维。

在特殊时期，充分发挥现代技术的作用，利用线上平台构建虚拟教室，引导学生进行跨媒介写作和交流，通过自主、合作、探究的学习方式，提升言语思维品质和语言表达能力。从学生上交的作文来看，不乏精彩之作。从学生反馈的留言来看，有的学生说很喜欢视频会议上的精彩辩论，有的学生说现代诗写作是一次很好的尝试，还有的学生说跨媒介写作交流很有趣。可见本次写作训练是有效的。

教育思想家杜威说："教育即生活。"是的，生活就是一本很好的语文教材，"抗疫"关乎生命，关乎家庭，关乎国家的命运。还原"抗疫"的真实生活情境，聚焦言语思维设置一系列的主题写作任务。通过跨媒介写作交流，面对真实的生活情境能够发表独立的、有创造性的看法，重点提升学生的言语思维品质，从而真正提升学生的语文核心素养。

·参考文献·

①③ 张秋玲，等．新版课程标准解析与教学指导 高中语文［M］．北京：北京师范大学出版社，2019：33，78-82.

② 中华人民共和国教育部．普通高中语文课程标准（2017 年版）［S］．北京：人民教育出版社，2017：1.

④ 蔡森．"观点致胜"，创意表达："跨媒介阅读与交流"的读写相融［J］．语文教学通讯，2019（28）.

⑤ 乔纳森，等．学会用技术解决问题：一个建构主义者的视角：第 2 版［M］．任友群，等译．北京：教育科学出版社，2007：29.

（原文发表于《语文教学之友》2021 年第 7 期，此次出版有改动）

统编教材"写作知识"：特点、价值与教学策略

中山市桂山中学｜罗　诚

　　与以往诸多版本的教材相比，统编版高中语文教材改变了过去读写分而治之的局面，代之以高度融合的读写活动。这一变化体现了"新课标"的精神和"学习任务群"的理念。在单元学习任务中，必修和选择性必修教材共设有 23 个写作主题，其中必修上册 5 个，必修下册 6 个，选择性必修三册分别为 4 个。绝大部分写作主题包含"写作任务"和"写作知识"板块。"写作任务"明确了写作内容和要求；"写作知识"提供了写作方法和指导。此编排方式旨在改变当前科学规范化写作教学阙如的现状，提升学生的思维能力和写作素养。

　　然而，学界尤其是一线教师对"写作任务"的研究已呈井喷之势，而针对"写作知识"的研究，则相对较少。主要表现在，有的教师认为"写作知识"板块短小，存在价值不高；还有的认为其操作性不强，无法在短时间转化为写作能力。这些观念的背后，折射出的是教师未能充分认识到"写作知识"的编排体例和教学价值，未能提炼出"写作知识"的运用路径。基于此，笔者对统编教材"写作知识"的编排特点和教学价值进行探讨，并提出针对性教学策略，以请教于方家。

一　"写作知识"的编排特点

　　众所周知，学生的写作经历了一个从思考、下笔到完成的复杂过程，无

论是审题立意、明晰思路，还是逻辑梳理、科学表达，其背后都隐藏着一个个庞杂的知识体系和能力体系。其中知识体系分为隐性知识和显性知识两大类。《写作教学内容新论》提出："从历史纵向的发展脉络看，写作知识在语文教材中的呈现，大体经历了两个变化，一是从隐性知识向显性知识转变，二是从零散、玄妙的显性知识向系统、周密的显性知识转变。"[①]笔者以此为依据，试分析统编教材写作知识的编排特点。

（一）从隐性走向显性

以往文选型教材中，写作知识往往以隐性知识的形态潜藏在文本之中。这对学生的写作学习能力提出了较高要求，如果语言感知、文本理解等能力较弱的话，学生大概率无法将文本的写作知识转化为自身的写作知识。这一编写方式也对教师的教学提出了更高的挑战，因为没有一套完整严密的知识体系，作文教学极易缺失明确的方向、目标和内容。统编教材一改文选型教材的局限，在单元写作任务之后附带知识短文，让写作知识从隐性走向显性，从幕后走向台前。以必修上下册为例，这两册书共有 11 个写作主题，对应 11 个写作知识。每个写作知识单独组块，篇幅精简，语言凝练。经统计，写作知识的字数大多在 700 字左右，且切分为 3 ~ 4 段。其便利在于，教师对写作教学的知识内容和结构体系有了更清晰的理解和科学的规划，学生的写作素养和思维能力在掌握知识的过程中得到锻炼和提高。

（二）从随意走向系统

以往的语文教材重阅读轻写作，"写作教学内容的开发，基本上依赖语文教师的经验，包括教师的写作经验和语言经验"[②]。因此，写作教学存在严重的主观性，极易出现水平参差不齐、内容纷乱芜杂的问题，基本处于无规划无条理的随意教学状态。摈弃随意，走向科学的应然路径在于作文教学过程化体系化，"从构成作文知识和能力要素入手，通过分项训练提高写作能力，每一项训练不只是提出要求，还要落实指导的过程"[③]。一方面，统编教材以文类为序列，有机编排写作知识。必修和选择性必修 5 本教材 23 个写作主题中，复杂记叙文、事理说明文、议论文、诗歌、散文、综述等多类文体都赫然在列。另一方面，在人文主题、学习任务群的统领下，每一个单元的写作知识都包含若干与写作主题、学习要求相契合的知识内容和能力要素，以此实现知识和能力的完整性开发、序列化连接和系统性整合。如："议论要有针对性"是必修上册第六单元的写作主题，该单元的学习要求之一是"掌握有针对性地表达观点的方法"。写作任务是针对当下学习中的某些问题，以《"劝学"新说》为题，写一篇不少于 800 字的文章。在此基础上，写作知识包含现实针对性和读者意识两个层面的内容。同样，"如何阐述自己的观点"和"如何论证"是必修下册的写作主题，其写作知识既与单元学习内容相符，也是前面"议论要有针对性"的延展深化。可见，统编教材为师生提供了一张内容丰富、结构完整、体系连贯的写作知识网。教师若能吃透其中的内涵与精神，写作教学的过程化指导便能落地落实落细。

二 "写作知识"的教学价值

统编教材写作知识的教学价值被忽略甚至被漠视，笔者认为原因有三：一是没有跟上新课标新教材改革的步伐，未能领会新课标的理念与精神，把握新教材的体系与框架。二是"写作不能教、教不好"的观念在很多教师心中已根深蒂固。三是依然秉持"教教材"的心态，沿用"知识传递型"授课方式，导致学生一味被动接受，缺乏能动学习、主动建构的意识和能力。因此，在新课标的统领下，探讨学习任务群视域下写作知识的教学价值，对于提升写作教学的效率，尤为必要且重要。

（一）指向学习任务群的实施

《普通高中语文课程标准（2017 年版 2020 年修订）》提出，"语文学习任务群以任务为导向，以学习项目为载体，整合学习情境、学习内容、学习方法和学习资源，引导学生在运用语言的过程中提升核心素养"④。在新课标引领下，统编教材从单元阅读中生发写作任务，有针对性地设计写作知识板块，给教师的教和学生的学提供借鉴和指导。可见，写作知识是落实学习任务群不可或缺的学习内容和学习资源。比如必修下册第三单元"如何清晰地说明事理"提供了理解要说明的事理、着重说清楚关键要素、厘清说明顺序等知识点，对应到"实用性阅读与交流"任务群，就明确指向"学习运用简明生动的语言，介绍比较复杂的事物，说明比较复杂的事理"等学习目标和内容。由此可见，学习任务群建构了语文课程的内容系统，写作知识作为其中一项学习内容，在任务群的实施中举足轻重。

（二）指向教师的教

早在十几年前，王荣生就明确提出："在我国中小学的语文课里，几乎没有写作教学。"⑤绝大多数教师认为写作教学的中心工作是写前的内容指导和写后的结果评点，至于"怎样写"的过程指导，则少有甚至没有观照。

因此，写作教学常常处在低效和无效的窘境中。事实上，"怎样写"涉及写作知识、写作技巧、写作思维等多维度的内容，而掌握写作知识是提升写作技巧、活跃写作思维的前提。因此，写作知识迫切呼唤教师的教。一方面，很多学生认为写作知识是"只可意会，不可言传"的玄妙东西，习惯在无意识的自我阅读中摸索写作规律。所以，写作教学需要教师在教学中帮助学生形成对写作知识的正确态度，在知识传递中系统掌握相关知识。另一方面，心理学将知识分为陈述性知识、程序性知识和策略性知识。统编教材写作知识大多是陈述性知识，"主要反映事物的状态、内容及事物变化的原因，说明事物'是什么''为什么'和'怎么样'"[6]。然而，"陈述性知识的作用在于帮助识别某类写作的特征与规律，但对写作却难以提供操作性指导"[7]。所以，写作教学需要教师将静态的陈述性知识转化为动态的程序性知识，在知识建构中系统掌握写作策略。

（三）指向学生的学

建构主义认为，学生不仅是知识接受者，还是探究者和建构者。因此，教师应由"教教材"过渡到"用教材教"，以此引导学生与教材展开对话，学会学习。统编教材教师教学用书强调，"教材在写作任务后边以补充材料的形式附有简要的写作指导，供学生自主阅读"[8]。实质上，笔者认为，写作知识对于学生主观能动性的发挥，有很多看得见的作用。比如，写作前，学生通过阅读写作知识，了解相关概念和写作规则，建构写作知识和观念，明确写作要求和目标。写作中，学生结合知识短文提供的相关范例，摸索实践路径；结合写作要求，制定评价量表。写作后，学生根据量表进行自评或互评，以此判定对概念的理解、对知识的运用实现到了何种程度，从而形成策略，缩短差距。由此可见，对学生而言，写作知识的作用不仅停留在自我阅读层面，还包括自主建构、自我测评、自我反馈等多个维度，贯穿写作始终。

三 "写作知识"的教学策略

面对统编教材系统化的写作知识，"如何教"成为当前亟待破解的重要命题。在吃透新课标理念，对标学习任务群的基础上，笔者结合日常教学实践，从以下四个角度撷谈"写作知识"的教学策略，以供参考。

（一）化静为动，在建构中生成程序性知识

前面提及统编教材的写作知识大多是静态的陈述性知识，包括写作规

则、原理、概念及经验等。但了解写作知识和运用写作知识是两码事。如议论文的写作，学生大都知道何为论点准确、论证严密、论据有力，但未必人人能做到如上几点。所以，"语文课程和教学的最终目的并不是让学生掌握这些组装好的静态知识，而是让学生形成运用这些知识的言语交际能力"⑨。基于此，师生需要在课堂知识建构中，将静态的陈述性知识转化为动态的程序性知识，"将原本内隐、平面、静态的知识可视化、立体化、动态化"⑩，以此把握写作的具体过程和操作步骤，生成解决问题的思维和能力。那么如何实现知识间的转化呢？笔者认为，支架是生成程序性知识的最佳路径。教师可以通过问题支架、建议支架、图表支架、范文支架等为学生提供元认知支持、过程支持和策略知识。

比如必修上册第三单元"学写文学短评"提出了相关概念和写作要求，包括从"小"处聚焦，叙议结合等内容。但对于如何理解概念，如何落实写作要求，则鲜有提及。笔者在教学中，通过范文支架，在阅读分析中区分"评论"和"读后感"的概念，明确文学短评重在"评"，采用以议为主、叙议结合的表达方式，客观评价作品；读后感重在"感"，采用叙多议少、兼有抒情的表达方式，结合本人实际，联系社会现实，写出自己的主观感悟与体会。通过图表支架，引导学生掌握写作技术，包括如何从"小"处定题、如何叙议结合、从何处深度挖掘等，在建构中实现知识的巩固与转化、迁移与运用。

（二）化散为整，在统整中掌握综合性知识

从宏观来看，为有效实现"学习任务群"的学习目标，统编教材采用读写结合的编撰模式，写作任务和写作主题附在单元选文之后，写作知识也随之分文类系统排布在五册书各单元中，这是写作知识系统化编排的一面。然而，从微观来看，写作知识以此形式编排，又不可避免呈散状结构，具体表现在议论文类中。统编教材共安排了9个议论文写作主题，其分布情况是：必修上册有"议论要有针对性"，必修下册有"如何阐述自己的观点""如何论证"，选择性必修上册有"材料的积累与运用""审题与立意""尝试写驳论文"，选择性必修中册有"深化理性思考"，选择性必修下册有"语言的锤炼""文章修改"。这样的编排方式有其鲜明特征但又不尽合理。"写作学习不是一个循序渐进的累加式过程，而是一种非线性的、不断往复的过程。"⑪每一篇议论文的完成都是一个系统化的大工程，从审题立意到明晰结构，从选择论据到展开论证，从锤炼语言到修改完善，都在考验学生的综合知识与能力。笔者认为，教师可以以整体观统整议论文写作知识，在一体

化的设计和阶段化的实施中统筹推进议论文写作教学，以帮助学生系统化掌握写作知识，提升写作素养。

议论文写作归属思辨性阅读与表达任务群，强调思维的发展与提升。具体教学中，教师可以综合考虑教材的编排体系和高中三年的教学计划，在整体推进加侧重落实的思路上，采用合分式教学和勾连式教学模式，建构系统化教学体系。合分式教学中，教师可以将篇章写作和微型写作双线合并。学生在篇章写作中整体建构写作知识，在微型写作中重点落实单元写作知识，这样才能避免陷入"只见树木不见森林"的误区。勾连式教学中，由于知识的连接整合有其内在的逻辑脉络，教师可以在知识的前后关联中设计教学内容。如"审题与立意"是议论文写作的第一道关卡，教学时可以将其前移；学生只有在明确论点和思路、掌握论证方法的基础上才能进一步深化理性思考，教师可以按照教材原本的设计思路，将"深化理性思考"后置；"议论要有针对性"和"尝试写驳论文"有关联之处，且"议论要有针对性"所在单元的阅读篇目包含《拿来主义》等，《拿来主义》是驳论文的典型，学生完全可以借鉴参考，教师可以将"尝试写驳论文"前置，展开关联性学习。

（三）化大为微，在问题中建构关键性知识

统编教材23个写作主题中，除了尝试写驳论文，尝试写小说评论、历史评论、诗歌评论没有写作知识外，其余的19个写作主题均安排写作知识，且每一类主题少则3个知识点，多则7个知识点。写作知识犹如一张贯穿学习始终的巨网。网越大，中间留存的空洞相对会更多。发现并填补其中的知识空洞，让这张知识之网变得更绵密更紧实就成为写作教学的当务之急。所以，教师可以化广大为精微，"基于学生的学习需求，聚焦核心困难，选择核心知识，解决要害问题，以促进学生在最近发展区的发展"[①]。

比如"议论要有针对性"写作主题，教材提供了议论要有现实针对性和读者意识两个写作要求。笔者在教学中发现，学生对"读者意识"的要求掌握较好，写作中能很好地把握自身身份和交际对象，但"现实针对性"则做得不够到位。在《"劝学"新说》的写作中，主要表现在未能厘清新时代"学习"的新问题。实际上，时代不同，"劝学"的内涵差异也很鲜明。比如当下部分学生抱有"学习无用论"的思想，他们认为"送快递送外卖也能养活自己，如果能当网红一夜暴富那便更好"。部分学生遇到难题时，习惯直接借助作业辅导软件，拒绝自我探究与思考。诸如此类，不一而足。教师在点评中，可以抓住这一具体问题，通过追问展开针对性分析。一方面，就这一篇分析这一篇，"新"的表现和问题在哪？造成这一现状的原因有哪些？

我们又该如何避免？另一方面，由这一篇延伸到这一类，材料中针对的现实问题或现象是什么？造成该现状的原因有哪些？我们该采取哪些做法杜绝该现象？这样，"教师在设计教学时从学生学的角度设计和组织教学，根据学情进行改造加工、补充完善"[⑬]，引导学生针对具体写作问题，建构关键性知识，形成关键性能力。

（四）化虚为实，在情境中盘活写作知识

"情境"是课程标准中的高频词，王本华老师认为："真实情境是活动展开的重要依凭，是从所思所想出发，以能思能想启迪，向应思应想前进。"[⑭]写作尤其如此，真实情境为写作知识的调动和运用提供了具体的平台，帮助学生激活写作内容，解决"写什么"的问题；指引学生在与读者的对话交流中，思考怎样的表达才是恰切合适的，解决"如何写"的问题，从而规避套作宿构、假话连篇、文采泛滥等现象。归结起来，通过设置情境，写作由虚假走向真实，写作知识由冻结走向活跃。

比如必修上册第三单元"学写文学短评"，作为古诗词单元，教学重点自然落在读古诗、明诗情、品诗意，而真实、富有意义的情境有助于学生连通诗人的情感世界，品析诗句的独有意境。因此，笔者以学校"桂韵杯"传统诗词品评大赛为契机，在课堂教学中贯穿该情境，让学生在具体情境中写作与表达。又如必修下册第三单元写作主题是"如何清晰地说明事理"，和事物类说明文比起来，事理类说明文一般反映事物的内在联系或揭示事物的内在规律，内涵更抽象，写作难度更大。为了顺利完成写作任务，掌握该类文体的写作知识，笔者结合学校科技节水火箭的活动，创设写作情境，让学生在制作发射水火箭的过程中，探究相关原理，完成相关写作。这样，学生在写作中更能调动写作动机，盘活并迁移写作知识。

综上所述，统编教材的"写作知识"在语文教学中具有重要价值。它既能让学习任务群的实施由凌空蹈虚走向有效实效，又能让写作教学由形式走向真实。因此，让"写作知识"发挥其效用显得尤为迫切。教师应充分解读新课标的精神，结合统编教材和具体学情，探讨写作知识的教学策略，以提高写作教学效率，提升学生写作素养。

· 参考文献 ·

①②⑦ 叶黎明. 写作教学内容新论［M］. 上海：上海教育出版社，2012：145，5，172.

③⑪ 王荣生. 写作教学教什么［M］. 上海：华东师范大学出版社，2014：37，108.

④ 中华人民共和国教育部. 普通高中语文课程标准（2017 年版 2020 年修订）［S］. 北京：人民教育出版社，2020：8.

⑤ 王荣生. 我国的语文课为什么几乎没有写作教学？［J］. 语文教学通讯，2007（35）：4-7.

⑥⑨ 韩雪屏. 审视语文课程的知识基础［J］. 语文建设，2002（5）：11-13，18.

⑧ 人民教育出版社课程教材研究所. 普通高中教科书语文教师教学用书［M］. 北京：人民教育出版社，2020：4.

⑩ 王梦霞. 统编初中语文教材写作知识教学策略例谈［J］. 江苏教育，2022（11）：36-39.

⑫ 邓彤. 微型化写作教学研究［M］. 上海：上海教育出版社，2018：23-24.

⑬ 刘大鹏. 高中语文单元学习任务的编写特点、价值与建议［J］. 教学与管理，2022（25）：61-63.

⑭ 王本华. 任务·活动·情境：统编高中语文教材设计的三个支点［J］. 语文建设，2019（11）：4-10.

（原文发表于《中学语文》2023 年第 4 期，此次出版有改动）

困境与突围：时事类新材料作文如何写出"你的思考"？

中山市永安中学 | 申　玉

　　《普通高中语文课程标准（2017 年版）》中明确提出，学生应具备的学科核心素养之一为"思维的发展与提升"。自 2011 年以来，语文高考作文题，要求学生写"你的思考"的"立言"倾向非常鲜明。2021 年 8 道高考作文题，在写作要求中，明确指向"你的思考"的就有 5 道。

　　在作文教学实践中，假话、空话、堆砌辞藻、套作的弊病触目惊心；简单转移话题、偏题、主观定论，或以单一现象得出普遍道理，用现象解释现象的问题俯拾皆是。一篇作文成型后，学生有没有进行"你的思考"，"你的思考"到底思考了什么，很多时候是无法判断的。这是现今作文教学和作文实践中师生共同面临的一个困境——如何完成内化思考与外化写作，在作文中体现"你的思考"，突围思考困境呢？

　　我们以时事类新材料作文为研究对象，举例阐述体现"你的思考"的突围之法。

　　作文例题：

　　二维码已经成为智能时代的一把"钥匙"，而扫码支付也一度被奉为中国"新四大发明"之一。时代的列车在高速前进，我国已全面进入互联网时代，可是许多老人，却被阻隔在了大门之外。陌生的二维码、复杂的智能家电、怎么招手都不会停下的网约车……曾经无所不能的他们，看着熟悉又陌生的社会，茫然又无助。《生命时报》发起的一项调查显示，超过 60% 的老人，每月都会遇到二维码的困扰，至少有 10% 的老人完全无法使用二维码。

某地一位大爷乘坐地铁时，被工作人员拦下，要求老人出示健康码。老人不停地反问："什么健康码？没有人给我。"双方发生长时间争执，直到最后，老人依旧不明白，到底什么是健康码。

某地火车站，一老人乘坐公交时无法扫描健康码，司机不同意其乘坐，前后僵持 20 多分钟，司机不发车，乘客开始辱骂老人让其下车，最终老人无奈下车。

请根据你对材料的理解，撰写一篇发言稿，在班级的"每周时评"讨论会上发言，表明你的态度，体现你的思考。

要求：明确立意，自拟标题，不少于 800 字。不要脱离材料内容及含意的范围作文，不要套作，不得抄袭，不得泄露个人信息。

一 坚持就事论事：突出思考的客观性

美国物理学家康普顿教授说："现象并不被看作是通向真理的线索，但是我们似乎没有任何别的线索。"中山市教研室郭跃辉老师认为："一般议论文写作的逻辑起点是'理'，时事类作文写作的逻辑起点是'事'，前者是'得理忘事'，后者是'因事说理'。"[①] 在时事类的材料作文中坚持就事论事的逻辑起点，是因为这类作文中出现的时事大多指向社会现象，而对社会现象的准确分析是洞察事物本质的基础，作文中能否突出思考的客观性，往往也决定了文章的立意高下。

作文例题提供的"事"近 400 字，包含了很多信息，不少同学都将材料立意为"关爱老人""提高服务意识""科技发展的利与弊""不做冷漠的旁观者"……这些貌似皆从材料中得出的立意，实则不然，思考过程仍没有做到客观。那么，要如何客观地"就事论事"呢？

（一）采用"关键词"法"就事"

作文例题的"事"由三部分组成，第一部分给出了时代背景——社会高速发展，很多老人深受二维码所困；第二、三部分列举了现实生活中两位老人不会使用健康码的真实案例。其中"二维码"（"健康码"）和"老人"两个词分别在"事"中出现 8 次和 9 次。这两个词应是整个"事"的关键词，立意分析时必须把握住这两个要素。在关键词指引下，上述几个立意可以调整为:"要关爱不会使用二维码的老人""面对不会使用二维码的老人,要提高服务意识""科技发展的便利无法遮蔽老人不会使用二维码之弊""老人被二维码所困时不做冷漠的旁观者"……此"事"立意点非常明确——不会使用二维码的老人,是老人群体中特定少数"不会使用二维码"的老人。这个修饰限定词在对"事"的分析中不可省略。

(二)采用"追因"法"论事"

在作文中,很多学生把现象等同于原因,或者"追因"时完全无序或混乱。这表明大部分学生仍不会客观理性"追因"。

对作文例题中社会现象出现的原因,大多数学生认为是老人没有学会使用二维码而造成的,显然这仍只是现象。要能客观理性"追因",思考分析时就必须用逻辑性来破解无序混乱。就时事类材料作文而言,可以从社会经济、历史文化、个人心理角度"追因",也可以从动机、结果、影响方面"追因"。以作文例题来说,从社会经济角度分析,造成这种社会现象是因为社会发展迅速,二维码便利了社会中的绝大部分人,而老人非经济体的主角,因而被忽略;从历史文化角度分析,在历史发展长河中,任何阶段某种技术的发展推进,都可能无法兼顾所有群体,老人被时代"抛弃"的例子并不鲜见;从个人心理角度分析,生理条件与接受能力可能会让老人群体对新技术有畏惧感、排斥感,而社会的冷漠自私也降低了他们对外求助的信心……

(三)采用"对策"法"担当"

"追因"之后提出妥善的"对策",既是客观理性分析后的必然结果,也体现出新时代青年的社会担当。作文中,有许多同学提出如开通非二维码通道、降低老人手机的智能难度、增加志愿者服务、增设救助电话、二维码信息与老人卡或身份证等几证合一的方法等。青年人对社会问题发声,应做到理性客观,而不是对问题愤激批判,尝试站在政府管理角度,思考如何解决社会问题,这才是一个公民应有的素养。

二　联系同类现象:强化思考的思辨性

"坚持就事论事"突出思考的客观性,体现理性态度;"联系同类现象"则强化了思维的思辨性。社会生活纷繁复杂,学生并不能"与世隔绝",也不可"坐井观天"。由此及彼,由点到面,由个体到群体,能从繁芜的现象中，找出共同点，从而认清事物的本质，这是中学生与社会保持联系的基本方式。如此，学生的思维才会走向更广阔的天地，向更深处漫溯。以作文例题来说明。

（一）"外延界定法"确定"同类"

作文例题中如何界定"同类"？我们可从材料中的两个关键词的外延进行界定，如：健康码—二维码—智能产品或服务—新科技；不会使用健康码的老人—不会使用二维码的老人—老人—弱势群体。对关键词的外延进行界定，对学生的思考过程既是启发，也是约束。例如作文题材料可以扩展列举出这些现象：不会使用智能手机的老人无二维码购物不便，不会网上挂号看病不便，不会车辆预约出行不便，不懂智能家居在家生活不便，不会使用社交软件沟通交流不便等。

（二）"利弊思辨法"确定"立场"

因为涉及同类现象，就要针对普遍的、同质的社会现象发声。绝大多数时事类新材料作文中的现象都需要探讨，此时的分析不能简单肯定或否定，也不能草率判定对与错，可以从"对谁有利"的利弊角度来看问题，从而确定自己的立场。

分析中既不能抡起"道德大棒"进行道德绑架，也不能居高临下刻板说教，而要在矛盾冲突处发现"情绪背后的社会问题和大众自身没有觉察到的病症"②，这是挖掘作文深度的有效方法。就作文例题来说，智能化、数字化是发展的潮流，是科技进步的表现，毋庸置疑也不容否定，而老龄化、慢半拍也是不能回避的社会现象；争执辱骂的背后既反映了制度体系的呆板，也折射了民众群体的冷漠自私，服务意识缺乏等。但社会是由每个单独个体构成的集合，我们要考虑的是整个社会的利益。从这个角度辩证分析，科技发展与人文关怀如何相互辉映才是我们关注的着力点与解决问题的关键点。粗暴否定科技、简单指责路人，甚至责怪老人的家人不教会老人新技术，都是缺乏思辨的表现。有深度地思辨审视社会问题，是青年学子的应有之责，无论是为文，还是为人。

三 结合自身实际：彰显思考的个人性

一个独立完善的人格，应该能够在客观与思辨的基础上分析与选择，然后自我表达，有所作为。叶圣陶先生说："写东西，全都有所为。如果无所为，就不会有写东西这回事。"③笔者认为，体现"你的思考"是为彰显思考的个人性，这是一个有独立思考能力的人不可或缺的重要品质。

（一）可"群体"代表"自身"

高中阶段写作的群体多是 16～18 岁的青年，他们在高中学习生活过程中，有自我表达的需要，也应该独立自主地表达。此时的"你"应代表你所在的群体，一个青年学生与一个专业的时评者，各自的表达肯定有区别。从自己所在群体出发的表达才算是体现"你的"思考。譬如在作文例题中，作为青年学子，更多表现出对时代"抛弃"老人的同情与关心、理解与接纳；在衡量利弊、得失时，有更多感性的温度，更多爱的悲悯——这才是青年人应有的纯真与理想。

（二）可"自己"代表"自身"

"当表达内隐或者只限于私人化的时候，可以更富个性，局限较少。"④最个人化的表达，才是文章最鲜活、最有个性与生气，最能体现"你的"地方。在作文例题写作训练中，有学生写道："在家里，会耐心细致教爷爷奶奶刷抖音，玩微信，消除他们对智能产品的畏惧感；用漫画方式记录扫码的步骤，一遍遍地教他们练习；在外面，帮这些困于二维码的老人与工作人员沟通，并提供必要的帮助……"这样的段落既是最打动笔者的地方，也的确是那个"你"最真诚的剖白。谁敢说这不是"你的思考"呢？

（三）可"情境"确定"自身"

在交际语境写作中，写作者不仅是那个写文章的人，更是一个"以某种特定身份和口吻与想象中的读者进行对话交流的'书面示意人'"⑤。这时写作者所选择的词语、句式、文章结构、口吻以及如何与读者进行沟通交流，都直接影响语言的表达。在此篇作文中，题目要求设置的情境是"在班级的'每周时评'讨论会上发言"，面对的是同班同学，在文中列举的现象要能更多引起同学的共鸣，语言要更平易亲切，可于感情充沛时呼告，可于激愤时拍案，让同学们能易于接受"你的思考"。

在作文中，体现"你的思考"并不是可有可无的话，我们以"坚持就事论事""联系同类现象""结合自身实际"三条路径突围，就会写出优秀的时事类新材料作文。

· 参考文献 ·

① 郭跃辉. 时事类新材料作文的"就事论事"技术［J］. 新作文（中学作文教学研究），2017（Z1）：86-88.

② 曹林. 快时代，慢思考［M］. 北京：中国发展出版社，2016：5.

③ 叶圣陶. 和老师谈写作［C］//叶圣陶语文教育论集. 北京：教育科学出版社，1980：466.

④ 余党绪. 公民表达与写作教学［M］. 上海：上海文化出版社，2012：20.

⑤ 荣维东. 交际语境［M］. 北京：语文出版社，2018：213.

追问·校准·生成

"过程写作"视域下审题立意教学实践

中山市桂山中学｜罗　诚

　　关于材料作文的审题立意，教师从高一讲到高三，学生从高一练到高三，耗费了大量的时间与精力，却收效甚微，部分学生立意停留在浅表，无法走向深刻，甚至还有部分学生不得要领，无法准确立意。究其原因，当下的写作教学，大都停留在"结果写作教学"层面，审题立意教学也不例外。写作前教师布置写作内容，写作中学生闭门造车、临时拼凑，写作后教师进行相关审题技法指导，这样的教学忽视了学生的主体地位和审题的建构过程，学生自然不能准确把握材料主旨，有效提炼中心观点。

　　美国西北大学华莱士·道格拉斯在 20 世纪 70 年代率先提出的"过程写作"强调"写作应该是一个过程，写作课教授的应该是构成写作过程的每一步操作方法"[①]。过程写作立足于学生的学习需要，强调学生在写作过程中的主体意识和主观能动性。笔者认为，审题立意的过程是学生在教师的帮助下，在追问、校准、生成三个阶段中完成自身思考、发现、认知与表现的建构过程，是走好走稳走实过程写作的起始步，更是关键步，因此，审题立意教学也应根据这三个阶段在关注过程中走向有效、实效、高效。

一　追问：由准确走向深刻

　　"过程写作教学"认为写作是一个群体互动的建构过程。"纽约州立大学的一项全美写作中学写作教学调查报告中说，我们很容易在语文课堂上找到过程写作法，而这种方法也被广泛地应用，91%的语文教师经常在课堂上帮助学生在写作前拓展思路、组织观点……"② 那么我们如何帮助学生突破审题立意瓶颈，有效组织观点呢？实际上，"任何一个言语链都有一个逻辑链相对应""由于语言表达的层次实际上是思维层次的反映，所以，揭示言语链中的逻辑链，是对语言交流分析与理解的关键"③。基于此，学生只有在逻辑链上打通思维通道，才有可能准确、深入解读作文材料，吃透命题意图。而问题链是外化、发现逻辑链的最佳路径，教师要善于追问，以问题导向思维引领课堂教学，着力培养学生自我审读、探究等高阶思维，让他们在发现材料浅表联系中正确认知，在深挖本质内涵中深刻认知，完成从"善听"到"善思"的过渡，实现认知从准确走向深刻的跨越。

（一）聚焦材料，追问联系

作文材料中"请结合材料"的要求说明写作不可脱离材料的隐含观点，另起炉灶。很多学生审题立意不准确，是由于缺乏对材料的准确解读，未能发现材料中句群之间的逻辑关系，梳理命题者通过材料传递给我们的信息；未能理清话题要素之间的逻辑关系，将话题关系项有机融合在立意中。在教学过程中，教师有必要普及必要的语法知识和逻辑知识，充实学生的知识储备，然后引导学生运用已有知识，聚焦作文材料，在追问中发现句群之间、话题要素之间的逻辑关系。

例如2021年全国甲卷高考作文：

①中国共产党走过百年历程。在党团结带领人民进行的伟大斗争中孕育的革命文化和社会主义先进文化，已经深深融入我们的血脉和灵魂。②我们过的节日如"五四""七一""八一""十一"，我们唱的歌曲如《义勇军进行曲》《没有共产党就没有新中国》，我们读的作品如《为人民服务》《沁园春·雪》《荷花淀》《红岩》，我们景仰的革命烈士如李大钊、夏明翰、方志敏、杨靖宇，我们学习的榜样如雷锋、焦裕禄、钱学森、黄大年等等，都给予我们精神的滋养和激励。③我们心中有阳光，我们脚下有力量。④我们的未来将融汇于中华民族伟大复兴的新征程，我们处在一个大有可为的时代……

请结合材料，以"可为与有为"为主题，写一篇文章。

要求：选准角度，确定立意，明确文体，自拟标题；不要套作，不得抄袭；不得泄露个人信息；不少于800字。

教学过程中，学生在面对"概述该材料主要内容"的问题，或语焉不详，或支支吾吾时，我们可将材料分成四个句群，引导学生追问以下问题：各句群的主要内容分别是什么？它们在语段中分别有怎样的作用？通过追问，我们可以发现：句群①强调由党领导人民创造的革命文化与社会主义先进文化对青年的熏陶与影响，句群②例证句群①的观点，句群③分析句群①观点影响的结果，句群④强调可为的条件和方向。

在发现句群之间的逻辑关系后，学生还需要探究话题要素之间的逻辑关系，但多数学生要么陷入话题要素"只抓一点，不及其余"的误区，要么未能正确处理二者之间的关系。面对此类问题，教师可引导学生在追问中发现"可为"与"有为"的逻辑关系："可为"与"有为"分别是什么含义？二者构成怎样的关系？分别指向什么角度？这样的追问，帮助学生在探究中发现："可为"是"可以为"，是时代赋予我们的机遇和创造的条件，或者某事件实践的应然取向与价值意义。"有为"是"有所为"，是个体为实现生命价值的行动与实践。"可为"是条件，"有为"是结果。"可为"指向时代或事件价值，"有为"指向人。这样，学生对材料的认知无疑是准确的。

（二）聚焦内核，追问本质

本质，是事物本身所固有的根本属性，是隐含在背后的价值意义、根本原因等。认知要走向深刻，必须窥一斑而见全豹，见一叶而知秋，打破具体事件的限制和思维的局限，挖掘材料背后隐含的信息，做出恰当的迁移与拓展。比如由单一事件探究社会现象，由个人成长延伸至群体甚至国家发展，由社会现实挖掘历史演进，由物质层面升华至精神追求，这样，就能让目光由"短视"走向"高瞻"，让视野由"狭隘"走向"开阔"，让认知由"浅表"走向"深刻"。

比如 2021 年全国甲卷高考作文，其最本质的地方在于价值导向，历史的发展与新时代的呼唤、民族国家未来的展望结合在一起，个人的理想追求与祖国的前途命运结合在一起，学生要在写作中传承中华民族的奋斗精神，加深对青春生命的认知。基于此，我们可以设置以下三个追问：作为新时代的青年，我们为什么可为？应该如何有为？到底有为什么？经过对材料的深读，学生们得出了一致的看法：可为是因为我们生逢盛世，伟大祖国已经站起来，正在富起来，即将强起来。而如何有为？材料中强调的由党领导人民创造的革命文化与社会主义先进文化，就是方向之一，我们要汲取其中的精神养分，筑牢思想的高地。而夯实本领，担当时代复兴大任，投身到祖国建设中，是新时代青年人的使命与责任，也是对"有为什么"最好的解答。

二 校准：由模糊走向明晰

过程写作的倡导者董蓓菲提出了预写作、打草稿、修改、校订、发表的写作过程，这无疑将修改摆在了至关重要的位置。大多时候，我们认为修改更多是在文章的框架、推理的过程、论据的使用等方面，实际上，审题立意也包含修改校准的过程，叶黎明强调："对于真实的议论文写作来说，写作的过程，往往是论点从形成到推翻，从含糊到清晰的不断反复的过程。"④教学中，大部分学生对自己提出的立意总是拿捏不稳、左右摇摆，担心是否过度简单、偏离主题等，所以校准这一过程显得尤为必要。而自我质疑无疑是校准的最佳路径，著名审辩专家谢晓庆就尤为强调"质疑精神"，但质疑并不是大家所误认为的一味自我否定、自我推翻，而是在思辨中聚焦材料，审视自我观点与材料主旨的契合度；聚焦异见，在对比中审视自我观点的精准度，以此来检验思维的严密度，让视界由模糊走向通达。

（一）聚焦材料，校准己见

虽然学生在追问中形成了自己的认知，但仍有部分同学会遗漏关键信息，只见部分不见整体，这会造成偏题的后果。所以，学生在追问的基础上，要针对材料及话题，质疑自我观点是否契合材料的主要意图，是否契合话题要素的关系，这样可以及时弥补观点中的漏洞，进一步优化立意。

例如本校原创的一道质量检测试题：

中华优秀传统文化是中华民族的"根"与"魂"，是中华民族战胜种种艰难险阻而薪火相传的伟大精神瑰宝。作为优秀传统文化思想精粹的经典名言，已成为中华民族的文化基因，根植于我们的血脉中。《周易》中的"天行健，君子以自强不息"，《国语》中的"从善如登，从恶如崩"，《论语》中的"岁寒，然后知松柏之后凋也"，《荀子》中的"锲而不舍，金石可镂"，《道德经》中的"慎终如始，则无败事"，《孟子》中的"生于忧患，死于安乐"，等等，至今仍闪耀着真理的光芒，也必将在新的时代焕发出强大的生命力，成为我们实现中华民族伟大复兴中国梦的重要精神支撑。

德馨中学将举办"优秀传统文化学习展演周"活动，其中一个重头戏是举行以"经典名言砺我行"为主题的演讲大赛。假设你将代表班级参加此次演讲的决赛，请为此写一篇演讲稿。

要求：结合材料内容，联系现实，准确立意；恰当引用材料中两则以上经典名言；题目自拟；不少于800字。

笔者在阅卷中发现，学生的立意大多如下：以优秀文化，把握时代脉搏；汲经典名言之精粹，筑中华民族伟大复兴梦；崇德尚礼，砥砺前行；融汇经典，参悟名言……这些立意都表明学生在追问中把握了材料的本质，但却忽略了材料中反复出现的"我们"一词，以及话题中"我"这个关键要素。实际上，出题者的意图在于讲述"我"对经典名言的阐释与理解，这些名言对"我"产生了怎样的影响，"我"又将如何砥砺前行。"我"既要落到中华历代先贤、时代楷模的"大我"，又要落到具体的"小我"。如若学生在质疑中进一步校准优化自我立意，则能有效避免此类错误。

（二）聚焦异见，校准己见

伊瑟尔说："在文学文本的写作过程中，作者的头脑里始终有一个隐在的读者，而写作过程便是向这个隐在的读者叙述故事并进行对话的过程，因此，读者的作用已经蕴含在文本的结构之中。"⑤写作是与读者深入的单向虚位对话，我们要充分考虑读者的身份特点，看得见他的立场，听得见他的声音。而读者的立场与声音是多样的，其中不乏各种异见者，我们"越是能充分考虑各种不同的、反对的声音，就越能说明作者对自己立场的坚持不是盲目和无知的"⑥，在异见中分析其立论立场与论证前提，思考其说法是否成立，进一步完善自身对材料的审视与思辨，从而校准自己的立意与构思。

例如人民日报人民观点《有"批判精神"，也要有"建设心态"》一文（节选）：

推动历史前进的力量，<u>不是置身事外的冷嘲热讽，也不是痛快一时的情绪宣泄，而是破与立的对立统一、批判与建设的相得益彰。</u>

曾有人说，批判精神，是呼唤进步的闪耀火花，它证明至少我们还没有沉沦；批判精神，是追求真理的神圣之光，它证明至少我们还没有堕落；批判精神，是面向未来的热切向往，它证明至少我们还没有绝望。诚哉斯言……<u>然而，仅有批判精神，混沌的世界是否就一片澄明，丛生的问题是否就迎刃而解？</u>

……

批判是通向正义感的捷径，是体现存在感的绝佳方式，但历史的责任不允许我们满足于道德飙车。中国的进步，<u>不只需要</u>"好不好""该不该"的判断，<u>也需要</u>"行不行""能不能"的探寻。制度的改革，社会的改良，人心的改善，有待众人一起发力。鞭挞黑暗时，点亮蜡烛；蔑视贪婪时，拒绝同流；痛斥冷漠时，伸出双手……我们<u>不仅要</u>做提出问题的共同体，<u>更要</u>做解决问题的共同体。

不难看出，该篇开头针对"推进历史前进的力量是什么"的问题，用一个转折句否定他人看法，提出自身观点，这就是在质疑异见中校准己见的典型例证，让己见更具信度。第二段至文末作者在论证过程中引入了他人对批判精神的认识，在肯定其观点的基础上提出自己的疑问，并得出结论：我们既要有"批判精神"，也要有"建设心态"。后面部分虽然不属于审题立意范畴，但也是聚焦异见，校准己见的典型范例，给我们提供借鉴和思考。

三　生成：由整理走向表现

思维是语言的内核，语言是思维的外衣，写作是特定场域下思维和语言的建构活动，在审题立意中，我们既要指导学生凝心炼目，活跃思维，又要引导学生给思维穿上剪裁得当的衣服，即借助雅言妙语来生成立意，让语言成为思维的直接现实。胡立根指出："写作的过程既包含作者的价值整理，又包含作者向读者进行的价值表现。"[⑦] 生成立意的过程就是思维借助语言工具由整理走向表现的过程，学生整理自己的潜在思维，提炼最贴切有效的语言表达形式，向读者表现自身的观点与见解，外化思维成果。深刻独到的观点更让人耳目一新，豁然开朗，流畅生动的表述更具表现力、说服力与艺术性，更符合"凤头"的审美观，直接吸引评卷老师的注意力。

例如 2021 全国甲卷高考作文中，部分考场作文的立意如下：

①我们的征途是星辰大海，前行必见坎坷，但只要我们与时代同频共振，与华夏荣辱与共，力行可为之事，可成有为之志。

②站于崭新的历史节点，吾辈青年应染泱泱华夏之风骨，手握明烛守本心，身怀热风担道义，心守"红船精神"，眼观四海风云，进而敛意气风华，涌青春后浪。

③大风泱泱，看百年征途，激流浩荡；大潮滂滂，揽今朝胜景，磅礴万丈。征途已启，宏图已展，大有可为，吾辈青年当乘风而上九万里，步有为之青云。

语言的生成离不开语法知识和语言技术。比如上述三个例子既采用了排偶句、对偶句等句式，也包含了叠词、四字词格等用词手法，尤为生动形象。我们除了指导学生在阅读中积累雅言雅句之外，还可以提供语言支架，让学生有路可循。比如"可为与有为"，我们可以提供以下支架：站在……，吾辈青年当……；在……中，我们要……，争做……；……的时代，呼唤……的青年，只要我们……，定能……。当然，在同一支架下，我们可以针对不同的学情，提出不同的要求。写作能力较弱的学生要做到主旨明确，语言顺畅；在这一基础上，写作能力较好的学生还要使用一至两种修辞手法；写作能力突出的学生还要活用句子制造或词语遣用技巧，如句式整齐、超常搭配、四字词格等等。当然，技术的真正力量在于娴熟的运用，生成上佳立意的功夫非一朝一夕练就，需要日积月累的修炼，这里不再一一赘述。

总而言之，审题立意教学中，面对部分学生讲一篇才会一篇的窘境，教师有必要改变"结果写作"的定式教学方式，采用过程写作教学，依据审题立意追问、校准、生成三个阶段，授之以渔，帮助学生掌握思维与表现的路径，这样才能构建审题立意的"小系统"。

·参考文献·

① 陈立军. 过程写作法：高中语文写作教学的范式转型［J］. 湖南教育（B版），2019（10）：58-59.

② 曹勇军，傅丹灵. 中美写作教学对话十五讲［M］. 上海：上海教育出版社，2018：58.

③ 李衍华. 言语链与逻辑链［J］. 人文杂志，1987（2）：25-30.

④⑥ 叶黎明. 写作教学内容新论［M］. 上海：上海教育出版社，2012：287-303.

⑤ 伊瑟尔. 隐在的读者［M］. 上海：上海译文出版社，1974：78.

⑦ 胡立根. 写作，就是价值建构［J］. 语文教学通讯，2018（4）：60-64.

（原文发表于《中学语文》2022 年第 1 期，此次出版有改动）

"写作语境"下命题材料适切入文之法探究

以2021年全国新高考Ⅰ卷作文为例

中山市龙山中学｜梁天钧

　　材料作文一般由命题材料和写作要求两部分组成。材料作文中的命题材料，从命题语境的功能看，起着导引说明主题或写作任务的作用，同时对写作立意进行有效的界定，是考生准确审题立意的有力抓手；就写作语境的功能看，命题材料给考生的写作提供多层面的支持力。这些支持力有加强行文内容对主题的聚焦，为全文中心的提出蓄力，以契合命题材料的内容层次来构建清晰文脉，启发同质材料的运用入文，协调结构上的呼应一体等。因此，基于命题材料在写作语境中的功能，行文时用对用好命题材料是写出优秀材料作文的关键点。

　　如何适切地把命题材料运用入文，是观照考生写作过程，指导考生进行有效写作必须思考的问题。适切入文最有效的方式，就是在行文的过程中化用命题材料，从而发挥命题材料在凸显文章主题、丰富文章内容、协调全文结构等方面的积极作用，让化用的命题材料成为文章的有机构成。

　　下面以2021年全国新高考Ⅰ卷作文为例，探析如何实现命题材料的适切入文。

　　【2021年新高考Ⅰ卷】阅读下面的材料，根据要求写作。

　　1917年4月，毛泽东在《新青年》发表《体育之研究》一文，其中论及"体育之效"时指出：人的身体会天天变化。目不明可以明，耳不聪可以聪。生而强者如果滥用其强，即使是至强者，最终也许会转为至弱；而弱者如果勤自锻炼，增益其所不能，久之也会变而为强。因此，"生而强者不必自喜也，生而弱者不必自悲也。吾生而弱乎，或者天之诱我以至于强，未可知也"。以上论述具有启示意义。请结合材料写一篇文章，体现你的感悟与思考。

要求：选准角度，确定立意，明确文体，自拟标题；不要套作，不得抄袭；不得泄露个人信息；不少于800字。

本题以毛泽东的《体育之研究》为材料来源，点出了体育对增益体质的作用，并由体育引出"强弱"的辩证转化关系，最后点明结论和启示。题目要求以材料为核心内容，结合材料的启发和感受写一篇文章。题目既以"体育"为写作基点，重视体育的育人作用，又启发以"强弱"辩证转化的视角来思考当下问题，材料的核心主题和内容层次蕴含了写作过程中对命题材料适切运用的典型要求。

在行文中，如何适切地把命题材料运用入文？

一 开篇：文从题出，导引全文中心

对于命题作文，写作主题常常蕴含于命题材料中。审题上要注意宏观理解，整体把握；行文时在开篇恰当地运用命题材料，以命题材料作为全文中心的引子和铺垫，为全文中心的提出蓄力，同时增加文字对写作主题的聚焦度，做到"文从题出"。对考生而言，运用与主题关联最密切的文字作为作文的开篇，在写作指引上能让考生迅速找到入篇写作的抓手，让写作思维迅速落地，这在惜时如金的考场写作中至关重要。当然，在运用命题材料入文时，不能把材料原版照搬，引述上应缘事而发，合理剪裁，设定开篇首段150字左右的文字量的标准上，在建构"材料入文＋过渡词＋全文中心句"思维模型的基础上，做到根据命题材料的特点而灵活化用。以简约有效的文字引述材料，接着缘事而发，提出全文中心观点，定好总调，明确清楚地向阅卷老师展示全文中心观点和材料的关系，使观点明晰深刻，语言精练有力，体现考生深研材料的素养。

对于2021年全国新高考Ⅰ卷作文的命题材料而言，其语料是对文章《体育之研究》中观点的引用，所以在化用入文时需要提取命题材料的逻辑起点"体育"，提炼命题材料的结论"生而强者不必自喜也，生而弱者不必自悲也"。那么，借助"材料入文 + 过渡词 + 全文中心句"的思维模型就可以行文如下：

> 1917 年，青年毛泽东以天下为己任，发表《体育之研究》，他论及"体育之效"时，用振聋发聩之文字，指出了体育对淬砺体魄，发展自我的重要作用，以弱强的辩证转化之道来激荡民族的灵魂。故而，从"体育之效"中明悉强弱转化之堂奥，淬炼自强自信之力，有助于雕琢个人乃至民族和国家的格局。

材料作文的开篇最恰妥的写法是对材料做适切的引述，而引述前对命题材料的选择剪裁实际上是促使考生进行"二次审题"，关注命题者的思维指向，紧紧把握材料的意义和范围，这样才不会给阅卷者以立意和材料脱节的感觉。命题材料是引发考生写作的核心缘由，中心立意应阐发自命题材料，做到文出有源，文自题出。那么如何正确引述呢？"一是要学会使用概述，引用材料要简洁，三五句话即可；二是要学会定向剪裁，紧扣题目，有所选择，对准自己的立论剪裁材料，为我所用。"①

二 文脉：契合层次，构建清晰文脉

在命题者拟制作文命题材料时，基于言简意赅的命题要求，命题者需用最精练准确的文字来表达完整明确的表意，做到语言简约、宗旨鲜明、指向精当。这就要求命题材料要遵循一定的逻辑层次，这逻辑层次体现在表意上就是内容的层次性，即材料内部的有机关联。考生在写作时，如果使考场作文的内容层次与命题材料的内容层次达成一定的呼应契合，给写作思路搭建思维支架，将有助于构建清晰的写作文脉，使文章的筋骨强韧。因为"（中学生作文思维）关键是教师必须给正在学习思维的学生提供思维的脚手架，为他们思维的列车架设轨道"②。

命题材料内在的内容层次直接影响着考生所写作文的内容层次。考生在进行全文内容构思时，若能根据命题材料的内容层次来建构自己所写作文的层次，做到层次上的呼应与契合，以层次的映射式入文可以在较大程度上契合命题者对考生作文最基本的内容分层要求。

2021 年全国新高考Ⅰ卷作文的命题材料，首先交代材料的出处，然后点明引文的论述基点"体育之效"，在阐述"体育之效"时，先指出体育对体质提升的作用，接着分析"强者"与"弱者"如何自处，最后得出结论"生而强者不必自喜也，生而弱者不必自悲也"。从分析中，我们可以看到命题材料既限制与聚焦着主题"体育之效",又在内容的层次上做了清晰的分层,给考生以暗含的写作启示。所以,考生在写作时,可以根据命题材料的层次来设置分论点,先阐释"体育"对体质发展之效,进而分析"强者"与"弱者"正确对待自身境况的态度,最后以结论"生而强者不必自喜也,生而弱者不必自悲也"为落脚点,论述由体育拓展到人生、社会,甚至民族和国家在面对"强弱转化"上的正确做法,从而给青年以积极的启示。

由此可见,作文的分论点可以契合命题材料中各层次的主题,在文中加以展示和推进,这对作文内容的构思是一种颇有裨益的写作启示。命题材料主题契合式入文,有助于文段间展开有序,层进有理,清楚地展现各段的写作任务,让阅卷者既看到文章的流动连接的文脉,也看到段与段之间稳步有力的层进。利用命题材料内容层次和作文内容层次契合的特点,能帮助建构全文思维的支架,构建思维链条,对行文构思能力偏弱的考生是一种有益的帮助。

三 素材:同质拓展,丰厚文意思维

命题材料引领着联想关联的展开和审辨纬度的拓展。命题材料本身就可以作为论据的有机组成部分,参与到文章的论证过程,起着"以题证文"的作用。但丰厚的文意和良好的文章论证力不是仅仅依靠命题材料作为论据就能实现的,而需要以命题材料为参照点,选取与命题材料同质的素材作为论据,在确保聚焦文章中心、切合审题立意的基础上化用入文,以丰富文意,增加论证力。

在素材同质拓展行文时,要注意材料与全文观点的关联,同时紧扣材料内涵,不可随意扩展材料内涵,要懂得从立意的角度对材料做出类比拓展,进而丰富素材和文意。如在对 2021 年全国新高考 I 卷作文的写作进行同质拓展时,需要围绕"体育"这个论证基点,在点出体育能提升个人的体魄,促使个人由弱变强后进行同质迁移,由锻炼体质的本义上的体育到磨炼品格锻造精神的延伸义上的"体育",由个人的自弱而强到集体、民族、国家的自弱而强,这样就可以完成丰富文意的同质拓展。具体写作呈现如下:

若言"勤自锻炼"是提升个人体魄的体育,那么勇敢地投身历史大潮,经受时代浪涛的淘洗打磨就是提升一个民族"精神体魄"之"体育"。中华民族正是一个勇于接受历史"锻炼"的民族,在历史风雨中摸爬滚打,以击水中流的气魄野蛮其体魄,终由"弱"而"至于强",从华夏先民到强秦、大汉、盛唐等赫赫盛世，即使经受烽火的洗礼、清末列强的恃强凌弱，到今天疫情的考验，依然能穿越灾难、崛起危难。今日中国，正以自强自信的傲然姿态屹立于世界东方，这得益于从历史风浪中锤炼的"筋骨"与"心力"。

同质拓展带有类比外延的意味，是材料作文的写作要获得内涵广度拓宽的必然凭借，也是检验考生素材积累的丰厚度和素材运用灵活度的标尺，在充实文章内容上具有重要的作用。

四 结构：行文标引，协调结构呼应

"结构"是高考作文评分标准中的重要参考指标，也是考生高考作文写作必须掌握的重要内容。在高考作文评分标准中，"结构"指向两个评分指标：一是"结构完整"，二是"结构严谨"。结构完整体现在内容的构成上是文章有中心观点的提出、论证过程的分析、结论的得出等组成部分；结构严谨指行文的展开有序，内容的层次分明，各部分的布局合理、呼应密切、有过渡有照应，素材的点染有度等。

在引论时，对命题材料进行适当剪裁，为我所用；在本论主体中把命题材料适切入文，合理点染；在结尾时回扣材料呼应前文。命题材料在文章相应关键位置的标引，使文章结构因呼应而显得协调，浑然一体。

首段的引述前文已有举例，而文中本论主体的引述，可就"题"取材，以毛泽东事例入文："毛泽东少有凌云志，他一生酷爱体育，利用阳光、风、雨、冷水等自然条件进行锻炼，练就强健体魄，故能在万里长征中舒展'万水千山只等闲'的豪情，能有'万里长江横渡'后'极目楚天舒'的大气魄。"在文中回应材料，使文章的写作在命题材料规定的有效写作范围内增加文章聚焦度。

结尾处需回扣原材料和观点，使文章首尾圆合，给人收放有度、首尾照应之感，以增加文章结构的严谨度，如："新时代青年，担荷着时代发展的希望，当抛却虚妄自大的'伪强者'作风，亦应摒除畏葸退缩的'弱者'陋习，锻造强韧的精神内蕴。弱小时不卑不亢、蕴蓄力量，强大时方正自持、心有所守，进而熔铸最具活力的时代精神。"文段在紧扣写作主体"新时代青年"上，提出对待"强弱"的正确态度，肩负时代赋予的重任和担当，使文章有始有终。这样结尾，回眸前文，升华情感，深化主题，收束有力，增加了全文布局谋篇的合理性。

　　对于材料作文的写作，命题材料是审题立意的逻辑起点，也是作文切合题意的考量范围，是衡量考生作文符合题意与否的标准，所以开篇可引述材料为后文论述打下基础；在主体本论的内容层次上契合材料内容层次，有助于构建清晰文脉；同时，在主体本论的写作中进行同质素材的拓展与入文，从而丰厚文意和思维，体现写作者的素材积累与运用的素养；从整体结构考虑，在行文中恰当的位置合理标引，协调结构呼应。在"写作语境"下，对命题材料化而用之，适切入文，使"材料"能"材"尽其用，为写作增力。

·参考文献·

① 蒲培根，苗建亚. 材料意识：高考材料作文制胜之道［J］. 中学语文教学参考，2020（6）.

② 邓彤. 说文解字：为思维架设轨道——作文思路生成策略之一［J］. 中学语文，2006（3）.

（原文发表于《广东教育·增刊·中山教育》2022年9月刊，
此次出版有改动）

尽精微：基于问题的微型化写作教学实践

中山市桂山中学｜罗　诚

　　统编教材重视写作教学的相对独立性，依据写作知识内在的逻辑性、系统性，以写作序列的形式安排写作主题，设计写作任务。这样的安排体系，彰显了写作教学的整体性、统一性和序列性。一直以来，体系化追求是百年写作课程的基本取向，诸多语文研究者提出"写作教学系统化、序列化"的观点与做法。一线语文教师也认为序列化写作教学模式既符合教材编撰体系，又能有效制订教学计划，推进教学进度，明确教学内容。的确，序列化教学方式有其不可多得的优越性，其宏观视野、整体布局、结构严密的优势，有助于教师从面上整体开展写作教学。但问题是，学生写作知识的掌握层级不同，写作能力的运用层级不同，面对不同文类、不同材料的写作，他们在写作前、写作中、写作后呈现的问题都是不同的。那么，针对这些点上碎片化的具体问题，教师又该有何解决之道呢？

　　《中庸》第二十七章"修身"有言"致广大而尽精微"，意即达到宽广博大的宏观境界，同时又深入到精细详尽的微观之处，两者相辅相成，相得益彰。著名画家徐悲鸿先生也曾明确提出绘画要"致广大，尽精微"，既注重整体画境，又讲求精微细节。其实"致广大而尽精微"的思想不仅适用于艺术领域，在写作教学领域也给我们深刻启示。笔者认为，写作教学不仅要聚焦写作体系，面上开展序列化写作教学，解决整体化的"广大"问题，还要着眼具体问题，点上开展微型化写作教学，解决碎片化的"精微"问题。关于序列化写作教学，学界已有诸多研究成果。在此，笔者结合教学实践，从精微处着笔，略述基于问题的微型化写作教学，就教于方家。

一 微型化写作教学的价值指向

微型课程这个术语最初出现在美国教育文献中，是由美国依阿华大学附属学校于 1960 年提出。[①] 邓彤老师在其博士论文中明确提出"微型化写作课程"的概念及操作范式，强调"微型化写作课程聚焦学生的写作实际困难，选择明确集中的课程目标，提供微型化的课程内容，可以在较短的时段内满足学生特定的写作学习需求，以提升写作水平"[②]。现代课程理论体系中课程与教学日趋整合，走向一体化。微型化写作教学从微观着眼，主要聚焦学生写作中呈现的写作障碍和写作困难，有针对性地制定明确清晰的微目标，为学生构建起有助于问题解决的微支架，以理解微知识、掌握微技术、获得微经验，并活跃微思维，直达问题深处，解决写作具体问题。微型化写作教学包含如下三个价值指向。

（一）以问题为导向

与英语、法语等其他语种陌生化、零基础的写作学习不同，"母语状态中的写作学习，学生不是从'无'到'有'的过程，而是从'少'到'多'、由'不尽完善'到'相对完善'的过程。因此，学生写作水平不高，通常不是结构性的整体缺陷，而只是局部性的要素缺失或错误"[③]。换言之，高中生已有十余年的写作经历，且大量接触各类阅读作品，面对一篇作文题，不至于无从下笔。笔者查阅《2021 年广东高考年报》发现，广东全省高考作文平均分为 44.64 分，34 分及以下占比仅为 0.25%，36 分以上占比 94.72%，42 分以上占比 81.81%。得分参差的原因在于审题立意、构思布局、论证分析、语言表述等某方面或几方面存在问题。微型化写作教学的特色在于在问题处下功夫，聚焦制约学生写作水平的"痛点""堵点""弱点""盲点"，通过针对性的实招硬招，治疗"痛点"，疏通"堵点"，解决"弱点"，补充"盲点"，以积微成著，提升写作水平。

（二）以精微为要义

微型化写作教学的要义在"精微"，是在序列化写作教学的基础上，针对具体问题进行的补充性教学，以提升写作教学的整体效度。一方面，教师设计关联写作问题的微目标，明确与微目标相符的教学微内容，引导学生掌握有助于问题解决的微支架，激活微思维。另一方面，教师的教学要在

"精"字上做文章，深挖学生写作问题的根源，提炼出学生易明白、易操作的"精品"，运用到教学实践中。既然精微，那么此教学方式耗时短，有的只需要若干周，有的只需要一节课，甚至十几分钟，具体可以根据微内容来规划，不一而足。

（三）以学生为主体

我们知道，当前写作教学最大的困难之一在于，课堂建立在"教师计划教什么"而非"学生需要学什么"的基础上，导致教师的教和学生的学处于油水分离的状态。教师在课堂上按照既定设想和规划，讲得口若悬河滔滔不绝，而学生的实质问题始终停留在问题层面，大有积重难返之态。学习者中心课程理论的集大成者杜威提出，"以学生个人的需要和兴趣组织课程与教学，而不是按照学科知识内在的逻辑体系施教"④。只有关注学生的学习需求和学习期望，才能产生合适的教学行为。与一般写作教学模式不同，微型化写作教学以学生为主体，主要建设性聚焦学生写作的具体问题，提出针对性的解决策略，引导学生掌握某方面的写作技巧，发展学生学习的"最近发展区"，为今后的学习铺路奠基。

二　微型化写作教学的实践路向

哈蒂在《可见的学习：最大程度地促进学习》一书中曾言："当学生被问及希望从教师那里获得什么时，学生希望有一个对学习的建设性聚焦……他们想要讨论的是他们的学习以及如何改进学习。"⑤于写作教学而言，这一建设性聚焦就是在写作教学的整体规划下，聚焦具体的写作困难、写作需求等，开展微型化写作教学，以期改善问题现状，提升写作水平。具体操作上，教师需要基于问题分析，明确写作微目标，搭设写作微支架，构建写作微思维。

（一）微目标：问题导引教学

学生的写作问题，主要聚焦在写作内容和写作形式两方面。写作内容主要是"是什么""应该写什么"，指向陈述性知识，如记叙文、说明文、议论文、散文等文类的文体概念、写作要求等。写作形式主要是"怎么写""写得怎么样"，指向程序性知识，学生如何在写作中落实写作要求，完成写作任务，达成写作目的。教师在分析学生写作样态时，首先必须理清学生问题的根源出自哪里。以统编教材必修上册"学写文学短评"为例，教师在教学中不难发现，学生很容易走入写作误区，大多数将短评写成了读后感，更有甚者，直接翻译或扩写整首诗。这一问题在于学生未能明悉文学短评的概念、写作要求等陈述性知识。文学短评重在"评"，采用以议为主、叙议结合的表达方式，客观评价作品；读后感重在"感"，采用叙多议少、兼有抒情的表达方式，结合本人实际，联系社会现实，写出自己的主观感悟与体会。而翻译或扩写属于用记叙或抒情的笔调，再现诗歌的画面或情感而已。教师在教学中，根据学生呈现的问题，明确提出"厘清文学短评和读后感的文体界限"的教学微目标，由问题导引教学，有助于针对性地解决问题。

同时，在不同的写作阶段，学生存在的问题并非固化不变，而呈动态发展的态势。教师对学生写作问题的分析，要基于写作前、写作中、写作后的具体表现来分析评估。写作前，教师可以分析学生起始状态的写作经验，以明确微目标的起点；写作中，教师可以分析学生知、情、意方面的写作状态，以调整微目标，制定微对策；写作后，教师可以分析学生的写作结果，以检测微目标的达成程度，做出进一步的调适与补充。还是以"学写文学短评"为例，这是高一上学期的写作任务。写作前，教师通过问卷星了解学生的写作现状，预估学生写作能力。调查得知，77.39%的学生很少甚至从未读过文学短评类作品。教师在此基础上，明确教学微目标为理清概念、明晰要求。写作中，教师通过观察学生的写作状态，了解问题在于学生不知从何切入展开写作，并有针对性地调整教学对策，明确教学微目标为掌握文学短评定题路径和分析路径。写作后，教师通过写作样本或评价量表分析，把握学生写作知识的掌握程度、写作技术的运用程度，方便后续开展补充性教学。

（二）微支架：问题解决之道

写作是一项复杂的认知加工活动，认知负荷理论认为："问题解决和学习过程中的各种认知加工活动均需消耗认知资源，若所有活动所需的资源总量超过了个体所具有的资源总量，会引起资源分配不足的问题，从而影响学习或问题解决的效率。"[6] 某种意义上，学生在写作中感到困难，通常与认知负荷密切相关，而支架是解决认知负荷最有效的方式。教师通过设置微支架，不断引导学生由低级向高级、由简单到复杂开展不同层次的写作学习活动，使学生既能够掌握、建构和内化所学的核心知识技能，又能够借助学习支架进行更高水平的认知活动。统编教材必修上下册共有 11 个写作主题，选择性必修三册共有 12 个写作主题。文学短评和事理说明文写作中，教师可以借助表格微支架，引导学生区分文学短评和读后感、事理说明文和事物说明文，解决概念模糊的问题；演讲稿写作中，教师可以借助范文微支架，引导学生阅读闻一多先生的《最后一次演讲》，解决读者意识欠缺的问题；议论文写作中，教师可以借助策略微支架，引导学生掌握多种论证方法，解决如何论证、如何阐发观点的问题。下面，笔者以 2021 年全国甲卷高考作文为例，展开具体分析：

> 中国共产党走过百年历程。在党团结带领人民进行的伟大斗争中孕育的革命文化和社会主义先进文化，已经深深融入我们的血脉和灵魂。我们过的节日如"五四""七一""八一""十一"，我们唱的歌曲如《义勇军进行曲》《没有共产党就没有新中国》，我们读的作品如《为人民服务》《沁园春·雪》《荷花淀》《红岩》，我们景仰的革命烈士如李大钊、夏明翰、方志敏、杨靖宇，我们学习的榜样如雷锋、焦裕禄、钱学森、黄大年等等，都给予我们精神的滋养和激励。我们心中有阳光，我们脚下有力量。我们的未来将融汇于中华民族伟大复兴的新征程，我们处在一个大有可为的时代……
>
> 请结合材料，以"可为与有为"为主题，写一篇文章。
>
> 要求：选准角度，确定立意，明确文体，自拟标题；不要套作，不得抄袭；不得泄露个人信息；不少于 800 字。

写作时，大多数学生都能准确理解材料，把握"可为"与"有为"的关系，紧扣主旨行文。主要存在的问题在于，未能聚焦材料的本质内核，未能吃透材料的隐含情境，无法让文章走向深刻。鉴于此问题，教师在教学中，通过两个表格微支架（见表 1、表 2），引导学生思考价值层面和写作情境层面的问题。

表 1　价值分析微支架

为什么可为？	我们生逢盛世，伟大祖国正走向繁荣富强
如何有为？	传承弘扬党与社会主义先进文化，坚定信念、理想
有为什么？	夯实本领，投身到祖国建设中

表 2　写作情境分析微支架

审题要素	聚焦问题	你的看法
作者	以谁的名义写？	我们（即将毕业的高中生——新时代的新青年）

（续上表）

审题要素	聚焦问题	你的看法
读者	写给谁看？	同龄人
目的	解决什么问题？	汲取党和社会主义的先进文化，把个体与时代融为一体，展示出青年的气魄与正能量
情境	什么写作情境？	2021 年是党的百年华诞，各地都在举行庆典活动
体式	以什么文体写？	可以写成演讲稿

实质上，写作的过程好比登山。在坦途，学生可以自己跋涉；在险地，学生可以借助登山杖、路旁的石头或大树等外部力量克服困难。微支架就起着登山杖等外物的作用，成为学生借以解决写作问题的外在凭借。在此，教师应该注意两个问题：一是微支架无须一直在场，只需根据学生的具体情况适时出场、适时退场。二是发挥微支架的最大效用，让微支架转化为学生自身的微知识、微技术、微经验，最终内化为微能力。

（三）微思维：直达问题深处

新课标强调："在语文学习过程中，通过语言运用，获得直觉思维、形象思维、逻辑思维、辩证思维和创造思维的发展，促进深刻性、敏捷性、灵活性、批判性和独创性等思维品质的提升。"⑦"思维发展与提升"核心素养是语文学科育人的目标之一，更是高中生面临的最大问题。谢小庆教授强调活跃思维的最佳门径在于秉持"独立思考、怀疑精神、价值多元、包容精神"的"审辩式思维"。这一观点指明了思维路径和思维方式，但思维是一个抽象宏大的体系，教师应该化抽象为具象，化宏大为微观，针对某问题提出小而微、专而精的思维路径，告知学生具体应该如何思考质疑，如何多元分析，如何包容异见，这样，才能直达问题深处，撬动思维的神经末梢。

比如选择性必修中册第一单元的写作主题是"深化理性思考"，写作知识包含不懈质疑、勇于追问，指向理性思维的深刻性和逻辑性。笔者针对这一写作主题设计了下面这道作文题：

阅读下面的材料，完成作文：

材料一：我国北宋思想家张载曾言"在可疑而不疑者，不曾学，学则须疑"。

材料二：洛伦兹曾提出洛伦兹变换方程，但当他发现这与牛顿的绝对时空观相矛盾时，他茫然了。一年后爱因斯坦也遇到了同样的问题，他打破牛顿观点的束缚，创立了相对论。

材料三：现实生活中，我们的判断常常会受到一些因素的影响，如笃信古人、权威和书本，听信大多数人的意见等。"自古以来""书上说""大多数人认为""著名专家表示"等说法，就体现了这些影响。

对此，你怎么看？请写一篇作文，谈谈你的思考与认识。

要求：结合材料，选好角度，确定立意，明确文体，自拟标题；不要套作，不得抄袭；不得泄露个人信息；不少于800字。

这则作文材料，学生的写作问题在于材料三部分，他们虽然质疑"自古以来""书上说""大多数人认为""著名专家表示"等说法，但写作时大多拘囿于科学界的名人事例，对名言谚语反倒束手无措，流于空泛。教师可以引导学生建构问题链的微思维——"这个说法能成立吗？有没有相反或例外的情况？如果成立，需要什么前提条件？"⑧比如"三个臭皮匠，顶个诸葛亮"，学生在追问中明确：这一说法未必成立，因为我们也经常说"一个和尚挑水喝，两个和尚抬水喝，三个和尚没水喝"。如果团队人数与工作量成反比，人浮于事，那么人多反倒产生不良影响；如果团队欠缺团结或谋略不够，那么人多未必会有大作用。因此，这一谚语成立的前提条件应该是团体具有团结意识或共同智慧，工作任务与人数成正比等。这样，学生在追问中建立思维路径，深化理性思考。下面是学生在建立微思维后写作的段落：

敢于质疑是打开思维枷锁的钥匙。英国著名博物学家赫胥黎曾说："怀疑是他的最高职责，盲从是不可饶恕的罪过。"殊不知，我们熟知笃信的格言谚语，潜藏着多少未曾想过的逻辑谬误。例如"有志者事竟成"，一味夸大志向和毅力的作用，可是，如若方向有误、方法不当，即便有再大的志向和毅力，也只会南辕北辙，贻笑大方。再如"近朱者赤，近墨者黑"，我们不否认环境的重要性，但问题是，难道所有近朱者都好，近墨者都坏吗？我看未必。由此可见，很多格言谚语一味夸大某方面的力量和作用，而忽视事物是由多方面因素共同影响的。所以，我们应当以理性思维，破认知桎梏。

诸多学者认为，思维能力绝大部分由遗传决定，有着明显的不可教性和不可训练性。但笔者认为，教师可以化大为小，以小问题来撬动微思维，提出活跃微思维的微路径、微技术，以此深化理性思考，提升思维品质。

三 结语

习近平总书记在 2022 年新年贺词中说:"致广大而尽精微。"只有尽精微,才能最大程度地降低乃至消除可能存在的各种风险隐患,才能破解面临的各种显现或者潜在的难题,稳扎稳打,善作善成,积微成著。写作教学也是如此,只有尽精微,聚焦问题,落实微型化写作教学,破解写作过程中遇到的各种困难和障碍,才能满足学生的写作需求,于根本上提升写作素养。

· 参考文献 ·

① 田秋华. 微型课程及其开发策略 [J]. 课程·教材·教法,2009,29 (5):3-8.

② 邓彤. 微型化写作课程研究 [D]. 上海:上海师范大学,2014:16.

③ 王荣生. 写作教学教什么 [M]. 上海:华东师范大学出版社,2014:19.

④ 靳玉乐. 课程论 [M]. 北京:人民教育出版社,2015:102.

⑤ 哈蒂. 可见的学习:最大程度地促进学习 [M]. 金莺莲,洪超,裴新宁,译. 北京:教育科学出版社,2015:38.

⑥ 朱晓斌. 写作教学心理学 [M]. 杭州:浙江大学出版社,2007:57.

⑦ 中华人民共和国教育部. 普通高中语文课程标准(2017 年版 2020 年修订)[S]. 北京:人民教育出版社,2020:4.

⑧ 余党绪. 说理与思辨 [M]. 上海:上海教育出版社,2017:91.

(原文发表于《语文教学与研究》2022 年第 8 期,此次出版有改动)

排比句式：从修辞构造到写作运用

中山纪念中学 | 袁海锋

排比句式是把结构相同或相似、内容密切相关的三个或以上的句子排列起来，来进行描写说明、抒情议论的语句形式。它是文学写作中最为常见、常用的修辞类型：在语文教材的文学选文中，它是最为高频出现的修辞手法；在学生的作文写作中，它是学生最喜欢选用的书写修辞。排比句式横渡作家写作与学生写作之间，勾连着语文教学的阅读理解与写作运用。理解排比的句式构造，清晰其写作运用规则，也就自然有了其独特的语文教学价值。

理解排比，必须深入句式肌理，厘清它的语言修辞逻辑、句式形制。这些语言本质都隐藏在教材选文丰富的作家写作"样本"中，对作家样本的分析也就成了理解排比句的索骥之图。清晰了排比的构造、形制，并不意味着排比句式的运用就能在学生写作中天然达成。只有从教学的角度，明确排比句式运用效果、运用禁忌、运用位置等，排比写作的教学实践才能落到实处，学生的写作素养训练才能落到实处。

一 攻他山之玉：作家样本排比里的修辞构造

排比的构成有两个要素：一是由写作对象深化的具体内容指向。写作对象可以是具体的景、事，也可以是抽象的情、理，写作指向则是对写作目的的明确，它前承作者写作的标的，后起句子的具体语言操作。二是呈现出并列或递进关系的一组分句，对写作对象进行不同角度、不同层面的描写说明、抒情议论等，是排比句写作内容指向的具体实现，也是排比句的主体。根据这些要素的排布关系，排比句式便有了不同的形制区分。

（一）根据构成要素的前后排布顺序，排比可分为演绎型与归纳型两种大类

演绎型排比句式，语句前部会先明确写作对象的内容指向，进而以三个或以上的小分句对预设的内容指向进行具体的语言落实。这些小分句与前部的内容指向句形成逻辑上的演绎关系，呈"一总三分"之势。演绎型排比要写得漂亮，关键看三个分句演绎的力量，要放得开。

例句：这副劳动者的忧郁面孔上笼罩着消沉的阴影，滞留着愚钝和压抑：在他脸上找不到一点儿奋发向上的灵气，找不到精神光彩，找不到陀思妥耶夫斯基眉宇之间那种像大理石穹顶一样缓缓隆起的非凡器宇。（《列夫·托尔斯泰》）

分析：该排比句的写作对象是列夫·托尔斯泰的面孔，具体内容指向则是写面孔上"笼罩着消沉的阴影，滞留着愚钝和压抑"。内容指向的语言实现则是依托三个"找不到"形成的并列句式，从灵气、精神光彩、非凡器宇三个层面进行细致的演绎描写，中间甚至借陀思妥耶夫斯基的面容来对比凸显列夫·托尔斯泰的形象特征。

归纳型排比句式，会先抛出三个或以上的小分句，对写作对象的局部、细节、阶段进行具体的语言落实。在此基础上，由此归束到写作对象的具体内容指向。整个排比句的具体语言落实与写作内容指向形成逻辑上的归纳关系，呈"三分一总"之势。归纳型排比要写得漂亮，关键看三个散开去的分句如何回归到共同的内容指向，否则整个句子会变得表意不明。

例句：带着这么一张脸，你不管从事什么职业，不管穿什么服饰，也不管在俄国什么地方，都不会有一种鹤立鸡群、引人注目的可能。（《列夫·托尔斯泰》）

分析：三个分句用"不管"这一句式，从职业、服饰、居处（什么地方）的角度进行具体语言情景的落实。在此基础上，三个分句规定的具体情景共同归束到"（脸）都不会有一种鹤立鸡群、引人注目的可能"这样具有判断性的内容指向句上，托尔斯泰的（脸）形象也因为这种归束而变得令人印象深刻了。

排比句式的两个要素是其基本构成，有些排比句中，标示写作内容指向的要素部分在大句中并不明显，此时它依然在隐性约束整个排比句的写作方向，而非缺失。

（二）根据落实写作内容指向的分句间的逻辑关系，排比又可分为并列式与递进式两类细分

并列式排比中，几个分句往往抓住写作对象的不同部位、构成等进行描写。这种并列式的排布，使得语句更能深入写作对象的细节，发挥文字强大的表现力，也可以使作品更有文学魅力。

例句：一切都像刚睡醒的样子，欣欣然张开了眼。山朗润起来了，水涨起来了，太阳的脸红起来了。（《春》）

分析：从构成要素外部关系看，此句是演绎型排比，这是它的外部形态；从落实写作内容指向的分句逻辑关系上看，此句是并列式排比，这是它的内在演化。语句的内容指向是写春天刚到时万物复苏的景象，三个小分句则分别选择了山、水、太阳作为落实内容的"点"，抓住朗润、水涨、温暖等特点，将几个句子并列铺展。这种并列铺展达到了"三生万物"的叠加效果，将春天远近、高低立体的生机活力写得淋漓尽致。

递进式排比中，几个分句则往往从写作对象的进程、烈度等入手，进行情绪的抒发或事理的论证。这种递进式排布的分句，可以展示出情感抒发由淡到浓、从无到有的变化；将事理论证由浅入深、由混沌到清晰的思维表达勾画清楚。而这些合在一处就是作品的感染力、说服力。

例句：黄土高原上，爆出一场多么壮阔、多么豪放、多么火烈的舞蹈哇——安塞腰鼓！（《安塞腰鼓》）

分析：从构成要素关系看，此句依然是演绎型排比句；从写作内容指向的分句逻辑关系上看，它则是个递进式排比句。在作者眼里，安塞腰鼓是黄土高原爆出的一场舞蹈，这是语句写作要落实到纸面的内容指向。句中的排比要素发生在整个语句的定语部分，作者借壮阔、豪放、火烈几个词表达对安塞腰鼓的感受。从"壮阔"到"火烈"，词语的聚焦点由视觉转向触觉，由静态转向动态。作者对安塞腰鼓的感触逐渐深入，熔铸在词语中的情绪也更加浓重。借这三个词语递进式排比，作者完成对安塞腰鼓的情绪升华。

修辞构造的明确是对排比语言逻辑的解析与再认知，这些进入写作教学的课堂，就可以转变写作训练的潜在方案——由"是什么"层面的句式解析向"怎样写"层面的句式写作延伸。

二 明下笔之法：排比句式的学生写作"原则"

不止排比句式，每种修辞句式、每种句式下的再分句类都有其表现力的优势，也必有其相应的劣势。对修辞技法的理解不能止于修辞构造，亦不能止于排比句式单纯的书写创作。从"懂得句式的写作"到"其合宜地运用到写作"，中间还有一段遥远的距离。明确句式，再分句类表现能力的优劣短长，做到"合宜地运用"，这时学生写作才可能落实，写作教学才真正落地。

（一）排比句式运用的合宜与不合宜

无论"一总三分""三分一总"，分句才是排比句式的重心，这是它的命名之由。不论何样写作内容指向，不管何种逻辑排布，这些分句一定是针对写作对象细致入微、层层密布或推波助澜式文学描写说明、抒情议论，这是其所长。

借其所长，便可明确排比运用的短板——不宜在篇首、段首使用。篇首、段首往往是文章、文段纲领所在，交代全文、全段写作的来由、去处，以简明扼要为上；排比恰恰不厌其详，借其句式优势对写作对象做铺排展示，使文章拖沓难进，此其一不妙。排比句式长于描写说明、抒情议论，而这几种表达方式都需有"事件"记叙、情境明确为基，给予其合理性的支撑；篇首、段首运用会使得文章描写说明虚空无依、抒情议论无因生硬，此其二不妙。

由其短板，知其长项。文章、文段的中后处才是排比句式的"如鱼得水处"。这里写作情境已经明确清晰，写作对象已经翩然出场，情绪的酝酿已经开始，事理的感发已有端倪。不厌其详、其细、其精，是此时的文学形式的需要，也是创作情感的需要。于此，排比句式之于学生写作，外可舒展段落篇章文字容量，内能穷人／物之形象、尽情／理之感悟。这是排比句式可学可用、能学能用的点。

（二）再分句型选用的合适与不合适

排比句式有不同再分句型，这些句型各有表现优劣。根据文学表现需要，选择合适句型尤为必要。当然，合适句式并不意味着拒绝"兵行险着"，也不排斥有作家特立独行。但为了学生的学与用，写作教学却要拒绝这些非常规用法。

文学作品中，相比归纳型，排比的演绎型出现的频率更高。以茨威格

《列夫·托尔斯泰》为例，文中出现的 5 次排比句例中，演绎型占有 4 次，占比达 80%；刘成章《安塞腰鼓》一文排比运用更加密集，千字短文中竟用 10 处排比，演绎型更是多达 9 处，占比 90%。演绎型排比的高频使用，自有其句型优势：其一，相比归纳型，演绎型的写作逻辑更清晰。大整句的前部小短句提前确定整句的写作方向，分句写便可以"顺杆爬"，可以瞻前却不必顾后。其二，归纳型重在收束，不收束则句子散漫；演绎型则重在延宕，可大开大合。相比归纳型的畏首畏尾，演绎型则只要方向对，不怕走得远。如前文所举演绎型例句（这副劳动者的忧郁面孔……），仅第三分句就多达 33 字，中间更是融入比喻、对比等文学技法，这在归纳型排比中是不可想象的。

对景物、人物的描写说明，文学写作要求细致入微，借此方可有情感有理悟。要细致入微必然需对写作对象进行分层、分点、分部分的描写说明。这些点、层、部分都是写作对象的有效构成，不存在主次高下之分。在对它们的描摹中，并列式排比是更好的选择。仍以《列夫·托尔斯泰》为例，其中 5 例排比都是聚焦托尔斯泰的容貌，再分句型也都无一例外地选择了并列式排比。事理的认知、情感的酝酿往往有一个由浅入深、由淡到浓的发展进程，文学表现自然不能违背这种人性的客观存在。面对情感、事理之类的写作对象，递进式排比无疑更能体现这种情感的发展性、事理的深化性。《安塞腰鼓》文字热情奔放、情感浓烈，其中 10 处排比，至少有 7 处选择了递进式排比，这样的再分句型选择，将作者内心炽热的情感淋漓尽致地表现了出来。

（三）排比句写作规矩之外的变化

明确排比句式的修辞构造、细分排比句型类型，目的是更准确地理解它、更便捷地运用它。规矩不应是鸿沟，而应是纽带。排比句式的写作规则，可以演化更多排比句例的变化，生成更多有灵气的文学表达。

在构成要素俱全的前提下，排比句式可以由复杂语句收缩成简单语句，落实写作内容指向的分句可收缩为短语或语词，形成句内排比。比如：

（后生们）一捶起来就发狠了，忘情了，没命了！
（腰鼓）是挣脱了、冲破了、撞开了的那么一股劲！

两句都是成分单纯的单句，句子主干充当着写作内容指向的角色，句中的多个补语或定语形成排比形制，充当落实内容指向的分句角色。这样的语言操作既扩大了排比句式的运用范畴，也将句例写得精彩纷呈，语言表现力激增。不过，这样的单句内排比，更适合情感强烈、语词简短的抒情需要。对于需要细致描写的写作对象，并不适用。

排比句式构成要素排布无非"一总三分""三分一总"两式。在特殊的言语需要下，两式再分句型亦可灵活变化融合，生成更加复杂的内嵌句型。例如：

> 带着这么一张脸，你不管从事什么职业，不管穿什么服饰，也不管在俄国什么地方，都不会有一种鹤立鸡群、引人注目的可能。托尔斯泰做学生的时候，可能属于同龄人的混合体；当军官的时候，没法把他从战友里面分辨出来；而恢复乡间生活以后，他的样子和往常出现在舞台上的乡绅角色再吻合不过了。

这段描写由一个归纳型和一个演绎型排比句内嵌而成。前个归纳型句是首层句，它确定了句子意义的总方向；后个演绎型句是次层句，它选择首层句的一个意义分支，再进一步深化了整个句子的意义表现。首层归纳型排比句的分析如前，不再赘言。次层演绎型句确定写作内容指向其实是首层排比句的一个小分句："带着这么一张脸，你不管从事什么职业……都不会有一种鹤立鸡群、引人注目的可能。"在这样写作内容指向的引领下，茨威格又从托尔斯泰做学生、当军官、恢复乡间生活三种具体情境，书写托尔斯泰形象的平凡、平庸，真是把托尔斯泰描摹到穷形尽相。

向学生明确句式应该出现在哪、不应该出现在哪，使学生懂得哪种再分句型对应哪种最适宜的表达方式、写作对象，让学生知道排比句式在规矩之外有趣有益的灵活变化，这些是学生写作得以推进的有力保障，也都是写作教学策略的具体实施。

（原文发表于《新作文·中学作文教学研究》2022 年第 3 期，
此次出版有改动）

作文教学：聚焦语言文字运用的实践性

中山市烟洲中学 ｜ 王科锐

　　巢宗祺在《语文：聚焦"语言文字运用"》中提到，"语文课程是要让学生通过语文的实践学会'运用'或者说'驾驭'语言文字这种工具"。语文课程中，作文教学，是训练学生语言文字运用能力水平的重要环节。如何在作文教学中紧扣实践性，以增强学生运用和驾驭语言文字的能力，值得探究。

　　说起"实践性"，巢宗祺在对语文课程性质的阐述中，特别提到："语文课程是一门学生学习如何运用祖国语言文字的实践性课程。学习语文的第一步功夫，应该下在对具体语言材料的积累、品味、感悟上，在对语言材料整体把握的基础上，再根据学生的需要和可能，帮助学生体会、认识语文运用的规律。"很显然，巢宗祺认为实践性是语文课程的重要属性，也是学生学习运用语言文字的重要途径。

　　问题是，作为语言建构与运用的主阵地——作文教学，是否实现了实践性。作文训练，整个输出过程看似是学生的全程参与，实际上，写一篇，写十篇，学生表达习惯、表达能力没有实质性的改变与提高，很难从作文训练中体验到成就感、实效感。学生存在着越写越不会写的苦恼与困惑。这种看似是实践，其实是假实践，是无效实践。显然，这样松散而低效的实践，带来的，更多的是消耗。即便把无数经典例文摆在学生面前，学生也只能望文兴叹，不知如何达到这种"好"。在本该一步一步向前迈的成长环节，学生却是观望般迷茫的、停滞的。长此以往，学生对作文怎能不懈怠？试想，失去表达兴趣的学生，如何写出真实的文章？

　　因此，作文教学应该通过有效的设计与指导，带领学生探索和认知语言规律，注重过程指导，引发学生学习兴趣，提升学生理解和运用语言文字的能力水平，使学生在作文训练中，真正实现对语言文字从"运用"到"驾驭"的升格历练。实践性考量教师在作文教学中的指导力。要求教师在教学设计中，不能跳过过程，直指结果。教师要能熟知学生的认识水平，尊重学生的学习体验，才会有意识地创设恰适的情境，为学生进入学习状态提供前提。同时要思考，教师要引导学生参与什么过程？是语言文字运用从"现象"到"规律"，从"规律"到"规矩"的过程。

规律是一般认知，规矩则是自我约束。要让学生在学习的过程中，看到现象，发现规律，自觉使用。学生在积极参与中，体验到语言文字运用的诸多奥妙，教师对其适当引导，有效训练，才有可能让学生从被动接受转变为主动探究。简而言之，以发现学生的问题为出发点，以解决学生实际需要为立足点，注重过程指导，细化步骤方法，避免笼统模糊，及时呈现效果。

作文教学设计如何体现实践性？实践性在作文教学过程中，可以在哪些环节落脚？下面将从样本复制、规律认知、过程教学、评判展示四个方面来谈。

一 样本复制，从本能到本领

巢宗祺在《语文学科如何提升学生"核心素养"》中提到：人学会运用语言，至少需要一定量的词语和语言运用的样本，人学会说话靠的是头脑里储存的语言运用样本，还有对样本"复制"的本能——这就是为什么人们不懂语言知识，但是能运用语言的道理。

人具有样本"复制"的本能，这就是语言学习的过程。作文教学的实践性，在"提供样本"和"复制样本"的环节，大有可为。显然，理解与运用，是建立在"样本"之上的。那么，提供样本，就是聚焦语言文字运用的作文教学设计首先要解决的问题。样本宜简不宜繁，作为复制对象，样本的繁复会较难聚焦，反而滋生旁枝末节。样本不一定非是美文，样本可以是一个句子，一类句子。这一类句子一定是具有相类似的内部结构，可分析的表达效果，可复制的逻辑价值。样本经典，复制才有意义。

在"趣语之对立技术"的课例设计中，为了让学生更清晰地了解趣语中的对立技术，笔者采用了先为学生提供素材样本的方式，即向学生展示了三个样本："动人的谣言，枯燥的真相"，"短暂的努力，长久的放弃"，"真实的幻想，虚无的行动"。为进一步辅助学生探究，理解样本内在的逻辑关系，在分析样本的过程中采用剥洋葱式的语言技巧，逐步分析。"动人"与

"枯燥"是一对反义词,"谣言"与"真相"也是一对反义词。在两个短句相同位置上用了两对反义词,从语句本身来看,就体现了对立。从内部含义来看"动人"和"谣言","枯燥"和"真相"之间,也存在隐性对立。正是这样的语言技术,让人不觉莞尔,会心一笑。

分析样本,就是让学生从"看"到"会"的过程教学,喻为庖丁解牛也不为过。只有拆得开,才能合得上。拆开,是带学生经历"组装"的奥妙;合上,是让学生体会"恰适"的精准。在拆与合的过程中,当然可以使用多种训练方法,可以是选择,可以是填词,可以是对比,可以是辨析,但无论哪种方法,都是为了让过程更清晰。样本复制如果仅是一种本能,是不够的。毕竟,我们最终想要实现的,是学生对语言的理解与运用。这个内化的过程,需要教师给予相应的过程指导,要让学生在参与中不断试错、对比、辨析、成长,是"强化"到"优化"的过程。

二 规律认知,从感性到理性

巢宗祺在《〈语文课程标准(2011年版)〉重点修改和调整的五个方面》中提到,"学习语文的第一步功夫,应该下在对具体语言材料的积累、品味、感悟上,在对语言材料整体把握的基础上,再根据学生的需要和可能(学生具备对语言文字运用现象抽象提升的条件,不过多增加学习成本),帮助学生认识语文运用规律"。

我们喜欢一个句子,常常是以某种情绪情感为触发点。虽然感性与理性之间,并无高低贵贱之分,只是,情感的共鸣,不是语言文字运用的精髓,只抓情感谈情感,对学生的语言文字运用能力提升,显然是不够的。作文教学,我们是要让学生找到这种能达成共鸣的表达方法。情绪情感共鸣是一种成果,如何达到这种效果,则是语言文字运用更应该思考和实践的问题。

同样以"趣语之对立技术"为例,如果只是让学生觉得这些类似的句子好玩、有趣,还远远不够。问题是,我们要能带领学生分析出这些有趣的句子,趣在哪里,使用了怎样的语言技术,这些技术可否为我所用,并能在以后随时输出。通过语言现象,我们会努力总结提炼语言现象背后的规律。即完成样本分析后,上升为概念的总结提炼。"对立技术——通过中心语、修饰语之间的对立,强化事物表象与本质的矛盾,体现理想状态与现实生活之间的落差,在冲突中揭露世间百态。"

带领学生认识语言运用规律,对教师的理性逻辑思维能力提出了更高的要求。这种实践与尝试，是一种思维引领。教师的归纳总结、提炼分析，在作文教学设计、过程教学中，以点带面、由浅入深、四两拨千斤的技术手段，将直接影响学生认识语文运用规律的深度和广度。因此，语文教师的理性分析能力，很可能决定了学生的思维高度与深度。毕竟，作文教学的实践性，从来不只是抒情，还需要带领学生探究语言背后更深层次的运用规律，引导学生从感性到理性地认知语言规律。

三　过程教学，从粗放到设计

巢宗祺在《深度教学值得关注与期待》中提到，"从教学看，有设计的过程和未经过设计的过程对学生的教育效果会大为不同。精心设计、层层递进的教学过程与粗放型低层次重复的教学过程，造就的学生前途将是迥异的"。

教学过程，需要用心设计。巢宗祺特别强调了教学设计应该关照学生的体验感受，"高效的教学设计以及方法规律的提纯，应该是在学生真切的体验过程中自然而然完成的"。教学设计的出发点，之所以放在关注学生的体验感受上，是因为，所有的设计，最终都是通过学生完成和实现的。没有生本意识，缺乏学生视角，就很难体察学生的认知水平。教与学如果是割裂的，学生的写作水平自然是停滞的。学生在作文教学中，难以找到成长点。作文教学就失去了意义。

过程设计，可以是多样的，比如，选择辨析、情景设置等。

1. 请利用对立技术，选出你认为更符合意境的一组词。"再见"本是一种约定与期盼，只是，即便是交通如此发达的今天，有时候，再见一面，都是那么困难。

例句：（　　　）的相逢，（　　　）的别离。

　　A. 短暂，长久　　　　B. 期盼，厌恶

　　C. 明日，昨日　　　　D. 他乡，故土

2. 利用对立技术，写一条趣语，表达主题。

现象1：个别已经毕业，本该走向社会的年轻人，对待父母的苦口婆心，一边嚷嚷着要自由，一边拒绝工作在家啃老。

现象2：为了追求一个奢侈品牌，几个月吃糠咽菜也在所不惜。人前繁华，背后的无奈到底值不值得。

作文教学的过程设计，可以通过层进式的题目，从细微处探遣词造句的技术，细化到词语的选用、句子的搭配、段落的生成。在符合学生认识规律的前提下，让学生体会语言运用的规律，体验语言运用中的成长。成长从来不是一蹴而就的，作文教学的实践性，不能只是仰望谋篇布局的结果，更要有细致入微的过程意识。遣词造句的锤炼，是达到谋篇布局前的技术准备，甚至即便是能够谋篇布局，也值得一直追求技术精进。设计角度越具体，教学过程才越有针对性，实践也才真的落地。

四　评判展示，从单一到多元

巢宗祺在《语文教育的创新和文学教育的价值——从语文"新课标"谈起》中提到：简单评判标准，抑制了多向度的思考和个性化的体验、理解与表达。他在《对〈义务教育语文课程标准（2011年版）〉几个热点问题的解析》中又提到，"实施创新教育，还必须改变刻板划一的教育模式，创设生动、活泼、宽松的学习环境，让学生的思维活跃起来，让学生获得充分展示自己语文学习成果的机会"。

在写作教学中，有一个有趣的现象。只要是付出艰难努力写出的作文，学生是非常关注的，急需教师给予评判。教师给予的分数，高与低，于教师可能只是主观，于学生则是客观。分数给学生一种心理暗示，学生会以此来评判自己的写作能力。为了提高分数，学生甚至会屈服于教师提供的优秀案例，否定自己的思考，替代自己的思想，时间久了，学生的作文要么空洞无物，要么就因思维惰性而老生常谈。

作文教学中的评判标准，简单就会显得粗暴。畏难的情绪状态下，学生会对写作缺乏必要的自信，更难以发挥出水平。所以，作文教学评判，给一个分数，不如给一个方法，即，由教师引导，形成师生对于作文评价的共识，并列出评价标准（该标准有别于考试作文评价标准，应该是有明确方向性、指引性、阶段性的标准）。评价标准的指引，让学生能自评、互评作文，让学生知道自己的作文为什么好，又为什么不好。当作文评价从模糊走向清晰时，那么作文教学与作文学习，也就随之从模糊走向了清晰。

当然，除了作文评价标准外，可以给学生一个平台。强化学生写作自信，进而让学生以后自觉使用语言表达技术技巧，提升学生语言文字运用的能力和信心。平台可以是现实中的：班级展示栏、课堂上的电子屏、作业本的漂流学习、各种报纸杂志投稿等。当然也可以是虚拟的：班级语文公众号、微博，甚至是短视频平台等。只要学生喜欢，保持原创，持续做下来，必定能成为学生交流的平台，丰富教学资料，甚至成为学生对语文学习最美好的动力与回忆。

最后，回到巢宗祺对语文课程性质的表述上：语文课程是要让学生通过语文的实践学会"运用"或者说"驾驭"语言文字这种工具。语言文字运用，是语文课程的核心任务之一。作文教学作为主要阵地，学生的参与程度、参与过程中的成长体验、理性思维能力的锻炼、遣词造句的关键技术、自觉娴熟运用语言技术，都值得我们用更多的时间和精力，帮助学生逐步实现。作文教学的实践性，任重道远，每一种尝试，都是一种新的可能。

拓宽积累渠道，打造语言亮点

撷谈议论文写作的词汇积累策略

中山市第一中学｜王　旋

统编版高中语文新教材对学生的议论文写作能力提出了更高的要求，想写出优质的议论文，除了不断训练思维能力，还应该在语言上多下功夫，打造语言亮点。用个性化的语言，让议论文摆脱平庸；用个性化的语言，引领思想走向深刻。"言而无文，行之不远"，而词汇是语言的基础，打磨语言，从积累词汇开始。

一　寻找"词汇宝库"，拓宽积累渠道

第一个"词汇宝库"就是手中的语文教材。教材的编写是非常严谨的，能被选入语文教材中的文章具有广泛的代表性。平时应多注意勾画课文中的具有视觉冲击力或者超常规搭配的词汇。

> 对着排天倒海而来的桃红柳绿，对着蚀骨的花香，夺魂的阳光，生命的豪奢绝艳，怎能不令我们张皇无措？（张晓风《只因为年轻啊》）

文章连用排天倒海、蚀骨、豪奢、张皇无措等形容词给人以强大的压迫力，与桃红柳绿、花香、阳光等绝艳美景联系在一起，不可谓不绝妙。

第二个"词汇宝库"是人民网时评。从命题导向上来看，高考作文引导考生关注现实社会，文章要体现对生活的思考和认识。学生要经常阅读人民网时评，学会如何准确运用词汇进行论述。

第三个"词汇宝库"是历年高考满分作文选，特别是近三年的高考满分作文特辑。积累并且运用这些高分作文中出现的词汇，必将让作文语言水平上一个台阶。

当然，在时间允许的情况下，尽可能地去多读经典，毕竟，这才是一切好词的来源之地。另外语言来源于生活，平时也可留心著名电视节目（如《经典咏流传》《中国诗词大会》）的开场白，名人的演讲等，从中吸取词汇为己所用。

二 聚焦重点词汇，打造语言亮点

什么样的词汇需要我们特别关注？总体而言，就是在一篇文章中最能抓住人眼球的词汇。阅读时，心中要有意识地对这些词汇逐一咀嚼品味，加以记录。

（一）描绘性的词语

描绘性的词语，如特殊的形容词能增加文章的感染力，使文章意蕴丰富。

> 落基山岭之胜，在石，在雪。那些奇岩怪石，相叠互倚，砌一场惊心动魄的雕塑展览，给太阳和千里的风看。那雪，白得虚虚幻幻，冷得清清醒醒，那股皑皑不绝一仰难尽的气势，压得人呼吸困难，心寒眸酸。……台湾湿度很高，最饶云气氤氲雨意迷离的情调。两度夜宿溪头，树香沁鼻，宵寒袭肘，枕着润碧湿翠苍苍交叠的山影和万籁都歇的岑寂，仙人一样睡去。（余光中《听听那冷雨》）

"虚虚幻幻""清清醒醒""皑皑"等叠词从颜色、触感、状态等多方位描绘落基山之雪，音韵上也自成和谐之美。"惊心动魄""心寒眸酸"给人以强大的冲击力，形成语言的张力。"氤氲""岑寂"写出台湾冷雨的缠绵和旖旎，与落基山之雪的强势形成对比。

（二）富有表现力的词语

词语的活用以及动词与形容词的超常规搭配，往往能起到攫取人眼球的效果。

暗淡了刀光剑影／远去了鼓角铮鸣／眼前飞扬着／一个个鲜活的面容／湮没了黄尘古道／荒芜了烽火边城／岁月啊你带不走／那一串串熟悉的姓名（歌曲《历史的天空》）

（三）四字词语或成语

四字词或者成语，言简意赅，蕴含典故，既能让语言精练有力，又能表现出考生的文化底蕴，让作文呈现出古朴文雅之美。

而今的我们空有所谓文明的称谓，内在却早已被腐蚀得千疮百孔，我们被现今奢靡华丽的物质欲望所驱使，把一代代先人们用一生沉淀下来的精华弃如草芥，视之不甚惜，不仅没有做到自强守正，反而自甘堕落，投机取巧。跳梁小丑从来难登大雅之堂，流芳千古的必是那些自强守正之人。（2017年重庆高考高分作文《自强守正方能成就大事》）

三 掌握正确方法，勤于积累运用

词汇很重要，但能够运用才是王道，只有坚持积累词汇，并将之运用到考场作文中，才能真正实现词汇的价值。以下介绍三个方法。

（一）进行词汇整理分类

准备词汇积累本，根据词语运用的主题范围对词汇进行分类。可以按照近年高考主要考查的一些热门主题来分类，如家国情怀、创新发展、文化传承、自强奋发等。这一类词语多为成语和四字词语。

家国情怀类：横戈跃马、赤心报国、马革裹尸、万马齐喑、河山带砺……

创新发展类：计日程功、苦心孤诣、雷厉风行、披沙拣金、破釜沉舟……

文化传承类：千古绝唱、丝丝入扣、醍醐灌顶、天外有天、微言大义……

自强奋发类：鸿鹄之志、高歌猛进、九转功成、绳锯木断……

当然，除了以上几类外，大家还可以建构出更多主题类别，分别加以扩充。

（二）将词语进行超常规搭配

比如在写作时，将语句中常用的词汇，替换为动作性强、情感性强的词汇，形成词汇的超常规搭配。请看下面一组短语：

闻到清香——细嗅清香　　　　住在木屋——蛰居木屋

净化心灵——涤荡心灵　　　　阻断途径——扼杀途径

感受寂寞——咀嚼寂寞　　　　勉励前行——砥砺前行

放到句子中：

这一幕深深印在我的脑海里。

——这一幕深深镌刻在我的脑海里。

最后一朵花的凋谢，结束了春天。

——最后一朵花的死亡，荒芜了春天。

时代的浪潮夹杂着物质的欲望。

——时代的浪潮裹挟着物质的欲望。

（三）进行段落拟写

我们还需要经常用积累的多个词汇进行段落拟写，这样才能让词汇内化。比如前文中自强奋发类的词汇，我们可以随意选取其中 3 ~ 4 个进行段落写作。

示例词汇：鸿鹄之志、跬步千里、九转功成、绳锯木断。

时代的风云瞬息万变，不变的是中华儿女的拳拳赤子心；时代的大河波涛澎湃，奔腾的是自古传承的滚滚爱国情。少年的我们需立下报国鸿鹄之志，纵然突破障碍困难重重，绳锯木断金石可镂；纵然前行之道路漫长遥远，跬步千里也能九转功成。铮铮少年当自强，千般磨炼心亦然。让我们不因时代变迁而随波逐流，不因风气改变而抛弃信仰，燃烧蓬勃热情，共筑复兴之梦！

总之，勤于积累，勤于练笔，将积累之词有意识地融于文章，继而让关键词汇引发深刻论述，才能写出语言凝练且思想深刻的优质议论文。

（原文发表于《教育教学通讯》2022 年第 11 期，此次出版有改动）

前置与强化：探析比喻句写作的突围之路

中山市实验中学 | 刘卫平

在高品质的语言表达中，总能看到比喻句的身影。比喻是人们使用最多的辞格，也是历史最为悠久的手法，它已成为人类一种共通的思维方式。从表达效果来看，比喻是体现意义生产的普遍现象，也是装饰语言表达空间的点缀品，对意义建构和语言表达都具有不朽的价值。可是，在学生的作文中，短时间内鲜有比喻句的生成，更别提高品质的比喻句。虽然学生从小学开始就接触比喻句，也深知比喻的价值，但要快速写出合格的比喻句，无疑是一大写作挑战。亚里士多德也毫不掩饰地说："比喻是天才的标志。"基于这种现实困境，本文试图探析比喻句的前置写作过程，提出有针对性的强化训练措施，帮助学生突围比喻句的写作。首先要解决比喻写作的前置过程。

一 喻体：比喻的内核突围

众所周知，比喻的基本构成要素是本体、喻体和比喻词。本体即业已确定的写作对象，比喻词不外乎"犹如""好像""像"等，所以比喻的内核就在于纷繁复杂的喻体。从思维路径来说，比喻就是根据本体特点来选择相应的喻体。可以说，写比喻句的关键就在于喻体的选择，而高品质的比喻句依赖于精当的喻体。

（一）整合有序的喻体库

比喻是一种有意识的言语交际行为。选择合适的喻体，颇显写作智慧。在选择之前，首先要解决的是储存问题。我们都知道，客观存在的事物是丰富的，能成为比喻喻体的事物也是纷繁的。面对如此丰富的喻体，短时间内选择恰当的喻体，对作者来说不能不说是一大挑战。从接受美学的角度来看，比喻不仅要凸显被比喻事物的特征，更重要的是要使读者产生思想的共鸣。为了激起读者的审美共鸣，让人能快速找到那个"有感觉"的喻体，有必要积累常见的喻体，整合出有序的喻体库。对此，笔者将常见喻体归类，分为十类：植物类、动物类、地理类、航海类、海河类、天气类、光明类、艺术类、建筑类、人文类。归类的喻体建构成知识网络，便于记忆，从而有助于写作输出之用。而每一类型都有相应的常见喻体，如人文类喻体有：金钥匙、敲门砖、试金石、减压阀、镇定剂、助推器、催化剂、通行证、调味品、教科书、大杂烩、引擎、幽灵、怪圈、恶魔、暗箭、子弹、炸弹、毒瘤、枷锁、温床等。地理类喻体有：高山、泰山、沙漠、沙子、绿洲、巨石、垫脚石、鹅卵石、陨石、磐石、钻石、小山丘、路标、深渊、天堑深壑、矿藏等。从考场写作角度来说，能理解一些常见喻体，并运用于写作之中，就可以达到高质写作的目的。

（二）挖掘喻体的属性特征

由本体出发来选择合适的喻体，根本的一点就是挖掘喻体的特征。根据复旦大学刘大为教授的研究，一个喻体可以具有无数个特征，它们是喻体或明或隐的特征集合体。不过，喻体必须能够映射本体的某些关键特征，成为本体的一种变形存在。因为比喻源于认知关系的改变，它不是任意的，本体、喻体虽然是两种不同的事物，但本体与喻体之间存在着映射关系，这种映射其实就是对应关系。笔者仔细研究考场作文中的比喻句，发现常见喻体的常见特征不外乎五类：形貌特征、动态特征、功能特征、颜色特征、性质特征。这些特征是事物的属性特征，也是喻体的横向特征。所谓形貌特征，是指事物外在属性特征中那些最直观、最明显、可视的特征；所谓动态特征，是指事物发生变化的特征；所谓功能特征，是指事物的功能、作用、性能或用途等相关的特征；所谓颜色特征，是指事物整体的颜色方面的特征；所谓性质特征，是指事物内在性质或对此事物的主观评价的特征。这五个特征基本上就是我们写作对象凸显的特征。

这五个基本的属性特征是我们认知事物的切入点，也是我们比喻造句的聚焦点。因为任何事物至少存在着形貌、动态、功能、颜色、性质等属性特征，因此，对于喻体的认知，我们都可以从这五个角度来阐释其属性特征，从而凸显本体的鲜明特征。同一个喻体，为了表达的需要，可以从多个方面挖掘其特征。例如 2018 年全国 I 卷高考优秀作文中，五个比喻句均以太阳为喻体，但分别从五个方面揭示太阳的属性特征。

（1）青年是八九点钟冉冉升起的太阳。（揭示太阳升起的动态特征，与青年蓬勃兴起相似）

（2）或许我们不能成为那个照亮一个时代的太阳，但不能放弃对未来的追求。（揭示太阳照亮万物的功能特征，与我们也能发挥自己价值相似）

（3）我们美好的梦想犹如太阳一般饱满。（揭示太阳圆满的形貌特征，与梦想美好相似）

（4）如今蒸蒸日上的中国就如同太阳那样，红彤彤。（揭示太阳红色的颜色特征，与中国灿烂耀眼相似）

（5）十八岁的我们就像太阳，积蓄着无尽的能量。（揭示太阳能量大的性质特征，与我们拥有无穷的力量相似）

比喻不仅是对客观事物的描写，也是对事物特征的符号化反映。依据心理学，联想是比喻性语言构成的心理机制，好的比喻要借助丰富的联想才得以实现。而相似性是比喻的构建基础。从这个意义上来讲，本体是指被描写或说明的对象，而喻体是用来作比的事物，两者之间建立联系的关键在于某一个暂时性的相似点。可以说，比喻就是在本体与喻体之间搭建一座桥梁，即由对一个事物的感知而回忆起与之在性质、形态等方面接近或相似的事物的过程，从而建构新的话语方式，增强话语感染力。

（三）探寻喻体的语义特征

根据喻体所具有语义的可能性程度，喻体的特征还可以分为必有特征、可能特征和不可能特征，三者构成了喻体的语义特征。必有特征，是指事物属于某个类别的对象必须具有的最低限度的内涵特征；可能特征，是指事物属于某个类别的对象可能具有的外延特征；不可能特征，是指事物属于某个类别的对象不可能具有的超越词语量限范围的想象特征，它不是唤起已经被我们关注的特征，而是打破原来的认知经验，激起对新的、未意想到的特征的想象，带领读者进入一种无法预想的全新经验，它以新鲜的语义吸引读者，唤醒读者的想象。当我们在探寻喻体事物的特征时，不要局限于传统的经验认知，而要敢于挖掘其新颖的动态性特征，丰富喻体事物的语义集合，从而为构成新鲜比喻奠定基础。

"雪花"是常见喻体，人们在利用它做喻体时，根据前面分析的属性特征，可以挖掘它的必有特征：白色、纯洁、冰冷、美丽、容易融化、空中飞舞。可是，这样的语义特征是很有限的，会严重制约该词的运用及其表达效果。不妨依据喻体语义的可能性程度，挖掘该喻体的可能特征：分散不凝聚、激起思绪、装饰他物、封锁道路、晶莹剔透、明闪闪等等。特定语境下的可能特征丰富我们的表达系统，使得喻体更具延伸性，喻体的适用性也更广。当然，最能激起读者兴趣、刷新审美感官的是喻体的不可能特征，这种特征是广阔的、未知的、动态的，根据具体语境表达的需要，可以灵活地探寻喻体的不可能特征，如不妨想象下"雪花"的不可能特征：灿烂、流动、无色、无声、掩盖漏洞、搅乱天空等等。这些特征也可以作为喻体的语义特征，这样就拓宽了喻体的适用性。经过这番探寻，我们不难发现，喻体的特征不是僵硬的、固定的，而是灵动的、丰富的，而构成比喻的关键是本体与喻体之间的特征要有对应性，两者之间具有共享特征，具有逻辑的共通性。

二 强化：比喻的训练突围

比喻是一项技能性很强的写作手法，要在短的写作时间里，打造高品质的比喻句，对学生来说，无疑是一大难度系数高的写作活动。因此，在写作实践过程中，反复且有针对性的实战训练，就显得很有必要。

（一）指令性训练

在语言教学中，我们对比喻的功能价值"推销"得比较多，而对比喻的策略性指导较少，为学生提供的写作支架不多。对此，笔者不仅建立了涵盖性强的喻体库，引领学生挖掘喻体的属性特征和语义特征，拓展学生对喻体特征的理解。同时，还提供两种基本的句径范例，一种是"比喻句 = 本体 + 比喻词 + 特征 + 喻体"，另一种是"比喻句 = 本体 + 比喻词 + 喻体 + 特征"，依照这两种基本范例来训练比喻句的写作，学生写比喻句就必须运用这两种基本的范例，在教师的指令下完成有针对性的写作训练。比如，要求学生以"慈善"为写作对象，以比喻句来突出它的功能特征。还提供了一些可能运用的喻体。在这种语境和指令之下，学生能快速地写出恰当的比喻句，如："慈善是茫茫沙漠中的绿洲，使受助者看到了希望的曙光。""慈善是万壑之间流淌出来的一股清泉，滋润着人们干涸的心田。"在教学中，经常要求学生进行此类专项训练，既明确指令要求，强化专项写作意识，又能提供帮助支架，易于学生掌握该项表达技能，从而提升学生的语言表达系统。同时，每次大作文或小作文都要求学生必须写比喻句，将比喻句写作渗透到日常的写作之中，如此训练下去，学生的比喻句写作意识和写作技能均得到强化。

（二）升格性训练

在作文教学中，我们不能只做"隔岸观火"的旁观者，而不顾现实地对学生的写作寄予过高的期待，学生在写作实践中也难以一次性写出佳作好句。我们应该允许学生写出粗糙的语言，甚至错误的语言。但教师自己应该俯下身姿，与学生一起对文句进行修改升格，注重作文过程指导。美国的"过程教学法"告诉我们，要关注学生的真实写作过程。因为完美之作是经过反复推敲修改甚至推倒重来才写出来的，写作的过程就是一个不断修改、发现、完善的过程。写作升格是我们教学必备的意识和能力，也是提升学生写作能力的重要通道。有些学生在快节奏时难以写出满意的比喻句，二次写作势必能提升句子的品质。例如，要求学生运用比喻句来描绘语文老师课堂的性质特征，于是有学生写出这样的语句："语文老师的课堂如绽放的玫瑰那般热烈和激情。"乍一看，就知这个比喻很别扭，喻体选择不够恰当，于是引领学生一起将此句修改，升格为"语文老师的课堂如火红的枫叶那般热烈和激情"。这个句子质量明显要胜过原句。有时，可以将平淡的句子改为比喻句，使表达更为形象生动。如"一切的拥有都将随时间的推移而消失"，将该句子升格为比喻句"一切的拥有都将如同雾霭一般缓缓消失"，突出事物消失的特征。但总感觉还不是很满意，于是可以二度升格，升格为"你手捧的一切如同黎明时弥漫林间的雾霭袅袅升起，又悄然消失"。如此具体形象的比喻句，远胜过最初的句子。如此反复的升格性训练，必定能大大提升学生写比喻句的熟练度和艺术度。

可见，比喻的本质是相似联想，即用新事物的特征来凸显原有事物的特征。于是，打造比喻句的着力点，就落实在喻体的选择上。面对纷繁的喻体，反复训练有助于快速搭建起本喻体之间的桥梁，从而实现高质量的语言表达目的。

（原文发表于《语文月刊》2019 年第 7 期，此次出版有改动）

用"具体化表述"提升作文语言表现力

以2021年新高考I卷作文题为例

中山市龙山中学 | 杨宇燕

高考作文发展等级将"有文采",分解为四个方面的要求:用词贴切,句式灵活,善于运用修辞手法,文句有表现力。其中"文句有表现力"是"有文采"的重要标准之一。而现实是,高中生的作文,尤其是高考作文,大部分存在着"文句表现力"的欠缺,导致档次低下,难得高分。拥有"文句的表现力",是作文获得高分的重要加持力。

马正平在《高等写作思维训练教程》中提出,文章的表达功能应该包括"句子的基本语义"和"句子功能语义"两种写作意识。"句子的基本语义"关注的是语言的内容。而"句子功能语义"则通过"语境性""透明性""展开性""修辞性、美化性"体现出来。[①] 也就是意味着,要让文章"有文采",应该关注的是句子的功能语义。而对于大部分语言功底一般的学生而言,对文句进行具体化表述,就是关注句子功能语义的一种方式,可以让文章的表达具有更强的操作性。

本文所谓的"具体化",就是通过对句子简单框架轮廓进行充分展开细化,使句子的基本意思更加清楚、明白,同时也让文句的表达更有表现力。语言表达具体化,既可以解决语句的基本语义,也能强化语句的功能语义。本文以2021年新高考I卷的作文题为例,通过对语言表达具体化的探索,试图以此增强作文的意蕴,从而提升作文的文采。

阅读下面的材料，根据要求写作。（60分）

1917年4月，毛泽东在《新青年》发表《体育之研究》一文，其中论及"体育之效"时指出：人的身体会天天变化。目不明可以明，耳不聪可以聪。生而强者如果滥用其强，即使是至强者，最终也许会转为至弱；而弱者如果勤自锻炼，增益其所不能，久之也会变而为强。因此，"生而强者不必自喜也，生而弱者不必自悲也。吾生而弱乎，或者天之诱我以至于强，未可知也"。以上论述具有启示意义。请结合材料写一篇文章，体现你的感悟与思考。

要求：选准角度，确定立意，明确文体，自拟标题；不要套作，不得抄袭；不得泄露个人信息；不少于800字。

本作文题在立意上需紧紧围绕"强"与"弱"的词义组合，阐释两者之间的辩证关系。而在对强与弱的关系进行阐释的过程中，应该如何展开语言，才能使文章的语言具有表现力呢？

一 分析构成性内容，让内涵明晰化

在写作行文的过程中，对抽象事物进行阐释时，需对这个抽象的事物的构成内容进行分析表达，这能让这个抽象事物充分展开细化，同时还可以让句子的基本意思更加清楚、明白。当然，对一个句子的抽象概念的理解，也可以有多种选择。如在2021年高考 I 卷的作文中，在论及体育可以让强弱转变的观点时，可以表述为"'弱者'不一定弱，勤加锻炼，能拥有变强的能力。毛泽东在《体育之研究》中就指出体育之效在于'目不明可以明，耳不聪可以聪'；通过体育锻炼，大家可以拥有健康的身体、健全的人格，更拥有坚强的意志"。在对文中的观点进行展开表达时，可以将"变强的能力"作为抽象概念，从而在句子展开的过程中对"变强的能力"的内涵进行具体化阐释。文句先是引用材料中体育让人变强的实际表现，来印证观点；接着用体育锻炼可以对身体、人格和意志三个方面起作用，对"变强的能力"进行解释。通过这段阐释，我们对体育能让人"变强的能力"的意蕴理解得更加具体了。

再如"强者不必自喜，应保持着一颗谦逊之心。拥有非凡的体力或智力，或者是获得了成功，又或者是处在较高的地位的人，都可以被称为强者，但是都不应沾沾自喜，恃强凌弱，而是要时刻保持审慎，永葆一颗谦逊之心，从而可以让自己走得更远"。在上面这个观点句中，可以将"强者"

作为抽象概念，然后在后文对它进行阐释，可以分析"强者"的类型，让读者更加具体感受哪一类人需要"保持一颗谦逊之心"，而这种内涵化的解释可以让读者更加有代入感，从而让文句有很强的表现力。

二 典型性事物替代，让说理形象化

典型事物就是指具体的形象，包括人象、物象、事象，也就是平时积累素材中所指的自然和人事。用典型事物替代说理，不仅可以丰富文章的内容，也可以提升语言的表达力。当然，在用典型事物替代道理进行论证时，可以用列举事物的形式，也可以用事物加分析的形式。如在 2021 年高考 I 卷的作文中，在论证体育精神让个体有变强的可能的观点时，可以表述为"体育精神中折射出来的坚韧与温暖的光，也让生命个体都有变强的可能。断臂男孩刘伟登上维也纳音乐舞台，聋哑女孩演绎'千手观音'，残奥会运动健儿为国争光，史铁生用笔描绘人生，这种内心的坚韧和温暖，让我们的人生充满更多可能的动力，成为激励我们不断向上的力量"。文段用"断臂男孩刘伟""聋哑女孩""残奥会运动健儿""史铁生"这些具体的人物素材来阐述"弱者也有变强的可能"的观点，具体的人物素材可以通过典型事物替代的写法，让观点有更加具体的说服力，不仅在形式上具有对称的美感，更在于内容上的充实带来的论证效力。

再如"强者滥用其强，则必会转为至弱。历史上，强秦用自己的武力征服了六国的人民，但它因为滥用、掠夺六国人民的财富，使财宝落得'用之如泥沙'的下场，而秦国也因滥用、奢靡而变得至弱，最终落得个灭国的凄惨结局"。文段在对观点进行论证时，不是直接讲道理，而是选择用历史上的强秦从强盛到衰败到最终灭国的例子，替代所讲的道理，使读者对观点的理解具体而清晰，赋予了很强的说服力。

三 运用修辞性措辞，让语言生动化

在句子的功能语义中，修辞具有美化性，可以使句子形象、鲜明、生动。而修辞性的措辞，也不是仅仅指我们通常所理解的修辞手法，还可以是"对句子中所用的字词的生动性、形象性、明白性、渲染性的考虑和选择"。因此在对文句进行展开时，需要对句子所用手法或者是所用字词进行选择。如"体育运动像极了浓缩的人生，高潮与低谷、顺境与挫折，短时间内让人可以体验一遍人生况味，赢了开心笑，输了痛快哭，跌倒了站起来继续前行"。以上文句在将体育运动的感受展现在读者面前的过程中，选择了与"人生"进行类比，"高潮与低谷、顺境与挫折"以及"赢了开心笑，输了痛快哭，跌倒了站起来继续前行"都是体育运动与人生的契合点。"强"对应"赢"，"弱"对应"输"，"跌倒了站起来继续前行"就是强与弱的转变过程，这个类比将强弱的变化具体生动地展现在读者面前，让读者有很强的代入感。

再如"倘若有坚定的精神意志，贫瘠的物质土壤也能盛开绚丽的强者之花"。这个文句将弱转强的做法指出来后，用了一个比喻句，将"弱"比喻为"贫瘠的物质土壤"，将"强"比喻为"绚丽的强者之花"，强与弱的思辨性通过一个具体的事物展现出来，道理与形象相得益彰，同时文句的语言也变得有趣、易懂。

再如"输和赢、强和弱比的不是第一步，而是最后一步"。这个句子，选择用"不是……而是"的并列关联词，以阐释两者的关系；同时用"第一步"和"最后一步"两个具体化的例子，以对强和弱进行思辨性的解释，字词的选用让句子充满哲思，耐人寻味，也让句子更具有表现力。

四　进行重复渲染赋形，让语义加强化

重复渲染赋形，按照马正平先生的说法，就是"在行文措辞的过程中，对基本语义中的某个句子成分、某个表达对象进行重复性、渲染性表达"②。这种措辞展开的方式与修辞学中的"排比"相似，都是对某个意思的强化表达，从而产生强烈的语义感觉。不同的是"排比"是句子层面上的构段性措辞，而"重复渲染赋形"除了指排比，还可以指对短语、小句的铺陈，从而达到对某种表达形象、句子成分的基本语义渲染、强化、限制的修辞作用、艺术效果。如"或许，有些人并不聪明，有些人生而贫寒，在通往成功的道路上遍尝坎坷，但是十年如一日，并且灌注自己血泪的奋斗，也终将给他们提供由弱变强的机会"。这个句子要表达的基本语义是：有些人遍尝坎坷，但奋斗也终将给他们提供由弱变强的机会。而在对这个复句进行展开时，在有些人后面加上"并不聪明"和"生而贫寒"，形象地解释了有些人具体指哪类人；"十年如一日""并且灌注自己血泪"是对"奋斗"的修饰，起到渲染、重复的艺术效果，强调奋斗是需要坚持，并且需要竭尽自己所能的内涵，在表达效果上加强了语句的语义。

对于高考作文而言，语言是否有表现力是能否吸引阅卷老师的重要因素。而在对作文语言展开的过程中，可以运用"具体化"的思维来建构高考

作文语言展开模式，学生在作文中通过不断地实践，从而实现提升作文语言的表现力、获得作文高分的目标。

· 参考文献 ·

①② 马正平. 高等写作思维训练教程［M］. 北京：中国人民大学出版社，2016：333，341.

（原文发表于《语文天地》2022 年第 3 期，此次出版有改动）

写作素材：取之有道，用之有法

中山纪念中学 | 袁海锋

相比阅读，写作是更为高级的文学行为。作为一种人类特有的精神行为，它却不能凭空发生，而是需要外物具体而微的触发，需要外物、人心的多元酝酿与文字呈现。"人之心动，物使之然也""感于物而动，故形于声"（《礼记·乐记》），"气之动物，物之感人"（钟嵘《诗品序》），古人的此类阐发正是对这种物我文学关系的强调。写作素材是支撑写作活动顺利进行的物质材料，它可以是一景一物，亦可是一人一事，横跨在写作活动最初的激发与最终的呈现之间。

生活是写作素材的广阔来源地，生活内容大都是潜在写作素材。具体到文学写作最后的文字呈现，当情感酝酿已经成熟，写作者的情绪需要写作素材的导引才能凝固于纸面。外物人心交织的酝酿过程已经完成了一次写作者心性主导的素材选择。即便如此，留给文字呈现的写作素材仍是海量的。写作素材与文学效果有着密切关联：合适的素材可使酝酿成熟的情绪合宜地流露；错位的素材则使作者情绪的表达受限。写作素材选取合理与否关乎着写作成败，从写作效果反观，便可以明确素材取用的道与法。

一 素材视角：在眼前巡视与往回忆漫溯

文学反映人的生活，人借文学审视生活、考量自我。写作者的书写姿态就是他观察生活的方式，也是他取用写作素材的方向。写作者观察生活，无非存在"看眼前""看身后"两种基本视角。由此，便可生成两种相应的书写姿态："记录当下"式写作与"回忆过往"式写作。

"记录当下"式写作，观察视角立足眼前，选取素材多为眼前景事。这种书写姿态适用于抒写娱游景事类的作品，素材选择以写作者情感偏好即时选取，以表现其当下情绪。彭荆风《驿路梨花》、苏轼《记承天寺夜游》、白居易《钱塘湖春行》等作品都采用了如此素材处理方式。"回忆过往"式写作则将视角转向茫茫过往，选取素材多是前尘往事。这种书写姿态适用于记事写人型文章，素材选择则以笔下人事为纲，以突出人情世故为目。鲁迅《阿长与〈山海经〉》《藤野先生》，朱自清《背影》，杨绛《老王》，甚至汪曾祺《昆明的雨》在素材处理上都属此类。

娱游景事类作品中，写作者的内心情绪是素材取舍的主导力量。眼前生活，景象万千，素材自身有着明净昏暗、清幽艳丽的内质倾向。素材倾向只有与情绪的喜怒悲欢契合，它才拥有进入作品的可能。极端之下，情之所至，甚至可对素材进行无中生有的变形。以《记承天寺夜游》为例，苏轼被贬黄州、宦海浮沉，但情绪上偏有一种豁达洒脱之意。于承天寺中，苏轼的写作困境在于周围景、眼前事无一能承担情感对位的功能。借着心中情绪的"怂恿"，文学巨擘苏轼把天上月变成地上水，把寺内竹柏化作水中藻荇——他自己造景，自己创造素材！藻荇无根、随波逐流、漂泊无依的特征与苏轼有了相似性，借此情感有了由苦闷到洒脱的升华可能。由此可见"记录当下"式写作素材取用中，写作者情绪的"霸道"。

记事写人的文章中，人物的塑造是写作的核心，但形象的成长是历时性的。"回忆过往"式写作，则以倒叙的文学方案，将素材选取视角从短暂的当下推进到茫茫的过往。这种素材处理方案妙处有二：一是将素材选取推进到过往时间，写作发生的空间维度扩张，人物形象的经典侧面、人物参与的经典事件也就随之丰富起来。像鲁迅笔下的阿长讲长毛恐怖故事、送粗糙而珍贵的《山海经》，不在回忆中，便没有素材选取的这般优势。二是由当下推进到过往，还意味着时间维度拉长。因为时间差的存在，由人物侧面、人物事件诱发的情感酝酿也就会越浓烈。越是从时间深处掏出的写作素材，越是熔铸着作者深沉的情感和至深的感悟，比如杨绛在《老王》里对着最后的香油和鸡蛋，在时间里感到的深深愧怍。

二 素材活性：从瞬间定格到历时跳动

活性是写作素材文学表现力强弱的重要体现之一，也是写作素材取用的一大考量指标。在不同形式文学写作中，素材活性有不同表现。以摹形状貌见长的作品中，素材活性意味着写作者凝视于素材，素材瞬间定格，内部不断打开；在以记叙人事为重的作品中，素材活性则凝聚在素材的历时属性——它有自身的动态展开与推进。

凝视是写作者对素材对象的深度观察。素材定格后，它的不同内部构成越是丰富多元，落脚于素材的凝视就越可能深入、延长。凝视之下，素材不同瞬间局部层面的潜能被打开，素材内容极大拓展；随着素材容量扩大，素材表达的可能也不断被激发，隐藏在素材中的情趣理悟随之喷涌而出。凝视素材，就是创作的一部分。以史铁生为例，可以说《我与地坛》便是他与地坛这样深度凝视的文学结晶。对别人而言，地坛不过是一座废弃的古园。但在史铁生的凝视下，地坛剥蚀了"浮夸的琉璃"，淡褪了"炫耀的朱红"，坍圮了"高墙"又散落了"玉砌雕栏"。如此深沉的凝视，地坛浮现出它繁华之后的衰败，这与作者"活到最狂妄的年龄上忽地残废了双腿"的生命状态有着某种宿命的相似。作为素材，地坛活性实现了一次大的飞跃。之后，通过凝视地坛的草木虫蚁、落日古柏、雪上孩子的脚印、雨燕的歌声，地坛的内质不断被开掘、激活，作为素材的活性亦渐次升级，直至完成开解作者人生的文学任务。

记叙人事的作品中，素材常以事件片段的形式出现。事件片段可能是一个静止的叙事点，亦可是一个内部丰富的叙事段，其中区别在于片段历时之长短。叙事段，就其结构属性而言，内部自有情节发展能力；就其语言属性而言，其内部展开勾连记叙、描写、抒情等表达手段。作为素材，叙事段始终是历时跳动的，与叙事点相比，其活跃性高下立现。选择此种素材支撑写作，作品文学性自然依托素材活性而张扬。朱自清《背影》中有父亲"他给我做的紫毛大衣铺好座位"和翻越月台买橘子两个叙事素材。就实际价值而言，几个橘子和父亲为"我"做的紫毛大衣不可同日而语，承载的父亲情感又无天壤之别。但在素材活性上，二者差异巨大：前为叙事点，动作瞬间完成，素材深度发掘难以为继；后为叙事段，其内部包含爬月台、买橘子的情节发展，表达上综合着对父亲的记叙、描写以及"我"情绪的抒发。作为文学大师，朱自清肯定是考虑到了素材活性的。

三 素材尺寸：从恃强凌弱到见微知著

《庄子·则阳》有蜗角触蛮二氏"相与争地而战，伏尸数万"之事，可视其为文学写作的形象演绎。文学写作便是一场蜗角之争，要完成一次小大之辩。文学的本真是抒情达意，素材选择最终要依托情感走向。情感内质大致有二：感怀生命短暂、脆弱、无可把握的消极之类，与抒发生活美好、生命美丽、生命有意义的积极之类。因为情感走向的差异，素材选择的"尺寸"也就有了相应的分野。

人的情绪不能凭空生成，它需要一个外在的激发媒介，正所谓"人之心动，物使之然也""感于物而动""物之感人"。情绪由外物刺激而生发，更需外物协力以显形。消极感怀往往关注自我之"小"，情绪下行走弱，这种情绪常因临场外物之强大、宏阔、恒久而激发。对此情绪的文学显现，自然需要强大宏阔恒久外物的助引，"彼挟其高大以临我，则我常眩乱反复"（苏轼《超然台记》），进而形成"恃强凌弱"的写作效果。这种情形里，素材选择的尺寸宜往"强"的方向走，比如日月星辰、山川江海、长空大地等。所选素材尺寸愈强愈大愈久，写作者自我感越"小"、脆弱感越烈，此正是"没有对比，就没有伤害"的文学效果。《古诗十九首》之"青青陵上柏，磊磊涧中石。人生天地间，忽如远行客"、陈子昂之"念天地之悠悠，独怆然而涕下"、孟浩然之"野旷天低树，江清月近人"、苏轼之"寄蜉蝣于天地，渺沧海之一粟。哀吾生之须臾，羡长江之无穷"等，皆是此类。

相比于消极感怀，积极抒发是一种更正向、更高级的情绪。它不回避人生苦短的残酷事实，还要在此之上看到生命的意义，找到坚守的动力。此时，从素材尺寸的"强大"处着笔定然行不通，因而只能走向素材尺寸的另一维：微小。微小之物易遭凌暴，易为忽略，微小姿态里更易见外溢的神性风采。聚焦微小素材，写作则常能见微知著，在小小素材上开拓出广阔精神空间，借此将写作者内心汹涌着的生命感悟和盘托出，达到"以小博大"的写作目的。茅盾《白杨礼赞》中"白杨树，西北极普通的一种树，然而实在不是平凡的一种树"一句淋漓地写出了微小素材的这种文学优势。贵族化楠木不平凡，这得之于它的少见，是自然而然，其物性之"强大"限制了它精神空间的开拓。相较楠木，白杨无疑是微不足道的，但它的普通、渺小、卑微的素材"微"特征，更能突出其笔直树形之艰难。由此深化，则可以深化到其刚直本性之难得，这就与写作者的积极抒发接续上了。就此而言，白杨的"普通"正是它的素材优势所在。

素材尺寸只是选择素材的一项外在指标。它只能指示选择方向，却不能直接生成文学表达效力。素材表达效力的达成不可单求一维一法，作文教学必须明确这一点。

四　素材契机：从顺势而为到力求突兀

素材视角是素材的选择方案，素材活性、尺寸是素材的质地描述。对它们的讨论皆在写作现场之外。在确定素材视角，厘清素材活性、尺寸的基础上，素材在何时进入写作现场，是另一个需要梳理的写作问题。素材契机是对素材进入写作现场时机的质性把握。从情绪与素材的关系看，素材契机有两种表现：一是写作者情绪不断酝酿成熟，素材顺势而为，进而达到水到渠成的文学效果；二是素材毫无防备地乱入，由物及情，皆是意外之喜。

顺情感酝酿之势，及时推出合辙素材，这在以描写见长的文学类型中极为常见。写作的开启需要外物媒介的刺激，需"物之感人"启动情绪。但"感于物而动"之前，写作者并非无情存身。此时，写作情绪已有基本雏形，只是不具体，只是喜怒哀乐的粗浅倾向。虽是粗浅倾向，但已足以实现素材选择——选定何物而感动。此时，相应素材及时进入文字现场，粗浅的情感倾向才能借素材之形，拓展延伸细化，进而落笔定型，形成所需文学效果。《渡荆门送别》一诗"渡远荆门外，来从楚国游"一联将李白离蜀归楚的写作情境交代清楚，此时留恋故地、期许未来、前路迷茫几种粗浅的情感倾向交织，写作急需情感的明确与定型。李白顺势推出荆门风物这一素材。山尽平野，江入大荒，束缚尽去，渐入佳境。李白脱离过去的洒脱，渴望一方舞台的热切，借此表现得既含蓄又畅快。"素材及时入场，推进写作深入"，李白此诗淋漓地演绎了这一点。事实上，很多写景抒情的古典诗歌都有类似素材契机的演绎。

力求素材介入的突兀，以求文学效果的意外之喜，写人记事型的作品中多见此种素材契机处理。情感是发展的，写人记事的作品以呈现这种发展性为上。情感发展各个阶段相互联系、相互影响，但又不能形成绝对的钳制。相对于顺情感之势而来的合辙素材，不受钳制的情感发展更需要突兀素材的介入，以实现情感的发展与升华。《阿长与〈山海经〉》在阿长求祝福、讲长毛故事后，送《山海经》的桥段突如其来，鲁迅对她的"怨恨，从此完全消灭了"，甚至感受到"她确有伟大的神力"，这是鲁迅情感的升华。《老王》在送冰、送默存之后，垂死的老王毫无先兆地送来他的生命遗产——鸡蛋、香油，以致杨绛怕得不敢请他进来坐、急忙给他钱，以致杨绛心里久久不能放下的愧怍，这是杨绛的情感升华。《背影》里父亲"本已说定不送我"，最后来了；车上已经安排妥当，却又临时起意，非去买几个橘子，这些临时的、突然的片段写出了父亲细碎深沉的爱，以致"我的眼泪又来了"，这是朱自清情感的升华。

素材是文学写作的基础构成，素材的选择决定着写作的高下得失。教材选文是名家之作，更是经典的写作范例，中有大量素材选择案例，隐藏着素材取用的视角、活性、尺寸、契机之法。将它们析出、生成写作教学资源，这是对阅读写作的横渡，是对作家作品的尊敬，也是对文学规律的尊重。希望这是有意义的。

（原文发表于《中学语文》2020 年第 7 期，此次出版有改动）

有效教学 化虚为实

听张华老师《维度的力量——怎样生成饱满的思想？》一课有感

中山市华侨中学｜蔡 黎

张华老师一直主张语文教学要走技术化与科学化的道路，这是基于目前高中语文一线写作教学现状提出的。在新课改和新教材的使用过程中，专家们和教师们纷纷进行积极的探索与尝试。面对大语文、大单元、大概念、群文、项目式和活动化等层出不穷的新概念和新教学方式，不少语文教师在好奇中尝试，在尝试中困惑：语文课的真面目是什么？什么样的语文课才是有价值有意义的语文课？

一 语文课的立身之本在哪里？

张老师认为语文课从根本上要教语文。语文课不是思想课，不是哲学课，也不是综合课。所谓语文，本质是语言文字，即使是众人所言的文学和文化，在语文课堂上，它们也依附于语言文字这一载体。语文课的起点和终点都应该是语言文字，让学生感受、理解、品味和运用语言文字是语文课应该做的事情，至于思维、审美、文化和修养等都是语文课的附属品。语文课的招牌产品是学生获取基本的语言文字知识，掌握运用语言文字的技能，培养运用语言文字的能力，提升语文学科的核心素养。然而，现在有些语文课堂变成了生活课堂、人生课堂、生命课堂或文化课堂等。这样的语文课看似色彩缤纷，实则如同阳光下美丽的肥皂泡，破灭之后，除了仅存的模糊的听课感受或记忆，其余一无所剩。有些人认为这样的课堂才是高品质的语文课堂。然而，这样的课堂是展示教师个人能力的课堂，并非学生大有收获的课堂。我们应该明确课堂定位：语文课的目标主要是展示教师才华，还是增加学生才华？语文课堂的有效性体现在哪里？

张老师的《维度的力量——怎样生成饱满的思想？》这节示范课让不少学生受益匪浅，学生的收益不仅有愉悦的上课体验，还有长久可用的语言建构意识、技术和能力。

二 语文课的合理节奏是怎样的?

这节课的导入直指教学的主体内容，有效地拉近了师生之间的距离。张老师用自己生活中的语言实例和学生生活中的语言实例进行比较，让学生明确什么样的语言属于"思想饱满"的语言，进而理解了"思想饱满"的基本要求。教师机智的思想观点、得体柔和的语言表达和图文并茂的导入内容让学生对课堂充满了好奇和兴趣。其实，我们的绝大部分课堂都有导入环节，导入的主要作用是吸引学生进入课堂，走近主题。容易存在的误区是导入花哨离题或生硬地导而未入。这节课的导入告诉我们成功的课堂导入应该同时具备聚焦性和趣味性，才能让学生既预知教学内容，又能激发学习热情。

这节示范课首先用十五条经典语句让学生感受到其在语言思想方面的精彩之处。这十五条经典语句不仅涵盖面广，涉及文学、哲学和政治等方面，并且思想饱满、语言表现力和冲击力强，有鲜明的表达效果。这一环节既体现了授课教师的个人积累与眼光，又引导学生在日常学习和生活中树立关注语言的意识，注重语言积累，理解语言的丰富内涵，品味语言对内涵的表达作用。

仅仅停留于对经典语句的感受与赞叹并不是这节语文课的目标。语文课如同烹小鲜，教师带领学生品尝其鲜美之后，还要再带领学生一起摸索出烹饪步骤和技巧，满足学生的日后所需。否则，教师便是授之以鱼，而不是授之以渔。所以，在感受的基础上，张老师引领学生细致分析这些语句形成的路径——句径技术。从表面上看，这是在进行析句造句训练，实际上无论在哪个学段，析句造句都是语文课的重头戏。一方面，当人有满脑的思想要表达，有满腔的情感要抒发时，我们都需要找到恰当的语句来淋漓尽致地表达，否则会出现凝绝不通的问题。另一方面，对于生活圈子相对狭窄、人生经历相对单薄的中学生而言,他们难以凭空产生深邃厚重或超前新锐的思想观念。而阅读中的语言文字是触发、激活和储备思想,更新观念的主要途径。古人云:"读万卷书,行万里路。"按照中学生的实际情况,他们正处于"读万卷书"的阶段。从语文学科视角看,学生需要重视和学习的便是语言。所以,张老师挖掘出语句饱满的思想,再用创造性的语句来碰撞出新思想。

当想造出思想饱满的语句时,我们就需要有一定的路径可循,如果把这一切都推脱给所谓的灵感,那么灵感是不是教师在语文课堂上能教授给学生的?如果不能,那么语文课的意义是什么?教师的作用是什么?在一系列的思考和追问之后,语文教师才能找到自己的用武之地:教可教之物,走可走之路。再经典的语句也是有一定的句径技术的,也是可以学习和模仿的。张老师跟同学们一起梳理了各个例句的时间、空间、精神等维度系统,总结出实现思想饱满的句径语言技术,并将这些技术形成一个立体可感的图形。这个图形不仅适用于造句,也适用于全文写作。

归纳出句径技术仅完成了这节课教学内容的部分任务,之后张老师带领学生运用所总结出的句径语言技术进行了造句训练。从表面上看,这一环节是语言训练;而从深层上讲,这一环节也是思维训练。紧凑的九次小训练让学生逐渐尝试和熟悉运用语言技术去造出自己事先难以预料的金句。当学生写出"鉴往事,知进退,育英才"这样的句子时,现场的教师感受到授课的成就感,学生更感受到学习的收获感和有效感。

三 文课的有效性如何提升?

张老师的这节示范课体现出鲜明的语文味,从语言中来,到语言中去。教师在语文课堂上耕好自己的一亩三分地,不做越俎代庖之事。这节精彩的示范课带给听课者真切的感受,也指引了语文课的教学方向。作为语文教师,我们需要区分语文课不等同于语文教育。这里所说的语文课是学校教育中的语文课堂教学活动,而语文教育不但包括学校教育中的语文教育,而且包括家庭、社会和国家等校外范围的语文教育。相比之下,语文课范围小,时间短;语文教育范围大,时间长。一位语文教师想在比较短的时间内,对学生进行集中的有效教学,到底应该做些什么呢?

结合当下的语文课现状和个人的教学感受,我认为语文教师的语文课需要化虚为实,走有效教学的科学化之路。按照心理学家、教育学家皮连生的观点，知识分为陈述性知识、程序性知识和策略性知识。我们的语文课需要在这三个方面循序渐进，步步深入。

陈述性知识多是一些事实性的、固化的知识，它有助于学生的学科知识积累，有不可或缺的奠基作用。陈述性知识一般是通过教师讲授，学生自学、复习、练习等方式进行教授，理解和识记多。陈述性知识是各位语文老师热衷讲授并且往往大力讲授的内容。然而，也有为数不少的教师认为目前的语文教育就是应试教育的一部分，把应试教育等同于机械地教授和训练陈述性知识。这种教学方式也许暂且能应对基础教育阶段的中考，但是在灵活多变，注重考查语文学科核心素养的高考面前，这种教学方式无疑会捉襟见肘。

在学生掌握一定的陈述性知识的同时，教师应该注重对程序性知识和策略性知识的教学。《普通高中语文课程标准（2017 年版 2020 年修订）》将语文课程界定为"一门学习祖国语言文字运用的综合性、实践性课程"。这便将语文课程定性为综合性、实践性的课程。既然学生需要进行语言文字运用的实践，那么语文教学便需要教授给学生一定的程序性知识和策略性知识。前者传递的是语言文字运用的具体操作方法，后者传递的是如何运用这些具体操作方法。传统的语文教学方式认为这些所谓的程序性知识和策略性知识依靠学生自己去感悟，"读书百遍其义自见"，似乎多读、多悟和多写便能解决深层次的语言运用问题。语文课既不搭建语言运用的支架，也不指明语言运用的路径，"无为而治"在语文教学中客观存在。对于有些具备一定语文学习基础和能力的学生，也许能实现"无为而治"，但对于另外一部分缺乏语文学习基础和能力的学生而言，"无为而治"往往沦为"无为不治"。因此，在有些学生眼中，语文教学和语文教师可有可无，存在感极低。试问：为什么学生会对语文课堂和语文教师产生这样的想法？其原因大概语文教师可以知晓。如果语文教师在课堂教学中，能够适当地进行程序性知识和策略性知识教学，让学生感觉到语言文字运用有法可循、有章可依、有路可走，那么语文课堂和语文教师的价值便不言而喻了。要想消除学生认为语文是玄学、语文课可有可无的偏见，教师便需要化虚为实，走技术化与科学化的道路。

按照上课内容，高中阶段的语文课主要分为阅读讲解课、作文课和练习评讲课三大类。这三大类的语文课所占比例各不相同，在高一、高二阶段，阅读讲解课和练习评讲课占主体；在高三阶段，练习评讲课占主体。在阅读讲解课上，教师可以从鉴赏语言文字的原汁原味出发，转回来思考这样的语言文字是如何形成的。在作文课上，教师不能把作文课变成范文的表彰大会或有待改进的作文的批判大会，而应该侧重写作技巧的理解、掌握和运用。在练习评讲课上，教师的作用不仅仅是公布参考答案，还包括分析练习的前因后果，找到问题的根源，指明行之有效的解决办法。

无论是哪种类型的语文课，语文教师都应该带领学生走进祖国的语言文字，在语言文字中完成思维、审美和文化等方面核心素养的培养。语文课要有浓厚而鲜明的语文味，这种学科味道是其他学科无法模仿和取代的，这样技术化与科学化的语文教学才是行之有效的教学，也才能维护语文学科和语文教师的尊严。